Droomwijnen

Loire

de mooiste wijnen

Loire

Een uitgave van DE LANTAARN, AMSTERDAM
Oorspronkelijke uitgave *Vallée de la Loire – Grandeur Nature*

Boek samengesteld volgens een idee van Marc Walter

Hoofdredactie
Jean-Jacques Brisebarre

Grafische vormgeving
Marc Walter - Bela Vista

Redactie-assistente
Irène Nouailhac

Productie
Archipel concept

NEDERLANDSE UITGAVE

Uitgever: Bert J. Jans
Hoofdredacteur: Jan J. van Gestel
Redactie-assistentes: Mathilde Huisman, Marja Stoepman
Ontwerp omslag: Ino van Kuyk
Vertaling: Addy Kaiser

De Lantaarn is een handelsmerk van Time Life Books B.V.

Gezet door V.O.F. Peters en Ellenbroek, Amsterdam
Gedrukt en gebonden in Italië

ISBN 90 5426 084 X
NUGI-code 421

James Turnbull

Droomwijnen

Loire

de 90 mooiste wijnen
uit de vallée de la Loire

Fotografie
Vincent Lyky

de Lantaarn

Inhoud

Noot

Praktische informatie over de in dit boek beschreven bedrijven en firma's, zoals adressen en telefoonnummers, hoe er te komen, een indicatie van de prijs van hun wijn en waar die te koop is, staat vermeld in de bijlage 'De producenten' op pagina 190.
Omdat de vraag ernaar wereldwijd zo groot is, kan een aantal van de bedrijven niet of nauwelijks wijnen verkopen aan toevallige bezoekers. Hen wordt dan ook aangeraden de flessen te bestellen bij de handelaren. De meeste bedrijven kunnen worden bezocht, maar men wordt vriendelijk verzocht van tevoren telefonisch een afspraak voor dit bezoek te maken.

Inleiding

Het Loire-dal staat bekend om zijn *douceur de vivre* en met hun frisse, verrukkelijke eenvoud hebben zijn wijnen altijd de glooiende schoonheid en heldere harmonie van zijn landschap weerspiegeld. Met hun vele stijlen zorgen ze voor uitstekende partners van de eenvoudige, natuurlijke kost van het gebied. Men moet het de toeristen, terwijl zij zich herstellen van hun bezoeken aan de prachtige kastelen, vergeven als ze denken dat dat alles is – dat eenvoud het hoogste streven is en dat ze voor complexiteit, rijkheid, opvoeding en andere kwaliteiten die men vindt in de mooiste wijnen van Frankrijk elders moeten zijn. Maar het bezoek aan een aantal kelders zal hen leren hoe fout die gedachte is.

De Loire, de *Jardin de la France,* die in de jaren zestig van de twintigste eeuw zijn eerste stappen op het internationale wijntoneel heeft gezet, is lang tevreden geweest met een bijrol in het spel van de meer prestigieuze Franse wijngebieden. Het gebied genoot een respectabel marktaandeel, maar het leverde nooit nieuws of vernieuwing op. Een af en toe ontstane hausse zorgde ervoor dat de kopers bleven komen, waardoor de voorspoed van de producenten van weinig bekende wijnen als Saumur Champigny en rode Sancerre in stand werd gehouden. Het kende zijn plaats en vond het best dat andere gebieden beslag legden op de aandacht van 'serieuze' wijnliefhebbers.

Tot een jaar of twintig geleden, want toen zagen de telers zich vanwege de veranderende omstandigheden genoodzaakt de situatie in heroverweging te nemen. Door wijdverspreide kritiek op de ondeugdelijke kwaliteit van een groot deel van de productie van de 'Jardin' en de opkomst van buitenlandse wijnen van uitstekende kwaliteit, vaak gemaakt met de druivensoorten uit de Loire, die tegemoet kwamen aan de opmerkelijke groei van de wereldomvattende vraag naar wijn, zijn veel telers uit hun collectieve apathie wakker geschud en zijn gaan beseffen dat het de hoogste tijd was om te reageren, om te kiezen tussen pompen of verzuipen. Gelukkig hadden veel van de jongeren uit het gebied dit al eerder in de gaten: tijdens hun studies in de wijnbouw en de oenologie en hun stages op ver weg gelegen bedrijven, hadden ze van dichtbij de vorderingen gezien en waren ze zich zeer wel bewust geworden van wat er op het spel staat.

Heden ten dage zijn zuiverheid, finesse, harmonie en authenticiteit de meest elementaire doelen van deze telers. Zelfdiscipline en respect voor de wijnstok en zijn omgeving hebben gelukkig een eind gemaakt aan de groene wrangheid en het neutrale karakter van veel van de droge witte wijnen; geduld, de durf om risico's te nemen en selectiviteit zorgen nu voor schitterend zoete, laat-geoogste wijnen, die een vergelijking met wijnen uit de Sauternes, de Elzas of Duitsland met gemak kunnen doorstaan; de rosés zijn even geurig en heerlijk als de beste elders in de wereld; en zelfs de rode wijnen, die over het algemeen nog maar kort geleden buiten het gebied werden versleten voor dunne wegslokwijnen van wisselende kwaliteit, kunnen nu het hoofd rechtop houden en zijn rijk, uitstekend in balans, aromatisch complex en in veel gevallen zelfs in staat zich gedurende een flink aantal jaren in de fles te ontwikkelen. Heden ten dage worstelt de wijnindustrie van het Loire-dal zich omhoog naar een waarlijke renaissance.

Het gebied heeft wat uitleg nodig vanwege zijn diversiteit aan bodems, microklimaten, druivensoorten en *appellations d'origine contrôlée* (AOC). Dit is nauwelijks verrassend, gezien het feit dat de majestueuze Loire, langs wiens oevers de wijngaarden liggen, zo'n duizend kilometer lang is en van zijn oorsprong bij de vulkanische piek van Gerbier-de-Jonc in het Massif Central naar zijn riviermond bij Nantes stroomt. Nadat de rivier de bergen van Auvergne en Limousin heeft verlaten, stroomt hij noordwaarts naar de kalkrijke en kiezelrijke Kimmerische kleibodems van het Centre, of Hauts-de-Loire, het land van Sancerre en Pouilly Fumé. Na het Centre draait hij bij Orléans naar het westen en spoedt zich in de richting van de Atlantische Oceaan, waar hij het witte tufsteen van Touraine ontmoet dat reeds eeuwen wordt gebruikt als bouwmateriaal. Daar laat de stroom talrijke primitieve huizen en koele kelders na, ideaal voor wijnopslag. Na Touraine steekt de Loire het wijngebied Anjou-Saumur over; vanaf Saumur zet het tufsteen zich voort in Anjou tot aan de rivier Aubance, die de grens markeert tussen Anjou 'blanc' en Anjou 'noir'; het laatste, westelijke deel van Anjou is geologisch complex en bestaat voornamelijk uit leisteen, graniet en vulkanische rotsen. Daarna blijft het leisteen door Pays Nantais heen tot aan de oceaan overheersen.

Vanaf het Centre tot aan het midden van Touraine heeft de invloed van het continent de overhand met hete zomers en koude winters. Maar de gebieden Anjou-Saumur en Pays Nantais genieten een relatief mild klimaat, dankzij de invloed van de oceaan, waarbij het groeiseizoen vaak zijn hoogtepunt bereikt in een warme en droge herfst. Maar al met al is het Loire-dal de noordelijkste grens van de mogelijkheden tot wijnbouw. Dat men er mooie wijnen kan maken is te danken aan de rivier die zorgt voor een graadje of twee extra. Slechts weinig wijngaarden liggen ver van het water en de vele bijrivieren van de Loire zorgen voor talrijke microklimaten die bevorderlijk zijn voor wijnen van topkwaliteit, met inbegrip van vele die zijn gemaakt van druiven die zijn aangetast door de 'nobele rotting', of Botrytis cinerea.

De druivensoorten in de Loire zijn talrijk. De voornaamste druif van Pays Nantais is de melon de bourgogne, zo langzamerhand beter bekend als de muscadet, die in toenemende mate is aangeplant na de verschrikkelijke vorstperiode van 1709, toen de zee langs de kust bevroor en de wijngaarden werden vernietigd. In Anjou-Saumur en Touraine is het de chenin, of de pineau de la loire, die zorgt voor alle grote wijnen. Hoewel deze druif nog niet zo lang geleden allerminst enthousiast werd begroet, zijn nu veel telers vreselijk trots op deze edele druivensoort, die wijnen oplevert van zeer droog tot zeer zoet en alles ertussen in en die voldoende zuren en gecorseerdheid heeft om voor zowel verfrissende *liquoreux* wijnen te zorgen als voor ronde, evenwichtige, droge mousserende. De cabernet franc, ook breton geheten, is de belangrijkste rode kwaliteitsdruif, en zijn neefje de cabernet-sauvignon is in wat mindere mate ook aanwezig. En in variërende hoeveelheden zijn in veel van de wijnen ook toegestaan chardonnay, sauvignon, gamay, pineau d'aunis, groslot, grolleau gris, grolleau noir, romorantin, côt en andere. In het Centre liggen de zaken wat eenvoudiger; de witte wijnen worden bijna allemaal gemaakt van de sauvignon, die het in dat klimaat en die bodem goed doet. De rode en rosés worden gemaakt van de pinot noir, wat niet wonderbaarlijk is gezien de nabijheid van de wijngaarden van Bourgogne.

Wie zijn nu de beste wijnmakers van de Loire? Wie zijn zij die onophoudelijk experimenteren en zij die trouwe aanhangers zijn van de sinds lang bestaande familietradities? Wat is de geschiedenis van hun wijnhuizen? Welke druivensoorten gaan in hun wijnen? Dit boek stelt u voor aan de vrouwen en mannen die de mooiste wijnen maken en beschrijft hun technieken van viticultuur en vinificatie en de stijl van de daarmee voortgebrachte wijnen. Met een fles van hun wijnen zal de consument hoogstwaarschijnlijk door de kwaliteit van die drank worden verrukt. De keuze is gemaakt op grond van twee criteria, kwaliteit en regelmaat, vastgesteld gedurende vele vergelijkende proeverijen. De vier belangrijkste wijngebieden en (voor zover mogelijk) de appellations worden van west naar oost beschreven en binnen elke appellation zijn de domeinen in alfabetische volgorde (naam en achternaam) gerangschikt.

Er is iets voor elke smaak en elke beurs en de kwaliteit is opwindend goed. Bij elke nieuwe jaargang bevestigt het Loire-dal zijn bedoeling: een serieuze kandidaat te zijn voor een hoofdrol in de 21ste eeuw.

Is er één Muscadet die beter wordt door ouderen, of moeten ze allemaal binnen een aantal jaren na botteling worden gedronken? Volgens de heersende mening dienen ze allemaal jong te worden geconsumeerd, maar, zoals zo vaak gebeurt als men wat verder kijkt dan zijn neus lang is, zijn er wel degelijk uitzonderingen op de regel. Eén daarvan is een wijn die wordt geproduceerd op het Château de La Preuille. Thierry Desseauve schreef hierover in *Vogue Homme*: "Dit is niet zo maar een Muscadet, dit is eerst en vooral een grote witte wijn."

Een feodaal kasteel en een historische wijngaard Het Château de la Preuille is niet alleen beroemd om zijn wijn, maar ook om zijn verleden. Het feodale kasteel, waarvan de bouw in de 11de eeuw een aanvang nam, heeft in de loop der eeuwen op het kruispunt gestaan van culturele en politieke gebeurtenissen en was betrokken bij de wereldlijke oorlogen van het Koninkrijk van Frankrijk, het Aquitanië van de Plantagenets en het hertogdom van Bretagne. In meer recente tijden, mei 1832, kreeg het bezoek van Marie Caroline de Bourbon, de hertogin van Berry, toen ze probeerde de steun van het leger en het volk te krijgen bij haar poging een legitimistische staatsgreep te plegen.

Men denkt dat de wijngaard nog ouder is. Aangenomen wordt dat de legioenen van Caesar in 53 v.Chr. de wijnstok en de wijn in het gebied introduceerden. In de vierde eeuw na Chr. werd hier de wijnbouw ontwikkeld door de religieuze gemeenschappen die door St Hilaire in de buurt van La Preuille zijn gesticht. Ter nagedachtenis kregen twee nabije dorpen de naam van de heilige bisschop.

Van prachtig fruit tot grote wijn De Romeinen hadden het goed gezien, want de wijngaard van La Preuille is inderdaad uitzonderlijk; zijn steile grintheuvel ligt op een basis van graniet en de combinatie van een mild microklimaat en een op het oosten gerichte ligging, die perfect is voor het rijpen van de druiven, stellen de broers Philippe en Christian Dumortier in staat Muscadets van een grote persoonlijkheid te maken. De Dumortiers, afstammelingen van twee wijnmakende families, van hun moederskant zelfs behorend tot de 11de generatie, zijn ware perfectionisten. Zij hebben zich omringd door zeer competente medewerkers en zij combineren het beste van de tradities met alle moderne methoden en technologische vernieuwingen die gericht zijn op een ontwikkeling voor de lange termijn.

Op La Preuille betekent traditie respect voor de natuur, wat bijvoorbeeld inhoudt dat de aanwezigheid van mezen wordt aangemoedigd omdat die de wijngaard vrij van rupsen houden, dat organische compost wordt gebruikt, en dat de druiven gisten door middel van hun eigen gist, wat de uitdrukking van het terroir verhoogt.

Muscadet sur lie Het intense aroma van deze wijn van het Château de La Preuille die een schitterend floraal karakter bedekt met het streng minerale van het graniet, is zeer origineel. Samen met de rijkdom, de harmonie en de lange afdronk, zorgt dit voor een gedenkwaardige fles die met gemak de normen van een gewone Muscadet overstijgt. Zelfs bij kamertemperatuur behoudt hij zijn evenwicht en is hij prima te drinken...en na zo'n jaar of tien toont hij de fascinerende ontwikkeling van zijn bouquet, waarbij het minerale meer naar jodium neigt en men bij het openen een opmerkelijk nootachtige geur ontwaart. Het is een grote wijn om te schenken bij vis uit de Loire, opgediend met een beurre blanc, of bij rivierkreeftjes in roomsaus.

- Andere geproduceerde witte wijnen: Gros Plant s/lie, Vin de Pays Chardonnay de Loire, Veuve de Vize Méthode Traditionelle
- Rode wijn: Vin de Pays Gamay de Loire
- Eigenaars: Philippe en Christian Dumortier
- Keldermeester: Jean-Luc Guillet
- Oenologen: Jean-Luc Chaigneau, D. Maisondieu
- Oppervlakte gecombineerde wijngaarden: 37,5 ha
- Productie: 190.000 flessen
- Verkoop aan huis: ja
- Bezoek: op werkdagen van 9:30-12:30 en van 14:00-18:00 (alle dagen van 15 juni tot 15 september, zondag en maandag op afspraak)

Uitgekozen wijn:
Muscadet sur lie

- Druivensoort: melon de bourgogne
- Gemiddelde leeftijd van de stokken: 40 jaar
- Oppervlakte wijngaard: 25 ha
- Bodem: grint op graniet
- Gemiddelde jaarproductie: 125.000 flessen

BOUTEILLE A LA
1997
GRAND VIN
Muscadet Sur Lie
PPELLATION MUSCADET SUR LIE CONTRO
GRAND VIN DU VAL DE LOIRE
Château de La Preuille
MIS EN BOUTEILLE AU CHATEAU
PRODUCT OF FRANCE
Nº 46563
TÊTE DE CUVÉE
PHILIPPE & CHRISTIAN DUMORTIER PROPRIÉTAIRES-VIGNERONS
CHÂTEAU DE LA PREUILLE 85600 ST-HILAIRE DE LOULAY (près Clisson) FRANCE

Het productiegebied Nantes is reeds lang bekend om zijn rinse, droge witte wijnen waarvan de hoogste exponenten de Muscadets van het district Sèvre-et-Maine zijn, vooral die welke zijn gerijpt op hun lies: deze wijnen zijn uitstekend gezelschap voor de verschillende zeevruchten die langs de nabijgelegen Atlantische kust worden geoogst. Het Château du Coing de Saint-Fiacre is de bron van enkele van de hoogste Muscadets Sèvre-et-Maine die vandaag de dag worden gemaakt.

Uniek en gunstig gelegen Dit wijnhuis is het absolute kroonjuweel van de wijngaarden van de familie Chéreau-Carré, die ook de Muscadet-huizen Château de la Gravelle en Grand Fief de la Cormeraie tot haar eigendom mag rekenen. Het château, gelegen in Saint-Fiacre, het voornaamste wijnbouwdorp van het district Nantes, is indrukwekkend; het heeft de typische architectuur van het Loire-dal en is gebouwd tijdens de regering van Lodewijk XIII en later in de 19de eeuw herbouwd onder koning Karel X. De 140 hectaren wijngaard verkeren in de unieke en gunstige situatie dat zij gelegen zijn bij de samenvloeiing van de rivieren Sèvre Nantaise en de Maine, op een helling die op het zuiden is gericht.

De introductie van de melon de bourgogne De wijngaard is beplant met de melon de bourgogne, de enige wettelijk toegestane druivensoort van de appellation. Deze werd in het gebied geïntroduceerd na de catastrofale vorstperiode van 1709, waarin zelfs de zee langs de kust bevroor en alle wijngaarden in de streek werden vernietigd. Deze plant, lokaal bekend als de muscadet en van Bourgondische origine, floreert in de dunne kleibodem met leisteen en de ondergrond van gneis waaruit het land van het Château du Coing de Saint-Fiacre bestaat. De oudste stokken, waarvan sommige nog steeds worden verkregen door *marcottage*, de ouderwetse methode van de reproductie van de planten door afleggen, worden gevonden in de percelen La Motte en Les Chapelles, het dichtst bij de samenvloeiing van de rivieren, in een bodem met een hoog aandeel brokkelige grijze schist.

Geur en rijkdom van de lies Na een koude temperatuurgecontroleerde gisting worden de betere Muscadets achtergelaten op hun lies, die het resultaat zijn van het natuurlijke bezinksel van gist en andere vaste bestanddelen. Gedurende de wintermaanden, voorafgaande aan het bottelen de lente daarop volgend, verkrijgen de wijnen hierdoor aanzienlijk meer smaak en rijkdom en het feit dat ze niet worden overgestoken zorgt voor het lichte prikkeltje dat men zo vaak op de tong voelt.

Muscadet Sèvre-et-Maine sur lie Comte de Saint-Hubert De productie van de oudste stokken is uitsluitend bestemd voor de cuvée Comte de Saint-Hubert...deze wijn is zo genoemd omdat La Motte en Les Chapelles de verzamelplaatsen zijn van de plaatselijke jagers en Saint-Hubert de schutspatroon is van hun favoriete vrijetijdsbesteding.

Deze wijn, met een lichte strokleur, is wat complexer en geuriger dan de reguliere wijn daar hij voor de gisting schilweking ondergaat en dat zorgt voor sterkere terroirkenmerken. Bovendien rijpt de wijn vervolgens maar liefst negen maanden op zijn lies. Breed op de tong en verkwikkend met precies de juiste zuurgraad om zijn rijkdom in evenwicht te houden, heeft de Comte de Saint-Hubert een mooie, zuivere, lange afdronk. Uiteraard zorgen oesters of een schotel van de plaatselijke schelpdieren voor een uitstekende begeleiding van deze mooie wijn en dat geldt ook voor rivier- en zeevis.

- Andere geproduceerde witte wijnen: Muscadet Sèvre-et-Maine s/lie, Muscadet Sèvre-et-Maine s/lie gevinifieerd in nieuw eikenhout
- Eigenaar: Véronique Günther-Chéreau
- Keldermeester: Claude Charié
- Oenoloog: Patrice Dupuy
- Oppervlakte gecombineerde wijngaarden: 40 ha
- Productie: 400.000 flessen
- Export: 30%
- Verkoop aan huis: 9-12 uur en 14-17:30 uur
- Bezoek: ja

Uitgekozen wijn:
Muscadet Sèvre-et-Maine sur lie Comte de Saint-Hubert

- Druivensoort: melon de bourgogne
- Gemiddelde leeftijd van de stokken: 70 jaar
- Oppervlakte wijngaard: 6 ha
- Bodem: brokkelige grijze leisteenlagen
- Gemiddelde jaarproductie: 40.000 flessen

1997
1997
Château
du Coing de Saint-Fiacre
MUSCADET SÈVRE ET MAINE SUR LIE
APPELLATION MUSCADET SÈVRE ET MAINE SUR LIE CONTRÔLÉE
Comte de Saint-Hubert
MIS EN BOUTEILLES AU CHATEAU
par Véronique CHÉREAU-GÜNTHER, VITICULTEUR à St FIACRE-sur-MAINE
pour VGC - Le Coing - 44690 St FIACRE-sur-MAINE - FRANCE
PRODUCE OF FRANCE

Vanwege zijn relatief neutrale persoonlijkheid zorgt de melon de bourgogne voor interessante wijnen, maar alleen gemaakt door telers wier wijnbouwkundige praktijken gericht zijn op beperkte opbrengsten en diepgravende wortelsystemen. Hoewel de druif niet als een edel ras wordt beschouwd, kan hij mooie, op terroir gerichte wijnen opleveren. Wie nog twijfelt doet er goed aan een bezoek te brengen aan Guy Bossard, een van de meest gerespecteerde figuren in de Pays Nantais, voor wie kwaliteit altijd een leidend beginsel is geweest.

Een jongeman met een liefde voor de natuur Als jongeman was Bossard hartstochtelijk geïnteresseerd in wijnstokken en wijnen en hij bracht met zijn vader veel tijd door in de wijngaarden van het familiebedrijf bij Le Landreau. Zonder twijfel ligt daarin de verklaring waarom hij ervoor gekozen heeft de dingen te doen zoals ze altijd gedaan werden, terwijl de meesten van de andere telers afgleden langs het gladde pad van chemische behandelingen en kunstmest. En dat was ook de achtergrond van zijn beslissing de wijngaarden omstreeks 1970 te onderwerpen aan een biologisch regime, in een tijd waarin niemand zich nog druk maakte om het milieu of de lange-termijneffecten op de bodems door de talrijke synthetische behandelingen die zij toepasten. Bossard was echter overtuigd en de mooie kwaliteit die hij elk jaar weer bereikte, rechtvaardigt zijn keuze en levert hem zowel de loftuitingen op van talrijke wijnschrijvers als de klandizie van veel liefhebbers van authentieke wijnen.

Een korte sprong naar de biodynamica Maar Guy Bossard wilde nog verder gaan. De verschillende types ondergrond die op het wijngoed te vinden zijn, maakte het overschakelen naar een biodynamische benadering een interessant idee, want deze theorie respecteert geologische nuances en bevordert een maximale expressie van de kenmerken van de verschillende percelen. Geïnspireerd door zijn vriend Nicolas Joly ging hij in 1992 zijn eerste percelen onderwerpen aan de biodynamica (zie Coulée de Serrant) en binnen zes jaar werden al zijn wijngaarden op die manier gecultiveerd.

Een Muscadet voor ieders smaak Het netto resultaat is een reeks hoge wijnen. Alle druiven worden met de hand geplukt en gaan gisten met behulp van hun eigen gist – wat heden ten dage in dit gebied zeer zeldzaam is. Naast de klassieke Muscadet en de Gros Plant sur lie is de Cuvée Guy Bossard een mengsel van verschillende terroirs. De Cuvée Hermine d'Or is de wijn van de oudste stokken in granieten bodems, die lang kan worden opgelegd. De Cuvée Finement Boisée wordt gemaakt in fusten van eikenhout uit de Vogezen, gekocht van het Domaine Leflaive te Puligny-Montrachet, en de wijn rijpt daar ook in. Tot slot werden in de jaargang 1998 drie individuele terroirwijnen geïntroduceerd: Expression de Granit, Expression de Gneiss en Expression d'Orthogneiss. Over de hele linie is de kwaliteit buitengewoon.

Muscadet Sèvre-et-Maine sur lie Expression de Granit De prachtige Expression de Granit gist in verzonken vaten, die met glas zijn gevoerd, en oudert hier ook in, waarbij de lie regelmatig worden omgeroerd tot aan de zomer volgend op de jaargang. Met een lichtgroen gouden kleur en verfrist door een licht prikkeltje, is hij breed en rijk op de tong, terwijl duidelijke terroirtonen een minerale complexiteit toevoegen aan zijn zeer geurige fruitaroma's. Expression de Granit is absoluut verrukkelijk, belachelijk goedkoop en in staat om zich gedurende een jaar of tien te ontwikkelen. Hij past zeer goed bij schelpdieren of snoekbaars in beurre blanc.

- Andere geproduceerde witte wijnen: Muscadet Sèvre-et-Maine s/lie, Muscadet Sèvre-et-Maine s/lie Cuvée Guy Bossard, Muscadet Sèvre-et-Maine s/lie Cuvée Finement Boisée, Muscadet Sèvre et Maine s/lie Expression de Gneiss, Expression d'Orthogneiss; Gros Plant du Pays Nantais s/lie, Méthode Traditionelle Cuvée Ludwig Hahn
- Rode wijn: Vin de Pays Cabernet
- Eigenaar: Guy Bossard
- Wijnmaker: Guy Bossard
- Oenologisch advies: Val-Oeno
- Oppervlakte gecombineerde wijngaarden: 20 ha
- Productie: 130.000 flessen
- Export: 55%
- Verkoop aan huis: 9-12 uur en 14-17:30 uur
- Bezoek: ja

Uitgekozen wijn:
Muscadet Sèvre-et-Maine sur lie Expression de Granit

- Druivensoort: melon de bourgogne
- Gemiddelde leeftijd van de stokken: 42 jaar
- Oppervlakte wijngaard: 3,5 ha
- Bodem: dubbel-mica graniet
- Gemiddelde jaarproductie: 18.000 flessen

Mis en
de Granit
Domaine de l'Ecu
MUSCADET SÈVRE ET MAINE SUR LIE CONTRÔLÉE
Viticulteur

Op een plek die doortrokken is van geschiedenis bij het dorp La Regrippière in het departement Loire-Atlantique, verrichten de drie broers Couillaud de vele taken die noodzakelijk zijn voor het maken van één van Frankrijks hoogste Muscadets, de Château de la Ragotière. En of dat niet genoeg is, maken ze ook een klassieke Muscadet en andere wijnen op hun tweede wijnhuis het Château La Morinière. Het zijn beiden traditionalisten in de beste betekenis van het woord, en vernieuwers, die niet bang zijn om de meest onwaarschijnlijke ideeën uit te proberen. Als de Muscadet ooit opnieuw een wijdverspreide populaire wederopkomst zal beleven, zal dat zijn dankzij het harde werken van telers als deze broers.

Een formidabel familieteam De drie broers Bernard, Michel en François zijn geboren in een familie met ervaring in het wijnmaken die is opgedaan in meer dan een eeuw en hun ouders hebben dit 'virus' goed en duidelijk op hen overgedragen! Ze zijn hartstochtelijk betrokken bij wijn en stellen belang in alles wat met het onderwerp te maken heeft. Ze zijn op de hoogte van de laatste technische en oenologische ontwikkelingen en zijn, in tegenstelling tot veel Franse telers, geen vreemdelingen wat de ontwikkelingen in het buitenland betreft, en ook van de situatie op buitenlandse markten. Een van de sterke kanten van deze familie is de nauwgezetheid waarmee ze alles wat op de agenda staat uitvoert.

Een onneembare rots La Ragotière werd in 1979 aangekocht. In het centrum van dit prachtige wijnhuis staat het eerbiedwaardige 14de-eeuwse huis dat veel generaties van de familie Lore de la Ragotière heeft gehuisvest. Het heeft oorlogen, muiterijen en opstanden meegemaakt en het staat er nog steeds, een onneembare rots, sober en sereen, liefderijk en respectvol onderhouden door zijn eigenaars. Voor deze haven ligt een vijver en een binnenplaats met de wijngebouwen en een prachtige tuin, waarin bomen met vreemde essences en rijke geuren bijdragen aan het mysterieuze van de plek.

De wijngaard van La Ragotière, die 25 aaneengesloten hectaren omvat, is niet minder aantrekkelijk. Het is een gezonde omgeving waarin de wijnen zich van hun beste kant kunnen laten zien. Hij wordt verbouwd volgens de principes van de *lutte raisonnée* en meteorologische installaties tussen de stokken stellen de broers in staat bepaalde potentiële problemen te vermijden. Twee hectaren bevatten experimentele aanplant van sauvignon gris, pinot gris, chardonnay, viognier en andere druivensoorten.

Muscadet Sèvre-et-Maine sur lie 1er Cru du Château Het sap van de oudste melon wordt gebruikt voor het maken van de cuvée 1er Cru du Château, waarvoor de broers een oud, afgedankt gebruik, en wel vinifiëren in het fust, nieuw leven hebben ingeblazen. Ze doen dit om hun wijn meer volume, aromatische complexiteit en lengte te geven. Deze gisting op het fust, gevolgd door een rijping op de mooie lies van 9-12 maanden, heeft beslist het gewenste effect. De 1er Cru du Château heeft een enorme persoonlijkheid en is in de mond opmerkelijk mollig en rijk, hoewel hij toch de nodige frisheid en evenwicht behoudt. Een opmerkelijke Muscadet, die roept om snoekbaars, opgediend met een saus van beurre blanc.

De wijngaard Ragotière maakt wijnen die uitstekend in staat zijn zich te ontwikkelen, zoals is bewezen door de voorraad eerbiedwaardige flessen die de broers er aantroffen nadat ze het bezit hadden gekocht. U wordt uitgenodigd om in de 15de-eeuwse proefkapel wijnen te proeven.

- Andere geproduceerde witte wijn: Muscadet Sèvre-et-Maine Cuvée Auguste Couillaud
- Eigenaars: Bernard, Michel en François Couillaud
- Wijnmaker: François Couillaud
- Oenologen: Jean-Luc Chaigneau en André Nico
- Oppervlakte gecombineerde wijngaarden: 21 ha
- Productie: 130.000 flessen
- Export: 75%
- Verkoop aan huis: 8-12 uur en 14-18 uur (maandag tot vrijdag, behalve feestdagen)
- Bezoek: ja

Uitgekozen wijn:
Muscadet Sèvre-et-Maine sur lie 1er Cru du Château

- Druivensoort: melon de bourgogne
- Gemiddelde leeftijd van de stokken: ouder dan 30 jaar
- Oppervlakte wijngaard: 19 ha
- Bodem: mica-leisteen en klei
- Gemiddelde jaarproductie: 125.000 flessen

Sur Lie
1997
Bouteille N° 39549
Sélection
Vieilles vignes
1er CRU DU CHÂTEAU
g.a.e.c. de
grande ragotière
OF FRANCE
Château de la Ragotière
MUSCADET SÈVRE ET MAINE SUR LIE
APPELLATION MUSCADET SÈVRE ET MAINE SUR LIE CONTRÔLÉE
AU CHÂTEAU PAR LES FRÈRES COUILLAUD PROPRIÉTAIRES
LA REGRIPPIÈRE - 44330 VALLET - FRANCE

Het Domaine du Closel, gelegen in het hart van de appellation Savennières, is een mooi bedrijf met glooiende wijngaarden, goed onderhouden tuinen en een aardig 17de-eeuws kasteel. Het wordt met groot talent en dynamiek geleid door de dames De Jessey, die zich resoluut hebben voorgenomen dat hun witte wijnen tot de hoogste van de Loire, van Frankrijk en zelfs van de wereld moeten behoren.

Tweeduizend jaar wijnbouw In aloude tijden was reeds bekend dat de heuvels van Savennières, met een bodem van klei en leisteen en die een groter of kleiner percentage vulkanisch gesteente bevat, uiterst geschikt zijn voor het verbouwen van druiven. De ervaren ogen van de vignerons onder de Romeinse legionairs moeten zijn opgelicht bij de aanblik van deze warmte-vasthoudende, goed-afwaterende bodems, die loodrecht op de Loire liggen, gescheiden door kleine dalen, de zogeheten *coulées*. De monniken van de Middeleeuwen zetten de traditie van wijnbouw voort en de seigneurs van Serrant, die de hoven van Lodewijk XIV, Lodewijk XV en Napoleon frequenteerden, introduceerden hun verrukkelijke nectar in de koninklijke kringen.

Het Domaine du Closel werd nagelaten aan de markies van Las Cases voor zijn oudste dochter, de toekomstige mevrouw De Closel. Meneer De Closel was actief bezig erkenning te krijgen voor de kwaliteiten van de Savennières. Dat werd in 1952 officieel gemaakt door de schepping van de appellation contrôlée. Het was de nicht van de Closels, mevrouw De Jessey, die hun nagedachtenis bestendigde door het wijnhuis naar hen te vernoemen.

Traditionele wijnbouw en oogstreductie Het huis heeft twaalf hectaren wijngaard Savennières, waarvan er vier liggen in het beroemde Clos du Papillon, een schitterende wijngaard in de vorm van een vlinder, op een helling die op het zuiden is gericht. Daarnaast zijn er zowel vier hectaren Anjou als Anjou-Villages, beplant met cabernet franc. Om de geologische diversiteit van de percelen te respecteren en hun karakter naar voren te halen, wordt er gras tussen de stokken gezaaid en worden de wijngaarden traditioneel bewerkt. Het gras, de gevorderde leeftijd van veel stokken en streng snoeien, dragen alle bij tot het beperken van de oogst tot een zeer redelijk gemiddelde van veertig hectoliter per hectare. Er wordt handmatig geplukt, wat de plukkers in staat stelt alleen die trossen te vergaren die perfect rijp zijn en de andere aan de stok te laten voor een latere pluk.

Savennières Clos du Papillon De wijn die afkomstig is van het Clos du Papillon heeft zijn eigen originele, complexe en schitterende geur, ontstaan door een grote concentratie vulkanisch gesteente in de bodem. Trage vinificatie in eikenhout en een rijping van zo'n acht maanden heeft een prachtige, intense wijn doen ontstaan met een bouquet van gedroogd fruit en honing en een opmerkelijk mineraal karakter. Clos du Papillon is zeer elegant en heeft een bepaalde aangezuurde frisheid die de structuur van de wijn complementeert en hem grote mogelijkheden geeft om te ouderen. Hij heeft beslist tijd nodig om zich te ontwikkelen. Wanneer die tijd om is, kan hij het beste worden gedecanteerd. Hij komt tot zijn recht bij verfijnd gastronomisch gezelschap als Sint-Jakobsschelpen, langoestines, kreeft en kaviaar.

- Andere geproduceerde witte wijnen: Savennières Les Caillardières, Savennières Les Coulées, Savennières Vieilles Vignes
- Rode wijnen: Anjou Villages, Anjou
- Eigenaar: Madame Michèle Bazin de Jessey
- Directie: EARL Mmes. de Jessey
- Oenoloog: Clément Barant
- Oppervlakte gecombineerde wijngaarden: 15 ha
- Productie: 80.000 flessen
- Export: 40%
- Verkoop aan huis: 9.30-12 uur en 14-18 uur
- Bezoek: ja

Uitgekozen wijn:
Savennières Clos du Papillon

- Druivensoort: chenin
- Gemiddelde leeftijd van de stokken: 30 jaar
- Oppervlakte wijngaard: 5 ha
- Bodem: leisteen, kwarts, vulkanische stenen
- Gemiddelde jaarproductie: 15.000 flessen

Clos du Papillon
VAL DE LOIRE
SAVENNIÈRES
APPELLATION SAVENNIÈRES CONTRÔLÉE
DOMAINE du CLOSEL
1998
12,5% Vol
MIS EN BOUTEILLE AU DOMAINE
Mmes de JESSEY e.a.r.l. - Prop.-Récolt. - 49170 SAVENNIÈRES - FRANCE
PRODUCE OF FRANCE

Op een steenworp afstand van Angers zijn de wijngaarden van het Château d'Epiré elk jaar getuigen van het ontwaken van de wijnstok en het daaropvolgende ontknoppen, bloeien, trosvormen en verkleuren van de druiven. Vanaf dat moment is het, zoals elke teler weet, een kwestie van geduld en duimen in de hoop op ideale omstandigheden voor het rijpingsproces. En tot slot zijn de eerste trossen klaar om geoogst te worden en vindt een mooie oogst van chenin-druiven (hoopt men!) zijn weg naar de kelders van Epiré, waar de druiven worden getransformeerd tot een van de beste Savennières-wijnen.

Een wijngaard met een lange geschiedenis Dat is de onveranderlijke cyclus waarvan het ritme in Gallo-Romeinse tijden werd geïntroduceerd en dat rondom het dorp Epiré sinds de 9de eeuw het leven van velen heeft beheerst, in welke tijd men begon met het intenser cultiveren van de wijngaarden.

De wijngaard van het Château d'Epiré zelf geniet een behoorlijke stabiliteit, want hij is al sinds de 17de eeuw in handen van dezelfde familie. De cuverie en de kelders zijn gehuisvest in de mooie oude Romaanse kerk van het dorp – in 1882 werd besloten een nieuw Godshuis te bouwen en de oude kerk werd toen gekocht door de grootvader van de huidige eigenaar van het Château d'Epiré, Luc Bizard, en in 1906 verbouwd tot kelders. In vergelijking hiermee is het aardige kasteel, gebouwd in 1850, een relatieve nieuwkomer.

Handmatig, arbeidsintensief oogsten De wijngaard, die gelegen is op de hoogste hellingen van de appellation, omvat drie van elkaar gescheiden percelen, bekend als Le Parc, La Croix Picot en Hu-Boyau. Luc en Cécile Bizard hechten groot belang aan traditionele methoden van cultivatie en geven de voorkeur aan diepe wortelsystemen, omdat die het terroir beter tot uitdrukking doen komen. Ze binden hun stokken op volgens de methode gobelet, die zorgt voor een betere verdeling van de trossen aan de takken.

Vroeg in het seizoen gaan de Bizards door de wijngaard om te ontknoppen, om zo de toekomstige oogst te reduceren. Het plukken geschiedt met de hand en is arbeidsintensief, omdat alleen perfect fruit mee mag doen, waardoor er verschillende plukgangen nodig zijn. En door het korten van de dagen en het afkoelen van de temperatuur is er inderdaad soms een verschil van twee tot vier weken tussen de eerste en de laatste plukgang.

Savennières Cuvée Spéciale Perceel voor perceel en tries voor tries gisten de druiven in kleine roestvrijstalen vaten van 32 hectoliter. De mosten ouderen daarna gedurende een maand of negen in eikenhouten fusten, waarna de wijnen worden getransformeerd tot een van de verschillende cuvées: Savennières, Savennières Cuvée Spéciale en als meer dan 17 gram restsuiker ongegist blijf, Savennières moelleux. De Cuvée Spéciale wordt gemaakt van de beste fusten droge wijn, meestal afkomstig van het perceel Hu-Boyau, vlak boven Coulée de Serrant, dat veel vulkanische rotsbrokken bevat. Deze wijn heeft genereuze dimensies en een rijk karakter, een grote geurigheid en een zeer minimaal mineraal aspect. Het is een Savennières uit het handboek, chenin van zijn meest complexe en volmaakte kant en hij heeft zeker een tiental jaren nodig om zijn unieke, krachtige persoonlijkheid naar behoren te kunnen ontwikkelen. Als de grote dag is aangebroken zal deze prachtige cuvée zich optimaal kunnen ontplooien bij een gerecht als rillettes van zalm.

- Andere geproduceerde witte wijnen: Savennières, Savennières moelleux
- Rode wijn: Anjou Clos de la Cerisaie
- Rosé wijn: Rosé de Loire
- Eigenaar: Luc Bizard
- Wijnmaker: Christophe Onillon
- Oenologisch advies: Laboratorium Berger
- Oppervlakte gecombineerde wijngaarden: 11 ha
- Productie: 65.000 flessen
- Export: 35%
- Verkoop aan huis: 10-12 uur en 14-18.30 uur (behalve zondags en feestdagen)
- Bezoek: ja

Uitgekozen wijn:
Savennières Cuvée Spéciale

- Druivensoort: chenin
- Gemiddelde leeftijd van de stokken: 40 jaar
- Oppervlakte wijngaard: 11 ha
- Bodem: verharde zandlaag met leisteen en vulkanische rotsbrokken
- Gemiddelde jaarproductie: 4500 flessen

D'EPIRÉ · CHATEAU
1997
1997
GRAND CRV D'ANJOV
MISE EN BOUTEILLE AU CHATEAU
CHÂTEAV D'EPIRÉ
Cuvée Spéciale
SAVENNIÈRES
Appellation Savennières contrôlée
SCEA BIZARD - LITZOW, Prre, Savennières (Maine-et-Loire)

Uit de schilderachtige appellation Savennières komen enkele van de meest bijzondere droge, geurige chenin-wijnen van de Loire, waarvan de beste vol van smaak zijn en een stevigheid en structuur hebben waarvan verbetering gedurende vele jaren verzekerd is. De wijnen die zijn gemaakt door Pierre Soulez op het Château de Chamboureau behoren regelmatig tot de beste.

Een familiezaak De familie bezit het Château Chamboureau en het bedrijf sedert 1949. Michel en Anne Soulez hebben het gekocht en nagelaten aan hun elf kinderen. Heden ten dage wordt het geleid door Pierre, Hervé is verantwoordelijk voor de wijngaard en Hugues, een kleinzoon, is de huis-oenoloog. Chamboureau ligt binnen de appellation Roche-aux-Moines, een van de twee grands crus van Savennières. De familie Soulez bezit acht-en-een-half van de zeventien hectaren van deze prachtig gelegen wijngaard.

Geografie en karakter De geologische compositie bestaat uit kiezelhoudende aarde met leisteen en vulkanisch puin – erg arme, zure bodem die wijnen met een grote persoonlijkheid oplevert. Omdat ze dit terroirkarakter in de wijnen tot uitdrukking willen brengen, zijn de wijnbouwkundige methoden van de familie Soulez gericht op een robuuste gezondheid van de stokken, wat ze bereiken door middel van een quasi-ecologische regime, zonder enige vorm van chemische behandeling of bestrijdingsmiddelen. Onkruidverdelgers zijn uit den boze en tussen de rijen stokken groeit gras om de erosie tegen te gaan die altijd een probleem is in dit soort hellende wijngaarden die uitkijken op de Loire. En omdat gras met de wijnstok strijd levert om de voedingsstoffen in de grond, worden de stokken gedwongen hun wortels dieper in de bodem te begraven en domineert het karakter van het terroir zo de persoonlijkheid van de druivensoort.

Terug naar een oude traditie Soulez oogst zijn druiven met verschillende plukgangen door de wijngaard, zodat alleen dat fruit wordt geplukt dat is aangetast door botrytis cinerea of door de zon is gedroogd. De intrinsieke rijkdom van het sap vormt dan het juiste evenwicht voor de natuurlijke stroefheid van de chenin en het zure terrein, waardoor wijnen ontstaan die al na een aantal jaren kunnen worden benaderd, hoewel zij ook uiterst geschikt zijn voor een lange opleg.

De wijnen gisten in fusten van eikenhout uit de Vogezen dat reeds een aantal malen is gebruikt. Het gebruik van kleine fusten geeft aan dat recent is teruggekeerd tot een oude traditie. De term *Cuvée d'Avant* op het etiket refereert hieraan. Na de gisting worden de lies tijdens het rijpen regelmatig omgeroerd, maar pas in de mei na de oogst wordt de wijn overgestoken. Hierna krijgt de wijn door klaren en oversteken de nodige helderheid. In september wordt hij gebotteld.

Savennières Roche-aux-Moines doux Chevalier Buhard Als de natuur het toelaat, maakt Soulez Savennières demi-sec of zelfs zoet, waarbij hij een andere uit de mode geraakte traditie weer tot leven brengt. Het jaar 1997 was zo'n jaar: de oogst werd in vier tries geplukt en sommige geselecteerde druiven hadden een potentieel alcoholpercentage van 19°. Gegist, kreeg de wijn zijn evenwicht bij 13°, met een potentieel van 6°, waarbij 102 gram ongegiste restsuiker overbleef. Het resultaat is een majestueuze rijke, honingachtige wijn, met een lichtgouden kleur en een minerale, zeer rijpe smaak van kweeperen. De Chevalier Buhard heeft een lange, complexe afdronk en is een hoogst originele wijn – om op z'n eentje van te nippen, zoals Pierre Soulez het stelt, *pour le plaisir...*

- Andere geproduceerde witte wijnen: Savennières Roche-aux-Moines Cuvée d'Avant (sec en demi-sec), Savennières Clos du Papillon moelleux, Savennières
- Rode wijnen: Anjou Villages, Anjou
- Eigenaar: Pierre Soulez
- Wijnmaker: Hugues Daubercies
- Oenologisch advies: Laboratorium Berger
- Oppervlakte gecombineerde wijngaarden: 20 ha
- Productie: 120.000 flessen
- Export: 50%
- Verkoop aan huis: ja
- Bezoek: 10-12:30 uur en 14-18 uur

Uitgekozen wijn:
Savennières Roche-aux-Moines doux Chevalier Buhard

- Druivensoort: chenin
- Gemiddelde leeftijd van de stokken: 25 jaar
- Oppervlakte wijngaard: 6,5 ha
- Bodem: kiezelhoudende aarde en leisteen
- Gemiddelde jaarproductie: 2000 flessen

750 ml
PRODUCE OF FRANCE
SAVENNIÈRES ROCHE AUX MOINES
APPELLATION SAVENNIÈRES ROCHE AUX MOINES CONTROLÉE
1997
CHATEAU DE CHAMBOUREAU
1997
CHEVALIER BUHARD
Cuvée d'Avant
DOUX
MISE EN BOUTEILLES AU CHATEAU

Op het prachtige Clos de la Coulée de Serrant is altijd wijn verbouwd vanaf de tijd dat in 1130 stokken werden aangeplant door de cisterciënzer monniken. De wijnen zijn altijd bijzonder en uniek geweest. Franse vorsten hebben hun kwaliteiten geapprecieerd, evenals meer recent talrijke wijnschrijvers, zoals de gastronoom Curnonsky, die het huis in zijn lijst van de vijf hoogste witte wijnen van Frankrijk heeft opgenomen.

Een weergaloze plek De situatie voor een wijngaard kan niet beter zijn. Hij omvat drie steile percelen, neerkijkend op de Loire, op arme grond van leisteen, die zowel zorgt voor een uitstekende afwatering als voor het vasthouden van vocht. De percelen profiteren ook van de gematigde effecten van het rivierwater op hun microklimaat.

De huidige beheerder, Nicolas Joly, maakt zuivere, harmonische, rijke meesterwerken. Joly heeft grote bewondering gekregen (en aanvankelijk veel spot) door zijn enthousiaste omhelzing van de biodynamische theorieën en door zijn activiteiten als wijnbouwer en wijnmaker. Het is voor een groot deel aan hem te danken dat de biodynamica vandaag de dag steeds meer wordt geaccepteerd en nagevolgd.

Een moderne tragedie Het essentiële argument voor biodynamica is dat de agrarische 'vooruitgang' veel bodems heeft verpest. Ze kunnen de groei nauwelijks meer bevorderen en zijn afhankelijk geworden van kunstmest die trouw door de stokken wordt opgenomen. Maar deze druivengroei is helemaal in strijd met het begrip *appellation d'origine*. Vroeger werd de bodem gevoed en de gezonde stokken weerspiegelden zijn karakter; nu zijn veel bodems levenloos, worden de stokken kunstmatig gevoed en bezit de wijn weinig geografische identiteit...en veel onzuiverheid.

Wisselwerking tussen de verschillende elementen Om het micro-organische leven van hun bodems te vernieuwen hebben bezorgde telers hun toevlucht gezocht tot veelsoortige remedies van *lutte raisonnée* tot biologische handelingen. De biodynamische theorie gaat verder. Stokken bewonen de Aarde en dat is niet alleen de grond onder onze voeten, maar ook de atmosfeer om ons heen die water, lucht, licht en warmte omvat; men kan de constante wisselwerking tussen deze verschillende elementen stimuleren door het gebruik van diverse composten en homeopathische middelen die het effect van elk element bevorderen en zodoende zowel het leven van de bodem als de fotosynthese van de plant versterken. Buiten onze atmosfeer oefenen zon, maan en sterren ook belangrijke invloed uit op die wisselwerking. De invloed kan worden vergroot als de teler voor elke taak zorgvuldig de meest gunstige dagen of periodes uitzoekt.

Ook in de cuverie zijn kunstmatige hulpmiddelen en praktijken verbannen, zoals het gebruik van aromatische gist, het koelen en controleren van de temperatuur – de juiste wijnbouw maakt veel werkzaamheden in de kelder onnodig die vroeger normaal waren.

Savennières Coulée de Serrant Coulée de Serrant geniet (zoals Joly's andere wijnen) een krachtige gezondheid met een aromatische weelde, een sublieme harmonie en een groots terroirkarakter. Dankzij herhaalde malen oversteken tijdens de opvoeding, hoeft hij niet te vrezen voor oxidatie. Integendeel, hij wordt beter als hij een dag of langer van tevoren is geopend. En open, of half leeg met de kurk erop, kan hij de dagen daarop nog verbeteren (zonder de koelkast)! Geserveerd op 14-16°C met snoek in beurre blanc of kreeft in saus, begrijpt men waarom Curnonsky zo enthousiast was!

- Andere geproduceerde witte wijnen: Savennières Roche-aux-Moines Clos de la Bergerie, Savennières Becherel, Savennières Petit Clos
- Eigenaar: Nicolas Joly
- Wijnmaker: Nicolas Joly
- Oppervlakte gecombineerde wijngaarden: 14 ha (sinds 1980-1984 biodynamisch)
- Productie: 38.000-46.000 flessen
- Export: 50%
- Verkoop aan huis: 8:30-12 uur en 14-17:45 uur
- Bezoek: ja (behalve op zondag en feestdagen)

Uitgekozen wijn:
Savennières Coulée de Serrant

- Druivensoort: chenin
- Gemiddelde leeftijd van de stokken: 35 jaar
- Oppervlakte wijngaard: 7 ha
- Bodem: leisteen
- Gemiddelde jaarproductie: 20.000-25.000 flessen

CLOS
DE LA
Coulée de Serrant
APPELLATION SAVENNIÈRES-COULÉE DE SERRANT CONTRÔLÉE
1997
Vin issu d'agriculture biodynamique : (Contrôle Ecocert - 31 Toulouse)
Nicolas JOLY, Propriétaire-Viticulteur
au CHÂTEAU DE LA ROCHE-AUX-MOINES - 49170 SAVENNIÈRES
Mise en bouteilles au Château
WHITE WINE
NET CONTENTS : 750 ML.

De kleine groep wijnhuizen die Coteaux-du-Layon maakt op de manier zoals de natuur dat heeft bedoeld, natuurlijk en zonder toevoegingen, is de laatste jaren uitgebreid met de komst van het Domaine Duloquet, dat zich bevindt op het hoogste kwaliteitsniveau. Dit is een adres dat de aandacht verdient van serieuze liefhebbers van laat-geoogste en door Botrytis aangetaste druiven.

Studie en ervaring Dit familiebedrijf, gesitueerd in het gehucht Les Mousseaux, net ten zuiden van Doué-la-Fontaine, werd in januari 1991 geërfd door Hervé Duloquet. Nadat hij wijnbouw en oenologie had gestudeerd en zijn diploma landbouwkundig ingenieur had gekregen, heeft Duloquet als wijngaarddirecteur vijf jaar vruchtbare ervaring opgedaan bij het wijnhuis Château de Targé te Parnay. Toen hij weer thuiskwam, heeft hij twee-en-een-half jaar in het bedrijf gewerkt, voordat hij daadwerkelijk de leiding nam. Hij heeft dus de tijd gehad om zich een realistisch beeld te vormen van het soort wijnen dat hij wilde maken.

Het belang van de mate van rot Duloquet weet exact waar de prachtige chenin toe in staat is en hij besloot zo oorspronkelijk, rijk en authentiek mogelijke wijnen te maken. Het 27 hectaren tellende bedrijf heeft twaalf hectaren cheninstokken, waarvan er tien in de AOC Coteaux-du-Layon liggen. Als de jaargang het toestaat en afhankelijk van de mate 'nobele' rotting, maakt hij drie cuvées: een generieke Coteaux-du-Layon met 30 procent nobel gerot fruit, een Cuvée Prestige met 60 procent en een Sélection de Grains Noble, die precies is wat hij zegt te zijn: 100 procent nobel rot fruit, waarbij de trossen op een sorteertafel een tweede selectieproces hebben ondergaan om de door de Botrytis aangetaste druiven uit te zoeken.

Oorspronkelijk maakte hij deze wijnen in het vat, maar sedert 1994 gisten ze in eikenhout, in fusten die reeds drie of vier wijnen hebben gehuisvest. De gisting geschiedt bij een lage temperatuur en duurt lang. Vervolgens ouderen de wijnen, ook op het fust, gedurende een jaar.

Van de chenin die niet groeit op de terrassen van de AOC Coteaux-du-Layon, maakt Duloquet een zeer mooie droge witte Anjou-wijn van trossen die voor 60 procent door Botrytis zijn aangetast en daarna droog worden gegist. De cabernet franc is op het bedrijf in belangrijke mate aanwezig en er is ook wat cabernet-sauvignon; deze druiven worden vooral gebruikt voor het maken van de rode Anjou-wijnen: de generieke Anjou bestaat voor driekwart uit cabernet franc, terwijl voor de cuvée Vieille Vignes de verhouding omgekeerd ligt.

Coteaux-du-Layon SGN Cuvée Quintessence Niets is rijker en geconcentreerder dan de Quintessence, het topje van de ijsberg van de Layon-wijnen van Duloquet. Deze wijn met zijn mooie middengouden kleur met groene schittering heeft een weelderig fruitbouquet: overrijp, gedroogd, gekristalliseerd, zelfs gekookt...Citrusfruit, een vleugje abrikoos, kweepeer en peer maken allemaal deel uit van het verleidelijke aroma van deze wijn. In de mond is de wijn opmerkelijk zacht, bijna zalfachtig, maar hij heeft toch voldoende levendigheid om zeer fris te blijven en zelfs een zeker mate van delicaatheid te behouden. Het eerste glas dient alleen te worden gedronken en daarna vormen ganzenlever of blauwe kaas interessante partners voor deze wijn.

- Andere geproduceerde witte wijnen: Coteaux-du-Layon, Coteaux-du-Layon Cuvée Prestige, Coteaux-du-Layon Cuvée Noblesse, Anjou, Saumur Brut
- Rode wijnen: Anjou, Anjou Vieilles Vignes
- Rosé wijnen: Rosé de Loire, Cabernet d'Anjou
- Eigenaar: Hervé Duloquet
- Wijnmaker: Hervé Duloquet
- Oenoloog: Laurent Polleau, CAVAL
- Oppervlakte gecombineerde wijngaarden: 28 ha
- Productie: 175.000 flessen
- Export: 20%
- Verkoop aan huis: ja

Uitgekozen wijn:
Coteaux-du-Layon SGN (Sélection de Grains Nobles) Cuvée Quintessence

- Druivensoort: chenin
- Gemiddelde leeftijd van de stokken: 20 jaar
- Oppervlakte wijngaard: 6 ha
- Bodem: koolstofhoudend leisteen
- Gemiddelde jaarproductie: 1000 flessen

(Werkelijke hoogte van de fles 31,8 cm)

CUVÉE
QUINTESSENC
1997
PRODUCE
OF FRANCE
Adrien
COTEAUX DU LAYON
APPELLATION COTEAUX DU LAYON CONTROLÉE
75 cl
MIS EN BOUTEILLE AU DOMAINE
Hervé DULOQUET, Propriétaire-Récoltant, LES VERCHERS-SUR-LAYON (M et L)

Domaine Patrick Baudouin

Sedert omstreeks 1985 heeft een aantal scherpzinnige en eigenwijze telers van Couteaux-du-Layon zich gekeerd tegen de toenemende standaardisatie en bureaucratische desinteresse. Gedreven door de wetenschap dat hun wijngaarden in staat zijn uitstekende wijnen te produceren, maar dit niet langer doen, hebben ze de slechte gewoonten van de laat-twintigste eeuw afgezworen en zich bekeerd tot het maken van zo natuurlijk mogelijke wijnen, zoals een eeuw eerder gebeurde. Een van de eerste en meest luidruchtige 'dissidenten', die nu wijnen van een grootse schoonheid maakt, is de historicus en wijnmaker Patrick Baudouin,

De verspreiding van chaptalisatie Er waren veel problemen die moesten worden aangepakt, waarvan chaptalisatie en het gebrek aan evenwicht misschien wel de belangrijkste waren. De chenin is een wispelturige plant, die alle gradaties van droog en zoet kan produceren, in overeenstemming met de klimatologische condities van de jaargang. In de 19de eeuw namen telers wat de natuur hen gaf en maakten er het beste van. Maar beetje bij beetje begonnen opeenvolgende generaties elk jaar zoete wijn te maken, wat hen in moeilijke jaren verplichtte te chaptaliseren – dat wil zeggen suiker toe te voegen om de gisting te verlengen en meer alcohol te krijgen. Vanaf omstreeks 1950 gebeurde dit bijna overal, maar deze handelwijze kan geen wijnen produceren van een rijkheid die is verkregen door uitdroging of door Botrytis. Hiervoor is oogsten in opeenvolgende plukgangen door de wijngaard, waarbij steeds dat fruit wordt geplukt dat exact rijp genoeg is, absoluut noodzakelijk en dat is het belangrijkste element geweest bij de herleving van de Layons.

De kwaliteit van de Botrytis is het belangrijkste criterium van de oogst van Patrick Baudouin; hij plukt kleine hoeveelheden druiven die op dezelfde wijze zijn aangetast gedurende talrijke *tries* en mengt *tries* van gelijke kwaliteit uit verschillende percelen om een cuvée te maken.

Het belang van evenwicht Een andere essentiële kwaliteit van liquoreux-wijnen is evenwicht, en daarvoor is een juiste verhouding tussen zuren, alcohol en restsuiker vereist. De chenin is goed uitgerust voor de productie van zoete wijnen, dankzij zijn hoge natuurlijke zuurgraad die hem frisheid en finesse verleent. Door chaptalisatie en het gebruik van gekweekte gist wordt veel alcohol geproduceerd en dit schijnt door de autoriteiten te worden toegejuicht: want het minimum alcoholpercentage dat voor de AOC wettelijk is vereist is 11% voor een generieke en 12% voor een Coteaux-du-Layon "Village". Maar dat druist in tegen de natuur: een wijn met een hoog suikergehalte veroorzaakt door Botrytis, gist langzaam en moeizaam, vooral met natuurlijke gist. Bovendien stabiliseert hij zich min of meer zelf bij een laag alcoholpercentage en met weinig behoefte aan zwavel – en zijn evenwicht wordt daar alleen maar beter van. Enkele van de grootste Oostenrijkse, Duitse en Hongaarse liquoreux' zijn zeer rijk en hebben toch een onberispelijk evenwicht bij de helft van het verplichte alcoholpercentage van de Layon...

Coteaux-du-Layon Cuvée Maria Juby Baudouins magnifiek geconcentreerde en zuivere Cuvée Maria Juby, die de overtuigingskracht van zijn argumenten staaft, bezit een glorieus mollig, krachtig aroma van citroenschilletjes en gedroogde abrikoos en streelt de tong met zijn zuivere elegantie en verfijning: inderdaad het bewijs, als dat al nodig was geweest, dat de natuur zonder hulp uitstekend tot een meesterwerk in staat is. Zeker is dat de Maria Juby een warm plekje in haar hart heeft voor gevogelte dat is bereid met specerijen.

- Andere geproduceerde witte wijnen: Coteaux-du-Layon Les Bruandières, Coteaux-du-Layon Sélection de Grains Nobles, Coteaux-du-Layon Après Minuit
- Rode wijnen: Anjou, Anjou-Villages
- Rosé wijn: Rosé de Loire
- Eigenaar: Patrick Baudouin
- Wijnmaker: Patrick Baudouin
- Oppervlakte gecombineerde wijngaarden: 10 ha
- Productie: 20.000 flessen
- Export: 80%
- Verkoop aan huis: ja
- Bezoek: op afspraak

Uitgekozen wijn:
Coteaux-du-Layon Maria Juby
(fles 50 cl)

- Druivensoort: chenin
- Gemiddelde leeftijd van de stokken: 35 jaar
- Bodem: leisteen, zandsteen, koolstofhoudende klei
- Gemiddelde jaarproductie: volledig onregelmatig!

BAUDOUIN
DOMAINE PATRICK BAUDOUIN
MARÍA JUBY
GRAINS NOBLES
1997
COTEAUX DU LAYON
APPELLATION COTEAUX DU LAYON CONTRÔLÉE
VAL DE LOIRE
WHITE LOIRE WINE
ALC. 11% BY VOL.
500 ML
PRODUCT OF FRANCE
MIS EN BOUTEILLE AU DOMAINE PAR PATRICK BAUDOUIN
49290 CHAUDEFONDS - SUR - LAYON FRANCE

Als de enorme verbetering van de algemene kwaliteit van de Coteaux-du-Layon zou kunnen worden toegeschreven aan één enkele teler, zou dat Philippe Delesvaux zijn. Zijn wijnen zijn voorbeelden uit het handboek van zuiverheid, precisie en harmonie en vooral van natuurlijkheid. Gelukkig hebben vele anderen zijn succes opgemerkt en hebben sindsdien zijn voorbeeld gevolgd.

Een uitdaging De geschiedenis van Delesvaux lijkt op een klassiek sprookje. Hij verliet zijn geboorteplaats Versailles voor Anjou om een studie in de mineralogie, zijn passie, te volgen, werd verliefd op het district en kon daar een gemengd bedrijf met wijngaarden gaan leiden. Hij begon in 1978 en vond het heerlijk voor de veertig koeien te zorgen, maar toch zette het wijnmaken hem aan het denken. De wijn die er werd gemaakt werd in bulk verkocht en was niet veel bijzonders. Maar...flessen met zijn eigen product en zijn naam op het etiket. Dat zou nog eens een uitdaging zijn!

Geobsedeerd door nobele druiven In 1982 slaagde hij erin drie hectaren wijngaard te huren in het hartje van het district Coteaux-du-Layon. Het begin was niet gemakkelijk: de stokken waren oud en moeilijk te cultiveren en zijn faciliteiten voor het wijnmaken waren ietwat uit de tijd. Maar zijn vastbeslotenheid om grote Coteaux-du-Layon te maken en de onvoorwaardelijke steun van zijn vrouw Catherine, brachten hem waar hij wilde zijn.

Nadat hij gedurende twee jaargangen gedaan had wat iedere andere vigneron deed, kreeg hij een belangrijke ingeving en in 1985 besloot hij zijn oogst in opeenvolgende plukgangen binnen te halen, zodat al het fruit bij maximale rijpheid werd geplukt, of zelfs nadat het was aangetast door de nobele rotting. De oogst kwam binnen met maar liefst een potentieel alcoholpercentage van 16,5°, wat in die tijd enorm was. Het echtpaar besefte dat dit veel beter was dan wat ze tot dan toe hadden bereikt en plaatselijke restaurants en experts waren dat met hen eens. Vanaf die tijd is Delesvaux geobsedeerd door nobele druiven en *tries*.

Een tegenstander van chaptalisatie Nu heeft hij veel hooggeprezen jaargangen achter zich. Zijn wijngoed omvat 14,5 hectaren en hij heeft kunnen investeren in moderne apparatuur en faciliteiten om zo het beste uit zijn grondstoffen te kunnen halen. Het aantal wijnen dat hij elk jaar maakt, varieert afhankelijk van de gulheid van de natuur, want Delesvauz is uiteraard een fanatiek tegenstander van chaptalisatie, evenals van het gebruik van kunstmatige gist. Elke *trie* wordt geaccepteerd en gevinifieerd zoals die is, waardoor verschillende cuvées ontstaan van sec tot demi-sec en van moelleux tot zelfs liqoureux.

Coteaux-du-Layon Sélection de Grains Nobles De chenindruiven, aangetast door de Botrytis die de Grains Nobles van 1997 hebben gemaakt, zijn in oktober en november 1997 geoogst tijdens de tweede en derde plukgang bij een potentieel alcoholpercentage van 24.5°. Hun wijn bereikte zijn evenwicht bij 12°, waarbij niet minder dan 212 gram ongegiste suiker achterbleef! Deze opmerkelijke fles is natuurlijk bijzonder zoet en rijk, maar toch beslist niet plakkerig. In de mond ervaart men de enorme kwaliteiten lichtheid, elegantie en harmonie. En wat een fenomenale lange, complexe afdronk! Met zo'n rijkdom en evenwicht kan hij zeker een halve eeuw oud worden. Een dergelijke perfectie verdient het om op zijn eentje te worden genoten, voor of na de maaltijd, wat men wil, of misschien met wat ganzenlever...

- Andere geproduceerde witte wijnen: Anjou, Coteaux-du-Layon Saint-Aubin, Coteaux-du-Layon Saint-Aubin Clos du Pavillon, Coteaux-du-Layon Saint-Aubin Clos de la Guiberderie
- Rode wijnen: Anjou, Anjou Villages
- Eigenaars: Philippe en Catherine Delesvaux
- Wijnmaker: Philippe Delesvaux
- Oppervlakte gecombineerde wijngaarden: 14,5 ha
- Productie: 26.000 flessen
- Export: 80%
- Verkoop aan huis: op afspraak
- Bezoek: op afspraak

Uitgekozen wijn:
Coteaux-du-Layon Sélection de Grains Nobles
(fles 50 cl)

- Druivensoort: chenin
- Gemiddelde leeftijd van de stokken: 30 jaar
- Oppervlakte wijngaard: 10 ha
- Bodem: koolstofhoudende leisteen, rolstenen, vulkanische as
- Gemiddelde jaarproductie: 1200-10.000 flessen

BOUTE
DOMAINE
PHILIPPE DELESVAUX
1997
LECTION DE GRAINS NOBLE
COTEAUX DU LAYON
APPELLATION COTEAUX DU LAYON CONTROLEE
PRODUCT OF FRANCE
MIS EN BOUTEILLE AU DOMAINE
VITICULTEUR "LES ESSARDS" 49190 St AUBIN DE LUIGNE - FRANCE

Liefhebbers van Anjou doen er goed aan kennis te maken met Philippe en Sylvie Cady, een stel toegewijde telers uit Saint-Aubin-de-Luigné, die hun werk nauwkeurig, trots en harstochtelijk verrichten en toch aardig bescheiden blijven over de kwaliteit van hun aanbod. De specialiteit van de Cady's, hun Coteaux-du-Layons, zijn van een uitzonderlijke kwaliteit en worden regelmatig en terecht geprezen in vakbladen en wijntijdschriften.

Een welvarend familiebedrijf Zoals zo vele andere wijnmakende familiebedrijven in het gebied, werd hun huis enkele generaties geleden gesticht en in de loop der jaren opgebouwd – Philippe en Sylvie behoren tot de derde generatie die sedert de oprichting in 1927 het bedrijf bestuurt. Heden ten dage zijn er twintig hectaren stokken, wat het bedrijf redelijk groot maakt voor het gebied, en die zorgen voor de productie van de meeste van de lokale appellations. Er zijn veertien hectaren beplant met de glorieuze chenin en vier met de meest succesvolle rode druivensoort van het gebied, de cabernet franc. Gamay, groslot, chardonnay en sauvignon groeien op de rest.

Verlangen naar 'nobele rotting' Gezien de ligging van hun percelen in het centrum van het district Coteaux-du-Layon, spreekt het vanzelf dat de Cady's gespecialiseerd zijn in de *tries*, het oogsten van het fruit door elkaar opvolgende rondgangen door de wijngaarden om zo alleen die druiven te plukken die op dat moment klaar zijn, en dat betekent in het geval van de Coteaux-du-Layon dat zij zijn aangetast door de schimmel Botrytis cinerea, de oorzaak van de zo vurig verlangde 'nobele rotting'. De chenin is met name ontvankelijk voor deze rotting, die de druif uitdroogt, zijn sap ontzuurt en glycerol doet ontstaan, wat goud-getinte wijnen oplevert die in de mond zoet, vet en breed zijn met de typische aroma's van gedroogde abrikoos en de schil van citrusfruit.

Een verjaarscuvée voor de kinderen In het verleden hebben de namen van de kinderen van Philippe en Sylvie Cady, Anatole, Alexander en Eléonore, de mooiste *cuvées* gesierd van deze verschrompelde chenin-druiven, die groeien op de heuvels van klei met lagen leisteen van de dorpen Saint-Aubin en Chaume. Nu de voornamen van de familie op zijn, is de naam Volupté gekozen voor het product van het mooiste door de Botrytis aangetaste fruit. Eén perceel van Saint-Aubin, Les Varennes, heeft een zeer schrale grond van leisteen en kwarts en de opbrengst ervan wordt meestal alleen gebotteld. Wijnliefhebbers worden uitgenodigd het wijnhuis te bezoeken en de tienduizenden subtiliteiten van deze wijnen te proeven in een proefruimte die bijdraagt tot het genot en die door de eigenaars in 1991 is opgeknapt.

Coteaux-du-Layon Saint-Aubin Cuvée Volupté De briljante, lichtgouden kleur, de intense rijke neus van overrijp, naar honing geurend fruit en de volmaakte mix van frisheid, geconcentreerde zoetheid en harmonieus evenwicht, om niet te zwijgen van elegantie, verklaren allemaal waarom de jury's in proefcompetities regelmatig de Cuvée Volupté hun enthousiaste goedkeuring geven. Dit is een wijn van een grote distinctie en een bepaalde discipline en terughoudendheid zijn een deel van zijn karakter, een zeldzame kwaliteit in een Coteaux-du-Layon en ver verwijderd van de zware weeïge wijnen die men soms aantreft. Men kan de Volupté het beste op zijn eentje drinken in een roes van hedonistisch genot...maar brokjes blauwe kaas of wat ganzenlever erbij zullen iemands genot niet echt bederven.

- Andere geproduceerde witte wijnen: Coteaux-du-Layon Saint-Aubin Les Varennes, Coteaux-du-Layon Saint-Aubin, Coteaux-du-Layon Chaume, Coteaux-du-Layon, Anjou, Vin de Pays Chardonnay, Crémant de Loire
- Rode wijnen: Anjou Villages, Anjou, Anjou Gamay, Vin de Pays
- Rosé wijnen: Rosé de Loire, Cabernet d'Anjou
- Eigenaars: Sylvie en Philippe Cady
- Wijnmaker: Philippe Cady
- Oenologisch advies: Laboratorium Berger
- Oppervlakte gecombineerde wijngaarden: 20 ha
- Productie: 80.000 flessen
- Export: 15%
- Verkoop aan huis: ja
- Bezoek: op afspraak

Uitgekozen wijn:
Coteaux-du-Layon Saint-Aubin Cuvée Volupté
(fles 50 cl.)

- Druivensoort: chenin
- Gemiddelde leeftijd van de stokken: 30 jaar
- Oppervlakte wijngaard: 4 ha
- Bodem: klei met leisteen
- Gemiddelde jaarproductie: 12.000 flessen

COTEAUX DU LAYON
SAINT-AUBIN
APPELLATION COTEAUX DU LAYON SAINT-AUBIN CONTRÔLÉE
Cuvée
Volupté
1997
GRAINS NOBLES
DOMAINE CADY
MIS EN BOUTEILLE A LA PROPRIETE
PRODUCE OF FRANCE
75cl

Precies in het midden van de heilige wijngaarden rond het dorp Chaume ligt het Château de Plaisance, een wijnhuis dat enkele van de mooiste wijnen Coteaux-du-Layon Chaume levert. Een warm welkom wacht de bezoeker, die in staat wordt gesteld de lekkernijen van de huisproducties te proeven, terwijl zij of hij geniet van het prachtige uitzicht over de hellingen van Chaume. De kwaliteit van de wijnen is zo goed dat bijna de hele productie elk jaar ter plekke door de plaatselijke klanten wordt gekocht.

Vijf generaties wijnmakers Plaisance is tenminste vijf generaties lang onverbreekbaar verbonden geweest met de familie Rochais en waarschijnlijk langer – de afwezigheid van documenten levert niets betrouwbaarders op dan louter speculatie over zijn geschiedenis van voor die tijd.

Het bedrijf bezit 28 hectaren die de huidige eigenaar, Guy Rochais, in staat stellen een complete reeks wijnen te maken. De meeste wijngaarden zijn reeds verschillende generaties in de familie. De stokken voor de rode wijnen staan bijna allemaal in de gemeente Rochefort-sur-Loire, en sommige ook in La Champ-sur-Layon, en zij leveren hem de grondstoffen voor het maken van een Anjou rouge en een Anjou Villages, evenals van een Rosé de Loire en een Cabernet d'Anjou. In 1984 verkreeg hij een perceel Savennières, wat hem een serieuze ploegmaat voor de bestaande Anjou blanc opleverde.

Een te haastig besluit? Maar in het hart van het wijnhuis liggen zijn wijngaarden Chaume, die zeer waarschijnlijk van de hele *appellation* het beste zijn gesitueerd. De kwaliteit van hun productie is van dien aard dat men niet aan de gedachte kan ontkomen dat de Seigneurs de la Grande Guerche, die het leengoed in de Middeleeuwen bezaten, een beetje te haastig waren met hun besluit welke wijnen zij wilden vorderen als de jaarlijkse tiende voor de pacht van hun wijngaarden – het "kwart van de oogst dat hangt aan de stokken die aan de andere kant van de Coteau du Midi zijn gesitueerd" – en die sindsdien in de AOC-wetten zijn vastgelegd als Quarts-de-Chaume. Rochais slaagt er met zijn verschillende percelen in wijnen te maken die de gelijke zijn van welke van die hedendaagse AOC dan ook.

Natuurlijk zijn er jaren waarin de mogelijkheden beperkt zijn, als het verschijnsel Botrytis cinerea en de resulterende suikerconcentratie niet voldoende zijn. Maar door middel van een zorgvuldige oogst door herhaalde *tries* slaagt hij erin grondstoffen te krijgen die, als ze niet goed genoeg zijn om zijn uitmuntende wijnen van de enkele percelen Zerzilles en Charmelles te maken, worden gedeclassificeerd voor de generieke Coteaux-du-Layon Chaume.

Coteaux-du-Layon Chaume Les Zerzilles Het schitterende vijf hectaren grote perceel Les Zerzilles, begroeid met stokken van negentig jaar oud, kan een monumentale wijn produceren, vooral in echt grote jaargangen als 1990. Gedurende een jaar gegist en geouderd in zowel eikenhout als roestvrijstaal, wordt zijn schitterende gouden kleur in het verloop van de tijd dieper. Zijn bouquet van bittere sinaasappels, honing en kweeperen wordt meer uitgesproken en welsprekender, zijn persoonlijkheid nog opmerkelijker. Zeker monumentaal en toch tegelijkertijd zeer elegant en voorzien van voldoende zuren om de restsuikers in evenwicht te houden, dankzij de opmerkelijke chenin. Een grootse wijn, die op het bedrijf als aperitief wordt gedronken; maar ook verrukkelijk is bij een kapoen gevuld met ganzenlever.

- Andere geproduceerde witte wijnen: Coteaux-du-Layon Chaume Les Charmelles, Coteaux-du-Layon Chaume, Quarts-de-Chaume, Anjou, Crémant de Loire
- Rode wijnen: Anjou, Anjou Villages
- Rosé wijnen: Rosé de Loire, Cabernet d'Anjou
- Eigenaar: Guy Rochais
- Wijnmaker: Guy Rochais
- Oenologisch advies: Laboratorium Berger
- Oppervlakte gecombineerde wijngaarden: 28 ha
- Productie: 130.000 flessen
- Export: 2%
- Verkoop aan huis: 9-12 uur en 15-18 uur (behalve zondags)
- Bezoek: ja

Uitgekozen wijn:
Coteaux-du-Layon Chaume Les Zerzilles

- Druivensoort: chenin
- Gemiddelde leeftijd van de stokken: 90 jaar
- Oppervlakte wijngaard: 5 ha
- Bodem: klei met leisteen
- Gemiddelde jaarproductie: 5000 flessen

CHÂTEAU DE PLAISANCE
COTEAUX DU LAYON CHAUME
APPELLATION COTEAUX DU LAYON "CHAUME" CONTRÔLÉE
750 ml.
Les Zerzilles
14% vol.
E.A.R.L. ROCHAIS Fils, Viticulteur, Rochefort-sur-Loire - 49190 - France
bouteilles au Château
L 01
PRODUCE OF FRANCE

Sedert hij niet langer bulkwijnen maakt en zich heeft gestort op de authentieke, natuurlijk rijke druivensoort, is Jo Pithon flink opgeschoten. Ervaring heeft geleid tot zelfverzekerdheid en de bereidheid om risico's te nemen, en dat stelt hem in staat wijnen te maken van een verbazingwekkende dimensie. Deze genereuze, allervriendelijkste teler houdt zichtbaar van zijn werk en hij wordt daarvoor beloond met welverdiend succes.

Een groeiende ambitie Ondank het feit dat hij een *vigneron* als grootvader had, was de jonge Pithon aanvankelijk niet voorbestemd om zelf teler te worden. Maar na de landbouwschool werd hij bevangen door een hartstochtelijk verlangen om eigen baas te zijn. Hij besloot een aantal wijnstokken te huren en wijn te gaan maken...en toen ontdekte hij een liefde en een talent voor het vak. In 1978 stichtte hij zijn eigen bedrijf en hij deed de daaropvolgende twaalf jaar precies wat vele anderen deden, zijn wijn in het groot verkopen.

Maar toen kwam er een verandering. Zou dit zijn gekomen door zijn ontmoeting met Isabelle, die een eind maakte aan zijn bestaan als vrijgezel? Zijn eerste daad was het kopen van een aantal fusten en het oogsten in *tries*, een besluit dat in dat prachtige jaar 1990 de poging zeker heeft terugbetaald. Maar daarop volgde het jaar van de verschrikkelijke vorst die voor de Loire een catastrofe was. Dit deed hem besluiten de omvang van zijn bedrijf radicaal te veranderen. Pithon verminderde zijn 14 hectaren tot 4,5 met het afstoten van een aantal wijngaarden die minder goed fruit leverden; en als nieuw doel koos hij ervoor zich te concentreren op het maken van Coteaux-du-Layon van de allerbeste kwaliteit.

Tal van maatregelen om de kwaliteit te verbeteren Hij ging veel meer tijd doorbrengen in de wijngaard om ervoor te zorgen dat zijn stokken zouden groeien in een van kunstmest gevrijwaarde ecologische omgeving, waardoor ze in staat waren druiven te leveren van de hoogste kwaliteit.

Nu zorgt kort snoeien en vervolgens ontknoppen ervoor dat ze uiteindelijk niet meer dan zes trossen per stok zullen dragen; bladeren worden weggeknipt, opdat een betere beluchting tot stand komt en er minder kans is op rot en waardoor de trossen ook meer zonlicht krijgen wat een betere rijping tot gevolg heeft.

En omdat het waanzin zou zijn te zorgen voor prachtig fruit en dat vervolgens tijdens het vinificatieproces te vergiftigen, krijgen de druiven geen kunstmatige gist, geen enzymen en geen suiker. En geloof het of niet, de indrukwekkende restsuikers van Pithons wijnen zijn uitsluitend het resultaat van nobele rotting of *passerillage*.

Coteaux-du-Layon Saint-Lambert Ambroisie Net als al zijn wijnen heeft de Ambroisie, gemaakt van de meest geconcentreerde druiven in het Clos des Bonnes Blanches in de beste jaren, een prachtige diepgouden kleur. De eerste neus onthult een enorme, doezelige rijkdom, maar wanneer de wijn een paar maal wordt rondgewalst komt een onverwachte frisheid vrij. Het proeven onthult een complex arsenaal aan aroma's van gedroogd fruit en specerijen dat zich in de mond verder ontwikkelt. Uiteraard is de mate van complexiteit en zoetheid afhankelijk van de generositeit van de jaargang, maar toch is deze prachtige wijn altijd rijk en tegelijkertijd altijd verfrissend...een bewijs van echt talent voor viticultuur en vinificatie. Het is een traktatie deze onvergetelijke wijn in zijn eentje te nippen, maar toch verhoogt wat ganzenlever het genot!

- Andere geproduceerde witte wijnen: Anjou Bergères, Anjou Beaulieu, Coteaux-du-Layon Beaulieu, Coteaux-du-Layon Saint-Aubin Clos des Bois, Coteaux-du-Layon Beaulieu Clos des Ortinières, Coteaux-du-Layon Saint-Lambert Clos des Bonnes Blanches, Coteaux-du-Layon Chaume, Quarts-de-Chaume
- Eigenaars: Jo en Isabelle Pithon
- Wijnmakers: Jo en Isabelle Pithon
- Oppervlakte gecombineerde wijngaarden: 8 ha
- Productie: 26.000 flessen
- Export: 75%
- Verkoop aan huis: op afspraak
- Bezoek: op afspraak

Uitgekozen wijn:
Coteaux-du-Layon Saint-Lambert Ambroisie
(fles 50 cl.)

- Druivensoort: chenin
- Gemiddelde leeftijd van de stokken: 10 jaar
- Oppervlakte wijngaard: 1,2 ha
- Bodem: leisteen
- Gemiddelde jaarproductie: 900 flessen

JP
Domaine Jo Pithon
1997
PRODUIT DE FRANCE
PRODUCT OF FRANCE
JP
1997
VAL DE LOIRE
LOIRE WHITE WINE
AMBROISIE
Clos des Bonnes Blanches
Coteaux du Layon St Lambert
APPELLATION COTEAUX DU LAYON ST LAMBERT CONTRÔLÉE
PITHON, Vignerons, Les Bergères, St-LAMBERT DU LATTAY

Vincent Ogereau staat onder liefhebbers van de wijnen van Anjou bekend om de uitgelezen kwaliteit van zijn wijnen. Een bezoek aan zijn domein te Saint-Lambert-du-Lattay is zeer aanbevolen. Daar kan de bezoeker een complete reeks wijnen proeven: er zijn droge wijnen, een mousserende crémant, rosés en rode van een grote authenticiteit, maar de kroonjuwelen van de kelder zijn natuurlijk de zeer hoge Coteaux-du-Layons.

De attenties van een edele schimmel De baardige, kalende Ogereau is getraind in Bordeaux en is in 1982 bij zijn vader gaan werken. Sedert 1989 staat hij alleen aan het roer en leidt hij het domein met meesterlijke competentie en gevoel. Elk jaar produceert hij ongeveer 120.000 flessen wijn, die met een absoluut respect voor hun omgeving en gezondheid zijn gemaakt; wijnbouw is zijn passie en perfectie de uitdaging. Door zijn opbrengsten te beperken, verkrijgt hij intens smakende, zoete druiven en als de klimatologische voorwaarden van warmte en vochtigheid worden bereikt, wordt zijn wijngaard ook gezegend met 'nobel' gerot fruit, dat zich heeft kunnen verheugen in de attenties van de schimmel Botrytis cinerea. Met dergelijke uitmuntende grondstoffen is de wedstrijd al bijna vooraf gewonnen!

Een rijke, gepolijste mondvol De twee rosés van Ogereau zijn mooi gemaakte voorbeelden van hun *appellation*. Vooral de Cabernet d'Anjou is indrukwekkend: deze intens fruitige, ronde en zuivere wijn kan de oningewijde verrassen, want de meeste wijnen die onder deze *appellation* worden verkocht zijn neutraler; het is een verrukkelijke wijn voor een zomers aperitief en bij zoetzure gerechten. Zijn rode Anjou en Anjou Villages zijn zeer evenwichtig, met veel extract en structuur. Ze hebben een paar jaar nodig om zachter te worden en hun charme te ontwikkelen en zijn daartoe uitstekend in staat.

De proeverij begint echt interessant te worden bij de droge witte Anjou. Deze is het resultaat van opeenvolgende *tries* van veertig jaar oude stokken, viervijfde chenin en de rest sauvignon. Het rijke fruit wordt zowel in hout als op tank gevinifieerd en vervolgens langzaam gerijpt op zijn lies, om daarvan vet en rond te worden en complexiteit te krijgen. De proever zal zich verliezen in de rijke, gepolijste mondvol met zijn zeer frisse citrusaroma's. Sedert 1995 maakt Ogereau een houtgerijpte droge witte Cuvée Prestige van druiven die bijna overrijp zijn geoogst. Deze weelderige wijn is nog veel vetter en rijker en heeft meer tijd nodig om zijn bouquet te ontwikkelen. En dan komen eindelijk de wijnen die de maker pas echt hebben geïnspireerd, de Coteaux-du-Layons.

Coteaux-du-Layon Clos des Bonnes Blanches Volgend op een generieke Coteaux-du-Layon Saint-Lambert, die (afhankelijk van het jaar) uitstekende waar voor zijn geld levert, komen een Cuvée Nectar en een Cuvée Prestige, beide uiterst voornaam. En tot slot maakt Ogereau van zijn best gesitueerde stokken een beperkte hoeveelheid van de Clos des Bonnes Blanches, een selectie van edele druiven die gist en oudert in nieuw eikenhout. Dit is een wijn van een uitzonderlijke rijkheid, zelfs weelderig, en toch wordt zijn likeur prachtig in evenwicht gehouden door zijn minerale aard en zijn discrete, maar effectieve zuren; de overheersende indrukken zijn frisheid en harmonie. Deze verrukking moet op zijn eentje worden genoten, vindt Ogereau...hij is echt te subliem om door vreemde smaken te worden verstoord.

- Andere geproduceerde witte wijnen: Anjou, Anjou Cuvée Prestige, Coteaux-du-Layon Saint-Lambert, Coteaux-du-Layon Saint-Lambert Cuvée Nectar, Coteaux-du-Layon Saint-Lambert Cuvée Prestige, Crémant de Loire
- Rode wijnen: Anjou, Anjou Villages
- Rosé wijnen: Rosé de Loire, Cabernet d'Anjou
- Eigenaar: Domaine Ogereau
- Wijnmaker: Vincent Ogereau
- Oenoloog: Didier Coutenceau
- Oppervlakte gecombineerde wijngaarden: 24 ha
- Productie: 120.000 flessen
- Export: 15%
- Verkoop aan huis: 9-12 uur en 14-19 uur
- Bezoek: ja

Uitgekozen wijn:
Coteaux-du-Layon Clos des Bonnes Blanches
(fles 50 cl)

- Druivensoort: chenin
- Gemiddelde leeftijd van de stokken: 8 jaar
- Oppervlakte wijngaard: 2 ha
- Bodem: leisteen
- Gemiddelde jaarproductie: 4000 flessen

1997
Clos des Bonnes Blanches
COTEAUX DU LAYON SAINT LAMBERT
Appellation Coteaux du Layon Saint Lambert contrôlée
mis en bouteille au domaine
Vincent OGEREAU Viticulteur
Saint Lambert du Lattay - 49750 FRANCE
500ML
PRODUIT DE FRANCE

Anjou produceert enkele van de mooiste natuurlijk zoete Franse wijnen. In de dalen van de Layon vormt de combinatie van de ochtendnevel en de hitte in de middag een microklimaat dat bevorderlijk is voor het ontstaan van de schimmel Botrytis cinerea, die voorkomt op het druivensoort chenin blanc en de zogeheten nobele rotting veroorzaakt. Château de Breuil is reeds lang een van de topproducenten van dit soort wijn en maakt een reeks zeer betaalbare Coteaux du Layons.

Een lange familie-ervaring Het opvallende château, net buiten Beaulieu-sur-Layon, is sedert 1882 het decor voor wijnmaken. Het werd in 1961 door de familie Morgat gekocht van zijn oorspronkelijke eigenaars. De Morgats waren niet nieuw in de wereld van het wijnmaken, want hun voorouders hadden zich in de 17de eeuw reeds in het gebied gevestigd en waren begonnen met het telen en gisten van druiven, dus de nieuwe familie kon bogen op een lange familie-ervaring. Heden ten dage wordt het Château du Breuil geleid door de jonge Eric Morgat. Deze heeft het vak niet alleen geleerd van zijn vader Marc, die sedert het jaar 2000 met pensioen is, maar ook in Bordeaux, waar praktische ervaring in de Médoc en Sauternes volgde op zijn studie en hem klaarstoomde voor de productie van droge en zoete witte en rode wijnen. Du Breuil is een prachtig bezit en is met zijn 33 hectaren opvallend groot voor het gebied.

Interessante leisteenlagen De wijngaard is ideaal gelegen en heeft een bodem van klei die allerlei verschillende lagen leisteen bevat. Van een wijnbouwkundig standpunt bezien is dit inderdaad zo interessant dat hier jaren lang is geëxperimenteerd door de Hogere School voor Land- en Wijnbouw van Angers, welke experimenten alleen zijn opgehouden omdat de school zijn afdeling Wijnbouw sloot.

De methoden van wijnbouw kunnen worden betiteld als de *lutte raisonnée*, waarbij gezondheid van de stokken en respect voor de bodem op de eerste plaats komen. Er groeit een aantal verschillende druivensoorten, met inbegrip van de sauvignon en de chardonnay, waardoor de Morgats in staat zijn hun klanten een brede reeks wijnen aan te bieden.

Coteaux-du-Layon Beaulieu Cuvée Orantium Bovenaan de reeks staan uiteraard de Coteaux du Layons. De allerhoogste in die appellation is een kleinood, Orantium genaamd, dat alleen in uitzonderlijke jaren wordt gemaakt. Orantium wordt gemaakt van de meeste succesvolle pluk van honderdjarige stokken, waarvan de druiven zijn aangetast door de botrytis cinerea en hij gist en oudert in eikenhout. De gisting gebeurt bij lage temperaturen om een zo optimaal mogelijk aroma te krijgen en de wijn is zo rijk, dat het proces zeer traag verloopt en wel drie tot vier maanden duurt. Daarna laat men de wijn gedurende twee jaar ouderen.

Met dergelijke grondstoffen en zo'n behandeling is de Orantium een verbazingwekkende wijn. Met een ambergouden tint heeft deze wijn een zeer rijk honingachtig aroma en een complexe geurenreeks, waarin de vanillegeuren van het eikenhout bij jonge wijnen het decor vormen voor aroma's van specerijen, gekookt fruit en abrikozen. Hij heeft een aantal jaren nodig voordat alle samengestelde delen één geheel kunnen vormen, maar toch is zijn evenwicht vanaf de allereerste dag waarneembaar. De afdronk is opmerkelijk lang en daarna geniet men nog een tijdje van zijn verbazende frisheid en levendigheid. Deze allesovertreffende cuvée heeft alles in zich om meer dan een halve eeuw te kunnen leven! Als de kurk eenmaal uit de fles is, zullen kleine toastjes met ganzenlever of blauwe kaas heel goed van pas komen.

- Andere geproduceerde witte wijnen: Coteaux-du-Layon, Coteaux-du-Layon Beaulieu, Coteaux-du-Layon Beaulieu Vieilles Vignes, Anjou sec, Vin de Pays Sauvignon, Vin de Pays Chardonnay
- Rode wijnen: Anjou Villages, Anjou
- Rosé wijnen: Rosé de Loire, Cabernet d'Anjou
- Eigenaars: Marc en Eric Morgat
- Wijnmaker: Eric Morgat
- Oenologisch advies: Laboratorium Berger
- Oppervlakte gecombineerde wijngaarden: 33 ha
- Productie: 130.000 flessen
- Export: 5%
- Verkoop aan huis: 9-12 uur en 14-18 uur (zaterdags op afspraak)
- Bezoek: ja

Uitgekozen wijn:
Coteaux-du-Layon Beaulieu Cuvée Orantium
(fles van 50 cl)

- Druivensoort: chenin
- Gemiddelde leeftijd van de stokken: 103 jaar
- Oppervlakte wijngaard: 4 ha
- Bodem: klei met groene en purperen leisteen
- Gemiddelde jaarproductie: 2000 flessen

(Werkelijke hoogte van de fles 35,6 cm)

CHATEAU DU BREUIL
ORANTIVM

Het dorp Rablay, gelegen tussen de crus Bonnezeaux en Quarts-de-Chaume van Anjou, is de thuishaven van een wijnhuis dat goed bekend staat onder de kenners van Coteaux-du-Layon, om niet te spreken van de jury's van vakbladen die het regelmatig overladen met loftuitingen. In korte tijd is de wijn, gemaakt op het Domaine des Sablonnettes, zo verbeterd dat hij niet meer is te herkennen. Het is de moeite waard hem op te sporen.

De aantrekkingskracht van wijnstok en wijn Christine en Joël Ménard zijn de eigenaars van het huis. De vader van Ménard, een kuiper, begon omstreeks 1960 percelen wijnstokken te kopen. In die dagen werd er weinig verkocht, slechts kleine hoeveelheden wijn gingen tussen maart en juni in het jaar volgend op de oogst naar een privé-klantenkring. De jonge Ménard, die een opleiding voor elektriciën had gevolgd en vijf jaar als zodanig had gewerkt, voelde zich echter steeds meer aangetrokken tot de wijnstok en de wijngaard. In 1894 nestelden hij en Christine zich op het wijngoed en leerden er het klappen van de zweep van vader Ménard, die in 1990 met pensioen ging.

De introductie van selectief oogsten Het jaar 1989 was een belangrijke gegeven in de korte historie van Des Sablonnettes, want toen oogstten de Ménards voor de eerste keer door middel van *tries*. Door ontmoetingen met andere wijnbouwers ontstond de wens om iets te produceren dat meer in overeenstemming was met hun grondstoffen. Dat resulteerde in experimenten. Hun stokken, gelegen aan de oevers van de rivier Layon in hun wijngaarden Rablay op de linkeroever en in het land van Faye d'Anjou op de rechter, bevinden zich in de juiste positie om de attenties van de schimmel Botrytis cinerea te ontvangen, en het was duidelijk dat selectief oogsten, gespreid over een bepaalde periode, ze in staat zou stellen een hoge reeks moelleux- en liquoreuxwijnen te maken. De vooruitgang in kwaliteit kwam snel.

De ommekeer tot biologische wijnbouw Maar er moest meer worden aangepast: het versterken van de natuurlijke weerstand en kracht van de stokken en het verbeteren van hun milieu begon meer en meer hun gedachten te beheersen. Na een paar aanmoedigende pogingen bij eerdere jaargangen, omhelsden de Ménards in 1997 de biologische wijnbouw. Na drie jaar was het duidelijk dat de stokken steviger werden, met meer weerstand tegen grijze rot en andere ziekten en minder energiek – omdat ze zeer vermoedelijk al hun kracht nodig hadden om dieper in de grond te zoeken naar voedsel. En tijdens de oogst van het overvloedige regenjaar 1999 produceerden ze een prachtige opbrengst met een indrukwekkend potentieel alcoholgehalte, waarbij grijze rotting minimaal optrad...hoewel dit de nodige stress en slapeloze nachten van de eigenaars met zich mee heeft gebracht!

Coteaux-du-Layon Rablay Les Érables SGN Quintessence De kroon op de pogingen van de Ménards is de Les Érables Quintessence, het resultaat van *sélection de grains nobles*, die alleen in exceptionele jaren wordt gemaakt. Met zes maanden houtgisting slaagt deze zeer geconcentreerde, superzoete wijn, diepgoud van kleur, zeer aromatisch en complex en met aroma's van kweepeer en bijenwas, er op een of andere manier in fris en levendig te blijven en is daarom volledig in evenwicht. Wat een triomf voor deze perfectionisten! Hij kan uitstekend in zijn eentje worden genuttigd, maar blijkt ook opmerkelijk geschikt voor een onderonsje met zwezerik met morieljes, gevolgd door blauwe kaas.

- Andere geproduceerde witte wijnen: Coteaux-du-Layon Rablay SGN Les Érables, Coteaux-du-Layon Rablay Noblesse, Coteaux-du-Layon Fleur d'Erables, Coteaux-du-Layon Faye SGN l'Aubépine, Coteaux-du-Layon Vieilles Vignes, Anjou Les Genêts, Anjou
- Rode wijnen: Anjou, Anjou Villages Les Grands Chênes, Anjou Gamay
- Rosé wijnen: Rosé de Loire, Cabernet d'Anjou, Cabernet d'Anjou Passerillé
- Eigenaar: Joël Ménard
- Wijnmaker: Joël Ménard
- Oppervlakte gecombineerde wijngaarden: 13 ha
- Productie: 40.000 flessen
- Export: 20%
- Verkoop aan huis: op afspraak
- Bezoek: op afspraak

Uitgekozen wijn:
Coteaux-du-Layon Rablay Les Érables SGN Quintessence

- Druivensoort: chenin
- Gemiddelde leeftijd van de stokken: 10-90 jaar
- Oppervlakte wijngaard: 11 ha
- Bodem: zand, grint en leisteen
- Gemiddelde jaarproductie: 3000 flessen

JM
du Layon Rablay
Coteaux du Layon Rablay Contrôlée
1997
Earl Domaine des Sablonnettes
Ménard, Vignerons, 49750 Rablay-sur-Layon, France
L 97027
MIS EN BOUTEILLES AU DOMAINE

Om geloofwaardig te zijn moet elke lijst van topproducenten van Anjou-wijnen de naam bevatten van de familie Baumard uit Rochefort, die een mooie reeks produceert, bestaande uit bijna alle *appellations* van het gebied. En ze zijn van een uitstekende kwaliteit. Vanaf de eenvoudigste tot de meest prestigieuze zijn deze flessen allemaal standaardvoorbeelden.

De erfenis van een jongeman De Baumards, die zich in 1634 in Rochefort vestigden, behoren tot een van de bekendste families van het gebied. De patriarch Jean, nu met pensioen, is een eminente persoonlijkheid, die niet alleen te Angers professor in de wijnbouw is geweest en voorzitter van de Unie van AOC Syndicaten van de Loire, maar ook een zeer bewonderde wijnmaker. Zijn zoon Florent nam in 1995 de verantwoordelijkheid voor het huis over en heeft bewezen een groot talent te hebben voor de wijnbouw en het wijn maken. Een bezoek aan de Baumards in hun aardige 17de-eeuwse Logis de la Giraudière is zeer de moeite waard.

De verfijning van een huisstijl De Baumards zijn vooral specialisten in de zoete wijnen Coteaux-du-Layon en Quarts-de-Chaume. Ze maken al lang prachtig zuivere, rijke en evenwichtige versies van deze wijnen, met meer nadruk op elegantie en delicaatheid dan op kracht en concentratie. Jean Baumard heeft in zijn percelen wat afwisseling gebracht door rondom 1960 in Savennières te investeren en hij ontwikkelde een wijnstijl – droog, soepel, geurig en goed jong – die in die tijd zeer verschilde van het aanbod van andere producenten en snel erg populair werd. Onder de invloed van Florent lijken huidige jaargangen van alle wijnen met een ietwat meer uitgesproken terroir-accent te spreken.

Indroging, concentratie en nobele rotting *Tries,* of rondgangen door de wijngaard, om die druiven te plukken die een voldoende mate van concentratie hebben verkregen, liggen ten grondslag aan de kwaliteit van de wijnen van de Baumards. In jaren met de daarvoor noodzakelijke combinatie van hitte en vochtigheid treedt de schimmel Botrytis cinerea op, die nobele rotting veroorzaakt, waardoor de druif indroogt, het sap ontzuurt en glycerol ontstaat. Maar in jaren waarin het einde van het seizoen heet maar droog is verschrompelen de overrijpe druiven aan de stok en drogen uit, waardoor zeer geconcentreerd sap ontstaat met weinig appelzuur. Dit heet *passerillage*. Op welke van de twee manieren de druiven ook zijn aangetast, oogsten in *tries* is essentieel om optimaal te profiteren van de gaven van de natuur.

Quarts-de-Chaume In zijn jeugd heeft de Quarts-de-Chaume van Baumard een briljante lichtgouden kleur, waarna hij in de loop der jaren nuances van groen en amber verkrijgt. De frisse, druivige aroma's van de chenin maken gaandeweg plaats voor een fascinerende potpourri waarin kweepeer, lindebloesem, perzik, abrikoos, wierook, was en honing allemaal kunnen voorkomen; afhankelijk van de jaargang in variërende proporties. In de mond kan het zoet alle vormen aannemen van vriendelijk tot krachtig geconcentreerd en toch is er altijd sprake van elegantie en verfijning. Geniet men van deze wijn met de frisheid van zijn jeugd, met de complexiteit van zijn volwassenheid of met de wijsheid van gevorderde leeftijd? Hoe dan ook, warme perentaart, Roquefort in bladerdeeg of een terrine van kippenlever zullen alledrie zorgen voor een onverwacht welsprekende begeleider van deze weelderige wijn.

- Andere geproduceerde witte wijnen: Coteaux-du-Layon Clos de Sainte-Catherine, Coteaux-du-Layon, Savennières Clos Saint-Yves, Savennières, Anjou sec, Crémant de Loire
- Rode wijnen: Anjou Logis de la Giraudière, Anjou Clos de la Folie
- Rosé wijnen: Rosé de Loire, Cabernet d'Anjou
- Eigenaar: SCEA Domaine des Baumard
- Directeur: Florent Baumard
- Wijnmaker: Florent Baumard
- Oppervlakte gecombineerde wijngaarden: 43,66 ha
- Productie: 260.000 flessen
- Export: 45%
- Verkoop aan huis: 10-12 uur en 14-17.30 uur (behalve zondag en feestdagen)
- Bezoek: ja. (Gesloten tussen Kerst en Nieuwjaar

Uitgekozen wijn:
Quarts-de-Chaume

- Druivensoort: chenin
- Gemiddelde leeftijd van de stokken: 30 jaar
- Oppervlakte wijngaard: 5,3 ha
- Bodem: leisteen
- Gemiddelde jaarproductie: 12.000 flessen

(Werkelijke hoogte van de fles 31,9 cm)

MISE AU DOMAINE
BAUMARD
DOMAINE DES BAUMARD
MISE AU DOMAINE
1998
1998
QUARTS DE CHAUME
APPELLATION QUARTS DE CHAUME CONTRÔLÉE
750 ML
Toute la récolte a été mise en bouteilles au Domaine
DOMAINE DES BAUMARD VITICULTEUR 49190 ROCHEFORT SUR LOIRE FRANCE

Veel van de gelukkigen die de schitterende Quarts-de-Chaume hebben geproefd kunnen Château Bellerive bedanken voor dit voorrecht. Dit prachtige wijnhuis is een van de belangrijkste eigenaars, want het bezit niet minder dan twaalf van de veertig hectaren van de oppervlakte van de *appellation* en het produceert uitsluitend Quarts-de-Chaume. Het geniet allang een goede reputatie vanwege deze uitzonderlijke zoete en toch harmonieuze wijn.

De pachter moet een deel afstaan Waarschijnlijk is men rondom Chaume in de elfde of de twaalfde eeuw met de productie van wijn begonnen. In de Middeleeuwen was het leengoed het eigendom van de Seigneurs van de Grande Guerche, van Saint-Aubin-de-Luigné. In die tijd bestond er een overeenkomst, de zogeheten *bail à complant* (plantpacht), waarbij een seigneur land aan een teler verpachtte onder de voorwaarde dat die er wijnstokken op plantte. Een tijdje later werd dan de florerende wijngaard in twee gelijke delen verdeeld, waarvan één aan de eigenaar werd teruggegeven en de ander in handen bleef van de pachter, onder beding dat die jaarlijks een deel terug moest betalen in de vorm van een gedeelte van zijn oogst. Zo ontstond Quarts-de-Chaume, een deel wat exact was omschreven als "het kwart van de oogst, hangend aan de wijnstokken die staan aan de andere kant van de Coteau du Midi". Deze belangrijke precisie, de keuze van het zonnigste perceel en daarmee een verzekering van kwaliteit, heeft veel later gediend voor het afbakenen van het wijnbouwgebied van de AOC.

Een prachtig terrein voor de chenin De stokken van Bellerive staan rond het château dat is gesitueerd in het midden van de appellation, waar het optreden van de botrytis cinerea het meest waarschijnlijk is. De wijngaarden liggen op terrassen en het ruige terrein, van leisteen op een verharde zandlaag, wordt snel warm en heeft een uitstekende afwatering.

De stokken chenin worden laag gehouden om zo het meeste profijt te hebben van de hitte die door de grond wordt teruggekaatst. Ze hebben een plantdichtheid van vijfduizend stokken per hectare ter stimulering van het rijpingsproces. De stokken worden heel kort teruggesnoeid om hun productiviteit te beperken. De opbrengsten liggen altijd onder het maximum van 22 hectoliter per hectare dat geldt voor de AOC.

Na verschillende plukgangen door de wijngaard, waarbij de druiven worden geplukt op het punt dat ze precies voldoende zijn aangetast, wordt elke pluk voorzichtig geperst, waarna de most langzaam in het fust gist bij een lage temperatuur. De opbrengst van de diverse percelen wordt daarbij apart gehouden en de verschillende wijnen worden later gemengd. Vervolgens rijpt de most in eikenhouten fusten. In september van het jaar daarop vindt het bottelen plaats.

Quarts-de-Chaume Quintessence In uitzonderlijke jaren wordt het rijkste deel van de oogst apart gehouden en gebotteld onder de naam Quintessence; deze wijn is wat krachtiger en voller dan de standaardcuvée, maar is ook een voorbeeld van harmonie en evenwicht. De Quintessense heeft een mooie diepgouden kleur en een zeer complexe geur, variërend van honing tot gedroogd en gekonfijt fruit. In de mond is hij erg geconcentreerd en onthult hij uitgelezen nuances van citusfruit, met een indruk van lichtheid en verfijning. Deze grote cuvée heeft een zeer lange afdronk en is beslist bestemd voor zeker een halve eeuw pracht en praal! Echt een wijn die geschikt is voor een *seigneur*! Hij past goed bij vis als zalm, tarbot en griet, maar ook bij wit vlees en blauwe kaas.

- Andere geproduceerde witte wijn: Quarts-de-Chaume (standaardcuvée)
- Eigenaars: Serge en Michel Malinge
- Wijnmaker: Benoit Dufour
- Oenoloog: Didier Coutenceau
- Oppervlakte gecombineerde wijngaarden: 12 ha
- Productie: 30.000 flessen
- Export: 20%
- Verkoop aan huis: ja
- Bezoek: ja

Uitgekozen wijn:
Quarts-de-Chaume Quintessence

- Druivensoort: chenin
- Gemiddelde leeftijd van de stokken: 25 jaar
- Oppervlakte wijngaard: 12 ha
- Bodem: leisteen op een verharde zandlaag
- Gemiddelde jaarproductie: 10.000 flessen

(Werkelijke hoogte van de fles 31,8 cm)

QUARTS DE CHAUME
APPELLATION QUARTS DE CHAUME CONTRÔLÉE
Quintessence
1997
750ml
MIS EN BOUTEILLE AU CHÂTEAU
PAR S.A.R.L. CHÂTEAU BELLERIVE - 49190 ROCHEFORT-SUR-LOIRE - FRANCE
PRODUCE OF FRANCE

Pascal Laffourcade's Château de l'Echarderie bezit een kwart van de oppervlakte van de grand cru Quarts-de-Chaume van Anjou en maakt een ongeëvenaard karaktervol toonbeeld van deze grootse *appellation*. Zulke wijnen kunnen terecht de kroon van Frankrijks beste vins liquoreux claimen, want de grote chenin, die op deze historische hellingen groeit, geeft aan de ongelooflijk rijke complexiteit van nobel gerotte druiven een harmonie en een verfijning die men in wijnen zelden aantreft.

Sober uiterlijk voor een klassiek product Het château, een versterkte boerderij, heeft een uitgelezen locatie in het hart van de appellation en kijkt sedert de Middeleeuwen neer op de hellingen van leisteen die aflopen naar de Layon. Opeenvolgende telers van het wijnhuis hebben allen dankbaar gebruik gemaakt van de vooruitgang op het gebied van de wijnbouw en oenologie zolang deze het essentiële karakter van een Chaume niet aantastten. Zelfs het etiket heeft al jarenlang hetzelfde sobere uiterlijk voor een klassiek product dat geen praalzucht behoeft.

De huidige eigenaar werkt en verbouwt de meest toegankelijke bodems op de bekende tijdverslindende manier. Om praktische redenen laat hij op de steilere heuvels gras groeien, wat erosie tegengaat. De oogst gebeurt in drie of vijf *tries* en Botrytis of *passerillage* komt in het gebied zo regelmatig voor dat de maximaal toegestane opbrengst van 25 hectoliter per hectare, zo laag als die is, zelfs vaak niet wordt bereikt.

Lang gisten op fust De druiven worden heel langzaam geperst en de verschillende plukgangen gisten afzonderlijk van elkaar en worden later, afhankelijk van hun karakter, gemengd. Op basis van het feit of er sprake is van een jaargang met nobele rotting of met *passerillage* kan de wijn een groot zoet hebben, tot aan weelderig toe, of gewoon rond, zacht en rijp zijn. Het constante van de wijnen is hun samenbindende structuur die zo karakteristiek is voor dit terrein. De gisting, die in het fust geschiedt, kan zes maanden duren en wordt bij een lage temperatuur gestopt door de toevoeging van een kleine hoeveelheid zwavel.

De wijnen worden 6 tot 12 maanden in het fust op hun *lies* gehouden en worden regelmatig geroerd en gelucht. Na een oppervlakkige filtering vindt het bottelen plaats onder zo steriel mogelijke condities, om zo het noodzakelijke zwavelen tot het minimum te beperken, zodat de wijn niet van zijn rijpingspotentieel wordt ontdaan.

Quarts-de-Chaume Clos Paradis Met zijn toepasselijke naam Clos Paradis is de belichaming 1997 een uitzonderlijke combinatie van de kracht van de jaargang en de elegantie ontleent aan het terrein van leisteen. Hoewel deze wijn formidabel rijk en zoet is, domineren de restsuikers op geen enkele wijze, want de wijn is volledig in harmonie. De aanzet is zacht en soepel, met daarna een complexe mengeling van duizenden gedroogde fruitsoorten. De afdronk is buitengewoon verfijnd, lang en zijde-achtig en laat altijd de wens naar nog een glas achter. Waar elders heeft de natuur een wijn van een dergelijke pracht geschonken? Halfgekookte ganzenlever, gerechten die op smaak zijn gebracht met gember of koriander, kazen als Fourme d'Ambert of Stilton, ze voelen zich allemaal perfect thuis bij een Clos Paradis.

- Andere geproduceerde witte wijn: Quarts-de-Chaume Château de l'Echarderie
- Eigenaar: Pascal Laffourcade
- Directeur: Cyril Fahl
- Oenoloog: Didier Coutenceau
- Oppervlakte gecombineerde wijngaarden: 30 ha
- Productie: 160.000 flessen
- Export: 30%
- Verkoop aan huis: ja
- Bezoek: ja

Uitgekozen wijn:
Quarts-de-Chaume Clos Paradis

- Druivensoort: chenin
- Gemiddelde leeftijd van de stokken: 30 jaar
- Oppervlakte wijngaard: 10 ha
- Bodem: leisteen
- Gemiddelde jaarproductie: 15.000 flessen

CHATEAU DE L'ECHARDERIE
Quarts de Chaume
APPELLATION QUARTS DE CHAUME CONTRÔLÉE
Clos Paradis
1997
14% vol.
75 cl
Cette récolte a produit 22890 bouteilles toutes mises à la propriété
Vignobles Laffourcade Rochefort-s/-Loire (M.&L.) France
Cette Bouteille porte le Nº 1258
PRODUCE OF FRANCE

Regelmatigheid en betrouwbaarheid zijn niet de minste eigenschappen die men op het Domaine du Petit Métris tegenkomt. Elk jaar zorgt de familie Renou voor alle kleine details die een wijnstok in staat stellen om druiven te maken van topkwaliteit en om vervolgens dat fruit te transformeren tot enkele van de meest verleidelijke en pure wijnen van het gebied – rood, rosé en droge en vooral zoete witte. En ze zijn dan ook terecht regelmatig medaillewinnaars bij de nationale competities in Angers.

Van generatie op generatie In de echte traditie van een familie van Franse wijnmakers heeft de familie Renou sedert 1742 haar ervaring en kennis aan de volgende generatie doorgegeven. Tegenwoordig wordt de vader Joseph geholpen door zijn twee zonen Hervé en Pascal, die het vak van hem hebben geleerd. En volgens de tendensen van de moderne tijd heeft Hervé zijn opvoeding aangevuld met studies in Bordeaux en het nabijgelegen Vallet. Hij is degeen die nu de wijn maakt. De verantwoordelijkheden van zijn broer Pascal liggen vooral in de wijngaard, maar hij zorgt ook voor de de logistiek en het contact met de klanten.

Een hoog gehalte restsuiker In de loop der tijden hebben de Renous hun bedrijf uitgebreid en het beslaat nu een indrukwekkende samengestelde oppervlakte van 32 hectaren. In 1810 werden de eerste wijngaarden Chaume aangekocht en meer recentelijk is de aankoop van die in Quarts-de-Chaume door Joseph Renou. Sedert 1990 bezit de familie ook wijnstokken in Savennières. Samen met twee percelen van de wijngaard Saint-Aubin en andere in de *appellations* Anjou Villages en Anjou hebben ze hun klanten een zeer prijzenswaardig scala aan wijnen te bieden.

Hun wens om de eigen kenmerken van elk wijngaardperceel te respecteren, heeft er altijd toe geleid dat ze ze op de traditionele wijze bewerken, zelfs als dat betekent dat zij gebruik moeten maken van moderne hulpmiddelen als de condities daartoe echt aanleiding geven. De oogst geschiedt handmatig, zodat de chenin precies in het juiste stadium van overrijpheid of nobele rotting wordt geplukt, want alleen op die manier is het mogelijk wijnen te maken met een voldoende hoog natuurlijk suikergehalte om een claim op de meest prestigieuze Layon-*appellation* te rechtvaardigen.

Quarts-de-Chaume Les Guerches De Quarts-de-Chaume van Renou wordt gemaakt op een smalle rug van een dunne bodemlaag van klei en zand, gevormd door de erosie van een op het zuiden gericht plateau. De beschutting die de rug biedt is zeer bevorderlijk voor *passerillage* en *pourriture noble* en het regelmatig bereiken van de vereiste concentratie. Het perceel, dat zelfs hun 'standaard' Quarts-de-Chaume de loef afsteekt, bevat de oudste stokken, Les Guerches, en levert wijnen op van een opmerkelijke complexiteit en distinctie. In de neus zorgen die wijnen voor een superbe mix van gedroogd citrusfruit, honing en specerijen, in de mond zijn ze fenomenaal geconcentreerd en bovendien fris, levendig en evenwichtig, dankzij voldoende hoge zuren. Wat een prachtige druiven moeten deze wijn hebben gemaakt en wat een terrein! De Renous raden aan Les Guerches als aperitief te drinken, waardoor men alle tijd heeft om zich langdurig te verbazen over de wonderen van de natuur...maar men kan hem ook serveren bij wat verse forel in roomsaus.

- Andere geproduceerde witte wijnen: Quarts-de-Chaume, Coteaux-du-Layon Chaume, Coteaux-du-Layon Chaume Cuvée François-René, Coteaux-du-Layon Chaume Cuvée nr. 52, Coteaux-du-Layon Saint-Aubin, Coteaux-du-Layon Saint-Aubin Clos des Treize Vents, Savennières Clos de la Marche, Anjou, Anjou Méthode Traditionnelle, Crémant de Loire
- Rode wijnen: Anjou Villages, Anjou
- Rosé wijnen: Cabernet d'Anjou, Rosé de Loire
- Eigenaars: Joseph Renou & Fils
- Wijnmaker: Hervé Renou
- Oppervlakte gecombineerde wijngaarden: 32 ha
- Productie: 145.000 flessen
- Export: 15%
- Verkoop aan huis: op afspraak
- Bezoek: op afspraak

Uitgekozen wijn:
Quarts-de-Chaume Les Guerches

- Druivensoort: chenin
- Gemiddelde leeftijd van de stokken: 60 jaar
- Oppervlakte wijngaard: 1 ha
- Bodem: rotsachtige klei met leisteen
- Gemiddelde jaarproductie: 1000 flessen

PROPRIETE
DOMAINE
DU PETIT MÉTRIS
Quarts de Chaume
Appellation Quarts de Chaume Contrôlée
"LES GUERCHES"

Wijn dient om het intellect van de mensen te stimuleren, hen tot nadenken en zelfs tot reactie aan te zetten. Evenals andere kunstvormen is het een communicatiemedium; in een ideale wereld wekt wijn de nieuwsgierigheid op en moedigt de mens aan zijn boodschap te achterhalen, zoals die is geschreven door zijn bodem, omgeving en klimatologische kenmerken. Het is de oprechtheid van die boodschap die Claude Papin drijft als hij zijn wijnen maakt, wijnen die worden erkend als behorend tot de meest authentieke en lonende die heden ten dage in de Anjou worden gemaakt.

Onderzoek van de geologische verschillen van Anjou Papin is autodidact. In 1959 kocht zijn vader een verlaten wijngaard, die hij in 1974 van hem overnam. Rond 1985 ging hij zich verdiepen in het begrip terroir en zette hij zich aan de taak de geologische verschillen van de vele wijngaardheuvels van Anjou te ontdekken door middel van het nauwkeurig onderzoeken van een geologische kaart van het gebied en door het proeven van de druiven van elke wijngaard. Vanaf 1992 verdiepte zijn onderzoek zich toen hij ging samenwerken met onderzoekers van de in Angers gevestigde afdeling van het Institut National de la Recherche Agronomique.

Een familie van individualisten Als gevolg van zijn nauwkeurige werk kunnen klanten op het Château Pierre-Bise kiezen uit een schitterende familie van individualistische persoonlijkheden, vooral van Coteaux-du-Layon. Het Château Pierre-Bise bezit 53 hectaren en wordt verbouwd volgens de methode *lutte raisonnée,* zelf als de heersende filosofie natuurlijke (traditionele) cultivatie inhoudt. Elk perceel wordt verbouwd zoals dat het beste is voor zijn bodem en microklimaat; op sommige mag overal gras groeien, terwijl dat bij andere percelen slechts om de rij mag. Hoewel op het bedrijf officieel geen biologisch regime heerst, worden de stokken beschermd door het gebruik van oligo-elementen, zeewier en pijnboomolie, met de totale uitsluiting van insecticides.

De bescherming van het eigen karakter Papin beperkt de opbrengst van zijn stokken door het wegknippen van trossen. Hij begint ook altijd zo laat mogelijk met plukken om perfect rijp of overrijp fruit te krijgen, afhankelijk van de te maken wijn. De wijnen die worden gemaakt van de laat-geoogste door Botrytis aangetaste druiven, worden uiteraard in elkaar opvolgende *tries* tot in december geplukt, en ook de druiven bestemd voor de rode wijnen en de rosés worden zo laat mogelijk handmatig geplukt.

De productie van de verschillende percelen wordt apart gevinifieerd, want er zijn terreinen met leisteen, vulkanisch gesteente en koolstofhoudende klei die elk hun eigen stempel op de wijnen drukken. Om de individualiteit nog meer te bewaren wordt aan de sappen slechts een heel lichte *débourbage* toegestaan, waardoor de gisten worden beschermd en een langere gisting mogelijk wordt gemaakt.

Quarts-de-Chaume Zoals met al zijn wijnen het geval is, is Papins Quarts-de-Chaume een voorbeeld van zuiverheid, harmonie en gereserveerdheid. Schitterend rijk aan natuurlijke suiker, weelderig en aromatisch complex is desalniettemin zijn laatste woord aan de proever wat bitter en van een minerale nervositeit, wat welsprekend de nuances van het plaatselijke geologische dialect demonstreert. Hij laat bij de proever een uitstekende indruk achter, want de woorden houden zijn intellect heel lang bezig. Wat een meesterlijke wijn, wat een talent van de mens en de natuur! Ganzenlever zal een waardevolle bijdrage leveren aan het gesprek.

- Andere geproduceerde witte wijnen: Coteaux-du-Layon Chaume, Coteaux-du-Layon Beaulieu L'Anclaie, Coteaux-du-Layon Beaulieu Les Soucheries, Coteaux-du-Layon Beaulieu Les Rouannières, Savennières Clos de Coulaine, Anjou Haut de la Garde
- Rode wijnen: Anjou Villages Clos de Coulaine, Anjou Villages Pierre-Bise, Anjou Gamay
- Rosé wijn: Rosé de Loire
- Eigenaar: Claude Papin
- Wijnmaker: Claude Papin
- Oppervlakte gecombineerde wijngaarden: 53 ha
- Productie: 160.000 flessen
- Export: 15%
- Verkoop aan huis: 8-12 uur en 14-18 uur
- Bezoek: ja

Uitgekozen wijn:
Quarts-de-Chaume
(fles 50 cl)

- Druivensoort: chenin
- Gemiddelde leeftijd van de stokken: 50 jaar
- Oppervlakte wijngaard: 2,7 ha
- Bodem: koolstofhoudend leisteen
- Gemiddelde jaarproductie: 7000 flessen

Château Pierre-Bise
Quarts de Chaume
Appellation Quarts de Chaume contrôlée
Alc. 12,50% vol.
1998
ÉLEVÉ ET MIS EN BOUTEILLE AU CHATEAU
viticulteur à 49750 Beaulieu-sur-Layon, Tél. 02 41 78 31 44

Een verandering van eigenaar heeft wonderen verricht voor de wijnen van het Château de Suronde, een van de weinig bevoorrechte wijnhuizen, dat ligt in de uitzonderlijke Quarts-de-Chaume wijngaard van Anjou. Omdat hij vastbesloten is om de mooist mogelijke wijnen te maken, helemaal natuurlijk en alleen van druiven die serieus zijn aangetast door Botrytis cinerea, heeft Francis Poirel in de loop van een handvol jaren voor zichzelf een belangrijke reputatie in het gebied verworven. Eén glas van zijn wijn is voldoende om te begrijpen waarom.

'Midlife' crisis en verandering van richting Francis Poirel kwam bij toeval tot het maken van wijn. Toegegeven, hij had een grootvader die wijnmaker was in de Côtes de Toul en als zijn enige kleinkind had hij in zijn jeugd vaak bij hem gelogeerd, maar toch ging zijn ervaring als wijnmaker niet verder dan dat! Hij werkte in de visindustrie, maar toen hij een veertiger werd raakte hij in een 'midlife' crisis.

Poirel was een hartstochtelijk liefhebber van wijn en lekker eten. Hij had daarom ook weinig overredingskracht en aanmoediging van zijn vrienden Mark Angeli, Philippe Alliet en andere wijnbouwers nodig om zich in te schrijven bij het wijnbouwkundige lyceum van Blanquefort voor een cursus van een jaar in viticultuur en vinificatie...waarna de ronde begon langs de vertegenwoordigers van wijnhuizen, het schouderophalen en het standaard-antwoord dat zelfs de kleinste wijnhuizen in Anjou slechts zelden te koop werden aangeboden. Maar aan het eind van 1994 kwam het Château de Suronde op de markt. Poirel aarzelde niet.

Respect voor toekomstige generaties Zodra hij zich had gevestigd in het huis, een charmant architectonische curiositeit, gebouwd op een helling die afloopt naar de Loire, begon Poirel te werken zoals hij van plan was te blijven doen en wel volgens biologische normen: niet alleen om de kwaliteit van de druiven die hij zou oogsten, maar ook uit respect voor toekomstige generaties.

Elke maatregel wordt genomen om de lading van de stokken niet zwaarder te laten zijn dan vijf tot zeven trossen, beginnend met kort snoeien, dan ontknoppen en later, indien nodig, uitdunnen, met verwijderen van bladeren voor een betere beluchting en blootstelling aan de zon. Het is niet verwonderlijk dat Poirel nog meer *tries* gebruikt dan de meesten om zijn oogst door Botrytis aangetaste druiven te plukken, die dan in kleine kratten van 15 kilo worden gelegd voor de transport naar de persen op op die manier voortijdige kneuzing en oxydatie te voorkomen.

Quarts-de-Chaume Na voorzichtig te zijn geperst in een verticale pers, gist het uitzonderlijk rijpe sap van de Quartsde-Chaume langzaam door middel van zijn eigen gist, dat alleen natuurlijke suikers tegenkomt, want Poirel is een absolute tegenstander van het chaptaliseren van dit soort wijn. Dan krijgt de wijn, nog steeds in het vat, 18 tot 20 maanden de tijd om rond te worden en zich verder te ontwikkelen, voordat hij wordt gebotteld. De daaruit voortkomende nectar is schitterend zoet en geconcentreerd en zeer aromatisch met een prachtig geurenarsenaal van honing, specerijen, gedroogde abrikoos, vijgen en dadels en met in bepaalde jaargangen vleugjes citroen... Hij is ook opmerkelijk fris en de elegantie, finesse en de opvoeding van zijn opmerkelijke terroir komt duidelijk naar voren. Bij wijze van afwisseling kan men hem serveren bij een geroosterd duifje met dragon...een verrassend goede combinatie! Een verse tarte tartin van abrikozen zal er ook perfect mee samengaan.

- Andere geproduceerde witte wijnen: Anjou, Quarts-de-Chaume Trie Victor et Joseph
- Eigenaar: Francis Poirel
- Wijnmaker: Francis Porel
- Oppervlakte gecombineerde wijngaarden: 7 ha
- Productie: 10.000 flessen
- Export: 65%
- Verkoop aan huis: op afspraak
- Bezoek: op afspraak

Uitgekozen wijn:
Quarts-de-Chaume

- Druivensoort: chenin
- Gemiddelde leeftijd van de stokken: 45 jaar
- Oppervlakte wijngaard: 5 ha
- Bodem: leisteen op een verharde zandlaag
- Gemiddelde jaarproductie: 8000-10.000 flessen

(Werkelijke hoogte van de fles 32 cm)

CHATEAU
DE
SURONDE
QUARTS
DE
CHAUME
750ml
Appellation Quarts de Chaume Contrôlée
1997
12%vol.
Mis en bouteille au château

Het belangrijkste wijngoed van de grand cru Bonnezeaux in Anjou, zeker qua oppervlakte en volgens sommigen ook wat de kwaliteit betreft, is het Château de Fesles, prachtig gelegen op een heuveltop en uitkijkend over de rivier de Layon. De wijngaarden van dit bedrijf zijn zeer goed gesitueerd en het heeft altijd een uitstekende reputatie gehad. Heden ten dage produceert het wijnen die buitengewoon rijk en krachtig zijn. Dat is te danken aan zijn nieuwe eigenaar, een man met de wil en de middelen om zijn mogelijkheden ten volle te benutten.

Gekocht van een banketbakker Bernard Germain erfde de ervaring en de liefde voor het leven van een wijnmaker van zes generaties telers in Bordeaux. Zijn firma, Vignobles Germain et Associés, bezit een indrukwekkende reeks Bordeaux-châteaux op de rechteroever en men kan begrijpen dat hij is gezwicht voor het prachtige Château de Fesles, dat in het Gironde-land, dat hij zo goed kent, beslist niet uit de toom zou vallen. Toen hij het in 1996 kocht, had het net een algehele verbouwing ondergaan, want de verkoper, de bekende Franse banketbakker Gaston Lenôtre, had het pas een paar jaar daarvoor verkregen. Germain kreeg tevens een aantal andere bezittingen in het gebied die aan Lenôtre hadden toebehoord, waardoor hij in het bezit kwam van een portefeuille met de grootste *appellations* van Anjou.

Geschikte omstandigheden voor rijp fruit Het zijn de heuvels achter het kasteel die de Bonnezeaux voortbrengen – deze naam verwijst volgens sommigen naar de kwaliteit van het plaatselijke ijzerhoudende mineraalwater en anderen menen dat hij van Keltische oorsprong is -, terwijl de wijngaarden op het plateau rondom het kasteel beplant zijn met rode druivensoorten, want hier zal de Botrytis zich minder gauw ontwikkelen. Op de hellingen zorgen de kiezelhoudende kleibodems en de zuid-zuid-oost oriëntatie, gecombineerd met het milde klimaat en de geringe regenval, voor omstandigheden die zeer geschikt zijn voor het rijpen van fruit.

Er zijn tussen de vijf en zeven opeenvolgende plukgangen nodig om alle oogst in het uiterste stadium van overrijpheid of nobele rot te kunnen verzamelen. Bij aankomst in de cuverie, gebouwd door Lenôtre, weken de druiven gedurende 10 tot 12 uur om het aroma en de zuren te vormen. Daarna worden ze voorzichtig geperst en mag de most bij een lage temperatuur bezinken, waarna de vloeistof *trie* voor *trie* gedurende een tot twee maanden gist in fusten van 400 liter. Wanneer de omzetting tot wijn gereed is wordt deze in de prachtige kelders met airconditioning gedurende 10 tot 15 maanden bewaard en wanneer de tijd daar is gebotteld.

Bonnezeaux Het perfectionisme dat de teams in de wijngaard en in de cuverie nastreven komt volledig tot uitdrukking in de Bonnezeaux van het Château de Fesles. Dit is een wijn van een opmerkelijke weelderigheid, concentratie en aroma, die de dimensies heeft van een premier cru Sauternes, maar uiteraard het stempel draagt van de unieke persoonlijkheid van de grote chenin-druif van de Anjou. Zijn likeur is ongelofelijk en zijn Botrytisgeur van specerijen en citroenschilletjes erg opmerkelijk. Dankzij de evenwichtige zuren is de wijn absoluut harmonisch en uiterst elegant. Hij heeft tijd nodig om de nieuwe-houtgeur van zijn opvoeding te verteren en toch is hij zelfs jong een welsprekende partner voor wit vlees en vis in romige sauzen, Roquefortkaas of een warm geserveerde, ongesuikerde perentaart.

- Andere geproduceerde witte wijn: Anjou sec
- Rode wijnen: Anjou Vieilles Vignes, Anjou Villages
- Rosé wijn: Rosé d'Anjou
- Eigenaar: Bernard Germain
- Directeur: Gilles Bigot
- Wijnmaker: Gilles Bigot
- Oenoloog: Clément Barrault
- Oppervlakte gecombineerde wijngaarden: 33 ha
- Export: 60%
- Verkoop aan huis: 10-18 uur

Uitgekozen wijn:
Bonnezeaux

- Druivensoort: chenin
- Gemiddelde leeftijd van de stokken: 35 jaar
- Oppervlakte wijngaard: 14 ha
- Bodem: vulkanisch gesteente, leisteen, kwarts
- Gemiddelde jaarproductie: 46.000 flessen

CHATEAU
DE
FESLES
BONNEZEAUX
appellation Bonnezeaux controlée
1997
13 % VOL
MIS EN BOUTEILLE A LA PROPRIETE
PAR SA DE FESLES - 49380 -
POUR VIGNOBLES GERMAIN ET ASSOCIES - 49380 - THOUARCE
75 CL

De echte vooruitgang die de afgelopen jaren bij de productie van Bonnezeaux is gemaakt kan goed worden vastgesteld door het werk te proeven van families als de Godineaus uit Faye d'Anjou. Die stellen namelijk alles in het werk om fruit te oogsten dat zich in een staat van opperste 'nobele rotting' bevindt, waardoor ze wijnen kunnen maken van een buitengewone rijkdom en complexiteit. De wijnen die in dit wijnhuis zijn gemaakt, zullen ongetwijfeld een openbaring zijn voor elke proever die een paar jaar geen fles Bonnezeaux heeft geopend.

Een regelmatige stortvloed van medailles Men kan zich voorstellen dat de familie Godineau het gebied net zo goed kent als ieder ander: vijf generaties geleden vestigde ze zich in het dorp Bonnezeaux en begon wijn te maken. In 1887 verhuisden de Godineaus achthonderd meter naar het westen en stichtten hun nieuwe bedrijf Domaine des Petits Quarts in de gemeenschap Faye d'Anjou. Heden ten dage houdt Jean-Pascal Godineau zich met groot talent vast aan de familietraditie en dat wordt bevestigd door de regelmatige stortvloed van medailles die het bedrijf ten beurt valt bij de jaarlijkse competities in Parijs, Macon en Bonnezeaux en de coups de coeur en andere connotaties waarmee boeken als de Guide Hachette het bedrijf beloont.

Gunstig microklimaat voor Botrytis Met zijn 60 hectaren is het bedrijf een van de grootste van het district en een van de belangrijkste producenten van Bonnezeaux, met voldoende land in de kleine *appellation* van 125 hectaren om Godineau in staat te stellen verschillende individuele cuvées te maken.

Aan de drie belangrijkste zaken voor het maken van de hoogst mogelijke wijn wordt voldaan: uitstekend terroir, lage opbrengsten en een vergevorderde staat van rijpheid van de druiven. De chenin-stokken, waarvan vele van gevorderde leeftijd zijn, zijn geplant op steile zuid en zuid-oost gelegen hellingen van leisteen, die zich mogen verheugen in een microklimaat dat zeer gunstig is voor het optreden van zowel *passerillage* als Botrytis cinerea. De opbrengsten worden laag gehouden met een gemiddelde van 15-20 hectoliter per hectare, terwijl wettelijk een maximum van 25 is toegestaan. En de oogst, uiteraard met de hand en door middel van elkaar opvolgende plukgangen, vindt plaats tussen 20 september en 25 november en eindigt soms zelfs pas in december.

Wanneer de oogst is geplukt, wordt hij snel geperst en bij een lage temperatuur zowel in het fust als in roestvrijstaal gevinifieerd. Wanneer dit tijdrovende proces voorbij is, wordt de gouden vloeistof in de lente gebotteld.

Bonnezeaux Le Malabé De trots van het huis, zijn perceel Le Malabé, gist helemaal in roestvrijstaal, want Godineau vindt dat het gebruik van houten fusten nadelig is voor de uitdrukking van de zeer opmerkelijke persoonlijkheid van de grijze en grijsgroene leisteen. Het perceel is zeer vatbaar voor de ontwikkeling van edele rotting en *passerillage* en er zijn zeven plukgangen nodig om een maximale concentratie van de grondstoffen te verkrijgen. Het nettoresultaat is een indrukwekkende rijke, volle wijn, geurend naar honing, toast en gedroogd fruit, met een prachtige balans en een zeer lange afdronk. Wat kan de natuur gul zijn! Of men van hem gaat genieten in de frisse welriekendheid van de jeugd of in de ronde complexiteit van de ouderdom, La Malabé kan het, gastronomisch gezien, alleen makkelijk aan; maar als er een terrine van zwezerik in de buurt is of wat ganzenlever of paté zullen die het plezier allerminst bederven.

- Andere geproduceerde witte wijnen: Coteaux-du-Layon Faye-d'Anjou, Coteaux-du-Layon
- Rode wijn: Anjou
- Rosé wijnen: Cabernet d'Anjou, Rosé d'Anjou
- Eigenaar: Jean-Pascal Godineau
- Wijnmaker: Jean-Pascal Godineau
- Oppervlakte gecombineerde wijngaarden: 60 ha
- Productie: 300.000 flessen
- Export: 15%
- Verkoop aan huis: 8-12 uur en 14-18 uur (behalve zondags en feestdagen)
- Bezoek: ja

Uitgekozen wijn:
Bonnezeaux Le Malabé

- Druivensoort: chenin
- Gemiddelde leeftijd van de stokken: 60 jaar
- Oppervlakte wijngaard: 3 ha
- Bodem: leisteen
- Gemiddelde jaarproductie: 4000-8000 flessen

CONTRÔLÉE
1er TRI
LE MALABÉ
Mise en bouteille à la Propriété
FAYE D'ANJOU
Tél. 02 41 54 03 00

Het domein mag dan niet zoveel flessen produceren als sommige meer bekende namen van de *appellation*, maar toch laat de kwaliteit van de Bonnezeaux van Denis Goizils Domaine du Petit Val niets te wensen over; sensueel, zuiver, complex en zeer elegant, alle drie geproduceerde cuvées zijn meesterlijk in hun nogal beteugelde stijl. Als er één wijn is die geschikt is voor een mooie namiddag in de tuin, zou het best deze kunnen zijn!

De groei van een mooi huis Het Domaine du Petit Val is verspreid over de gemeenten Chavagnes en Thouarcé in het hartje van het land van de Coteaux-du-Layon. Het huis werd in 1950 gesticht door Vincent Goizil met 4,5 hectaren stokken, waarvan 1,3 hectaren in Bonnezeaux lagen. Gaandeweg werden nieuwe percelen aangekocht en tegen 1988, het jaar waarin Denis en Janine de zaak overnamen, was het bezit gegroeid tot 18 hectaren. Nu zijn het er 33.

De routine vermijden Heden ten dage zijn er 19 hectaren met chenin-stokken, waarvan 16,25 liggen in de *appellation* Coteaux-du-Layon en de rest in Bonnezeaux, 7,5 hectaren cabernet franc en cabernet-sauvignon maken rode Anjou en Anjou Villages en Cabernet d'Anjou rosé, en er zijn ook nog 6,5 hectaren met gamay, grolleau en chardonnay.

De wijnen zijn geplant met een plantdichtheid van 4500 per hectare. De rode druivensoorten en de chardonnay worden gesnoeid en opgebonden volgens de traditionele *guyot simple* methode, terwijl de chenin twee stammen mag hebben, elk met drie knoppen. Een goed deel van de wijngaard is met gras begroeid, wat goed is voor diepe wortelsystemen en een betere uitdrukking van het terroir tot gevolg heeft, evenals minder vochtige grond. De percelen worden verzorgd volgens de filosofie van *lutte raisonnée,* wat betekent dat geen enkele handeling routineus of systematisch is.

Kleine details van grote betekenis Omdat kleine details grote betekenis hebben bij de productie van een oogst die in staat is grootse wijn te geven, zijn de Goizils overgegaan tot het wegknippen van bladeren tegen de tijd dat het fruit kleur gaat krijgen, waardoor de trossen meer lucht en meer zonlicht krijgen. De pluk begint midden september met de chardonnay-druiven en eindigt omstreeks midden november met de laatste plukronde chenin. De droge witte wijnen, de rosés en de rode wijnen worden machinaal geoogst als de algemene staat waarin de druiven verkeren dat toelaat, of met de hand als er veel rot, ongelijk rijpen of andere problemen zijn geweest. Maar de Coteaux-du-Layon en de Bonnezeaux worden natuurlijk handmatig geplukt door elkaar opvolgende plukgangen, zodat alleen die trossen en druiven worden geplukt die voldoende door de 'nobele rotting' zijn aangetast.

Bonnezeaux La Montagne Goizils beste land ligt op de La Montagne, de dramatische benaming voor een van de drie heuvels boven Thouarcé die de AOC vormen. De cuvée La Montagne is gemaakt van de tweede *trie,* die over het algemeen laat in oktober plaatsvindt. Dit is een zeer uitgesproken wijn, mager en pittig, gedisciplineerd, een uitgelezen melange van rijkdom en verfijnde elegance...wat kan worden toegeschreven aan de bodem van leisteen. Jong is hij onweerstaanbaar, maar het geduld van de eigenaar werpt rijpe vruchten af. Geschonken bij 8-10° is hij goed gezelschap voor geep met zuring, of de warme vruchtentaarten van het gebied.

- Andere geproduceerde witte wijnen: Bonnezeaux Sélection de Grains Nobles, Bonnezeaux, Coteaux-du-Layon Cuvée Simon, Coteaux-du-Layon, Vin de Pays Chardonnay
- Rode wijnen: Anjou, Anjou Villages, Anjou Gamay
- Rosé wijn: Cabernet d'Anjou
- Eigenaar: Denis Goizil
- Wijnmaker: Denis Goizil
- Oenologisch advies: Laboratorium Berger
- Oppervlakte gecombineerde wijngaarden: 33 ha
- Productie: 185.000 flessen
- Export: 15%
- Verkoop aan huis: ja
- Bezoek: ja

Uitgekozen wijn:
Bonnezeaux La Montagne

- Druivensoort: chenin
- Gemiddelde leeftijd van de stokken: 35 jaar
- Oppervlakte wijngaard: 2,5 ha
- Bodem: stenig, klei met leisteen
- Gemiddelde jaarproductie: 4000 flessen

EILLE A LA
Domaine du Petit Val
19 98
BONNEZEAUX
APPELLATION BONNEZEAUX CONTRÔLÉE
La Montagne
MIS EN BOUTEILLES AU DOMAINE
Earl Denis Goizil, viticulteur. Chavagnes 49380
PRODUIT DE FRANCE

Hij besloot alleen maar topkwaliteit Bonnezeaux te maken, en de resultaten zijn onder wijnjournalisten en kenners niet onopgemerkt gebleven : René Renous wijnen zijn wonderen van harmonie, elegantie en zoetheid, een welsprekende advertentie voor het gebied en de grootheid waartoe de wijngaarden Bonnezeaux in staat zijn.

De advocaat van kwaliteit Renou heeft meer invloed dan de meesten, niet alleen als een gerespecteerde teler en behorende tot de zevende generatie van een plaatselijke wijnfamilie, maar ook door de belangrijke officiële functies die hij had en heeft in de administratieve wijnorganen van Frankrijk. Deze verantwoordelijkheden hebben zijn leven soms moeilijk gemaakt. Ook zijn ongezouten mening over en bewerkstelliging van strengere regels, zoals lagere opbrengsten voor bepaalde *appellations* heeft hem niet overal geliefd gemaakt. Onder de ongeveer 400 AOC's van Frankrijk is Bonnezeaux uniek omdat het een commissie heeft die de bedrijven drie maal per jaar bezoekt om het snoeien en de opbrengst te controleren. Bovendien mag in Bonnezeaux een oogst wettelijk niet meer dan 25 hectoliter per hectare bedragen.

Een ander perspectief Op de leeftijd van 45 jaar, na vele jaren een brede reeks wijnen te hebben gemaakt, besloot Renou zijn minst interessante wijngaarden te verkopen en zich te concentreren op de productie van Bonnezeaux. Met de eerste drie jaargangen 1995, 1996 en 1997 kon hij geen groter geluk hebben gehad, want ze waren alle van een uitzonderlijke kwaliteit. Renou is ervan overtuigd dat het laatste jaar net zo goed is als het legendarische jaar 1947. Ze werden gevolgd door twee veel onthullende jaren, waarin men aan de resultaten duidelijk kon zien welke telers hard in de wijngaarden ploeteren en welke minder consciëntieus zijn. De wijnen van Renou zijn uitgelezen.

Competitie in de wijngaard Het maken van grote Bonnezeaux heeft alles te maken met het zeker stellen dat de stokken niet teveel fruit produceren, met het gezond cultiveren van de wijngaard, zonder excessieve verrijking van de bodem. Ook moet men ervoor zorgen dat de trossen de juiste beluchting en blootstelling aan het licht hebben om vervolgens te wachten op de vereiste concentratie van de druivensuikers door middel van *passerillage* of 'nobele rotting', met alle risico's met betrekking tot het omslaan van het weer en andere soorten rot die bij lang wachten kunnen toeslaan.

Renou is een fervent aanhanger van *enherbement,* want gras in de wijngaard absorbeert excessieve vochtigheid in de grond, bedwingt de vitaliteit van de stokken en beperkt hun opbrengst en strijdt over het algemeen om de voeding in de bovengrond. Daarom begraven de stokken hun wortels dieper en kunnen ze het karakter van het terroir beter in zich opnemen. En ook beperkt gras erosie van de bodem, een probleem in sommige van de steile Bonnezeaux-wijngaarden.

Bonnezeaux Cuvée Zénith De allerrijkste druiven worden gebruikt voor het maken van de zeldzame Cuvée Zénith, een prachtige goudgele likeur, geurend naar honingachtig citrusfruit en abrikozenaroma's, met een zijde-achtige structuur en met een grootse concentratie in de mond en toch tegelijkertijd elegant, fris en levendig. Die combinatie is erg moeilijk te bereiken en toch streeft Renou er altijd naar wijnen te maken waarvan "men in staat moet zijn nog van een tweede glas te genieten". De dimensies en de perfecte harmonie van deze exceptionele cuvée in 1997 wijzen op een groots toekomstig leven van een halve eeuw of meer.

- Andere geproduceerde witte wijnen: Bonnezeaux Tri de Vendanges, Bonnezeaux La Montage, Bonnezeaux Beauregard, Bonnezeaux Les Melleresses, Bonnezeaux Cuvée Anne
- Eigenaar: René Renou
- Wijnmaker: René Renou
- Oenoloog: Clément Barrault
- Oppervlakte gecombineerde wijngaarden: 8 ha
- Productie: 20.000 flessen
- Export: 50%
- Verkoop aan huis: nee
- Bezoek: op afspraak

Uitgekozen wijn:
Bonnezeaux Cuvée Zénith

- Druivensoort: chenin
- Gemiddelde leeftijd van de stokken: 40 jaar
- Oppervlakte wijngaard: 8 ha
- Bodem: leisteen
- Gemiddelde jaarproductie: 1000-2000 flessen

9Echte hoogte van de fles 32,1 cm)

René Renou
1997
BONNEZEAUX
APPELLATION BONNEZEAUX CONTRÔLÉE
Cuvée Zénith
EN BOUTEILLE A LA PROPRIÉTÉ
PROPRIÉTAIRE RÉCOLTANT - Tél : 02 41 54 11 33
CHAMP DE FOIRE - 49380 THOUARCÉ - FRANCE

Elke wijn is een portret van een specifieke samenstelling van omstandigheden. Bodem en microklimaat, de druivensoorten, de aard van de klimatologische jaarcirkel en de leidende hand van de teler: een tijdsmachine die in staat is emotie op te wekken en een gevoel van ontzag als men het levende product van een of andere langgeleden zomer proeft. De emotie die wordt opgewekt is nog heftiger door het overlijden van de vrouw of de man wier handen de wijn hebben gemaakt. In het glas zit het levende testament van hun talent, hun kunst..

Twee druivensoorten met een lang leven Het jaar 1998 zag de voortijdige dood van Lucien Rivoire, een wijnmaker van een uiterste nauwgezetheid en gevoeligheid. Tijdens zijn leven herkenden vele experts en proefpanels de kwaliteit en originaliteit van zijn wijnen en de andere leden van de Club van ojnderscheiden wijnmakers vernieuwden maar al te graag hun vriendschap met hem tijdens de salons waar zij hun wijnen tentoonstelden en zijn laatste producten proefden. Gelukkig zijn er nu nog veel jaargangen van de wijnen van Rivoire over en ze gaan veel verder terug in de tijd dan gebruikelijk is voor de betreffende AOC. Deze wijnen zorgen voor een fascinerende proeverij en ontdekking van het rijpingspotentieel van de cabernet franc en chenin, die groeien in de bodems rondom Champ-sur-Layon.

De erfenis van de chirurg Het wijnhuis van Rivoire, Clos des Sables, ligt in Le Raimbaudière, net ten westen van Champ-sur-Layon. Het werd in 1985 gesticht door professor Monprofit, een eminent chirurg uit Angers. Zijn schitterend ommuurde wijngaard beslaat elf hectaren, allemaal aan één stuk, en ligt op een ondergrond van klei. De bovengrond is samengesteld uit kiezelhoudende aarde en grint. De clos ligt op zuid-oost gesitueerde heuvels die uitstekend zijn blootgesteld aan de zon, en geniet, dankzij het milde oceaanklimaat van het gebied, van zonnige zomers die meestal tot ver in de herfst voortduren.

Geduld en een zekere nieuwsgierigheid In de loop van de tijd onthullen de wijnen de kwaliteit van hun terroir door hun verfijning en elegantie en hun bouquet van magnifieke complexiteit en originaliteit. In een tijdperk waarin veel vraag is naar wijnen van puur fruit, mollige sappigheid, geuren van eikenhout en extreme rijkdom, zouden ze er van kunnen worden beschuldigd uit de mode te zijn wat de stijl betreft, want ze bezitten deze eigenschappen nauwelijks; het zijn onbetwistbaar wijnen voor de wijnkenners en ze eisen geduld en een zekere nieuwsgierigheid. Maar wat een beloning!

Cabernet d'Anjou 1976 In visueel opzicht bijna niet te onderscheiden van zijn witte wijnen, want Rivoire placht direct na het persen de vaste bestanddelen te scheiden van het sap, zou de kleur van de Cabernet d'Anjou 1976 kunnen worden omschreven als die van een lichte uienschil. Hij heeft een intrigerend bouquet, waarin aroma's van rood fruit domineren, maar men kan ook vleugjes asperge, lavendel en wierook ontdekken. Hij is perfect in evenwicht, wat terughoudend in stijl en relatief droog voor zijn AOC. En hij draagt het stempel van alle wijnen van Rivoire, een verbijsterende afdronk, met, in dit geval, absoluut nuances van jasmijn. Deze verbazingwekkende wijn is er beslist eentje voor aan tafel en bloeit nog meer op bij de eenvoud van een terrine van patrijs of kwartel, een tournedos of gebraden gevogelte.

- Andere geproduceerde rosé wijn: Rosé de Loire
- Rode wijn: Anjou
- Witte wijnen: Coteaux-du-Layon, Anjou sec, Anjou demi-sec
- Eigenaar: Madame Lucien Rivoire-Picherit
- Oppervlakte gecombineerde wijngaarden: 11 ha
- Productie: 64.000 flessen
- Export: 40%
- Verkoop aan huis: ja
- Bezoek: ja

Uitgekozen wijn:
Cabernet d'Anjou 1976

- Druivensoort: cabernet franc
- Gemiddelde leeftijd van de stokken: 25 jaar
- Oppervlakte wijngaard: 4,8 ha
- Bodem: kiezelhoudende aarde en grint
- Gemiddelde jaarproductie: 14.000 flessen

Clos des Sables
Val de Loire
Anjou France
CABERNET D'ANJOU
Appellation Cabernet d'Anjou Contrôlée
MISE EN BOUTEILLES A LA PROPRIETÉ
PRODUIT DE FRANCE
LA RAIMBAUDIÈRE
49380 CHAMP-SUR-LAYON

Zoals zijn meest ambitieuze jonge telers de wereld momenteel bewijzen, is het district Aubance in staat de grootste zoete witte wijnen op te leveren, mits de teler bereid is zijn oogst te beperken en enig risico met het weer te nemen. Coteaux-de-l'Aubance wordt gemaakt van de druivensoort chenin, waarvan de druiven in verschillende stadia van overrijpheid worden geplukt. Het Domaine de Bablut te Brissac van de familie Daviau is een van de topbedrijven en een mooie bron voor deze appellation.

Een belangrijke familie uit Brissac Zoals in grote trekken met het gehele gebied het geval is, heeft Brissac een lange wijnbouwkundige geschiedenis. Reeds in 1515 maakten de hertogen van Brissac wijn op hun kasteel, en in het jaar 1546 leefde daar ook de familie Daviau, die op de hellingen van Brissac windmolens en een wijngaard bezat. Sedert 1981 verzorgt deze familie zowel de wijngaarden van het Château de Brissac als haar eigen percelen. Heden ten dage is de leiding van het bedrijf in handen van Christophe Daviau, een te Bordeaux afgestudeerde oenoloog. Hij ging in 1989 in het familiebedrijf werken en heeft sedert 1996 alle wijngaarden onder een biologisch regime gesteld.

Brissac bevindt zich op het raakpunt van de kalkrijke zandgrond van het bekken van Parijs en de lagen leisteen van het Massif Armoricain. Dit heeft tot gevolg dat de wijngaarden van de familie Daviau op een verscheidenheid aan terreinen liggen. Deze leveren zowel grote karakteristieke en complexe rode wijnen als een aantal uitzonderlijke witte wijnen, waarvan de druiven worden geoogst tijdens een aantal elkaar opvolgende plukgangen door de wijngaard *(tries)*.

Nobele rotting of concentratie van het sap In jaren met een heet en vochtig eindseizoen doet zich het verschijnsel van de schimmel Botrytis cinerea voor, die de druif uitdroogt, het sap ontzuurt en glycerol doet ontstaan. Dit biedt de wijnbouwer de mogelijkheid gouden, vette wijnen met de typerende aroma's van gedroogde abrikoos en de schil van citrusvruchten te maken die in alle gebieden waar de botrytis optreedt zo hogelijk worden gewaardeerd. In andere jaren, als het eind van het seizoen heet en droog is, verschrompelen de overrijpe druiven aan de stokken en drogen uit, waardoor een hoog geconcentreerd sap ontstaat met weinig appelzuur. Dit proces, dat bekend staat als *passerillage*, of in Anjou *pastrillage*, zorgt voor gestructureerde wijnen met een basisaroma van citronella. Op welke van deze twee manieren de druiven ook zijn aangetast, het oogsten ervan dient te geschieden door opeenvolgende tries om dit geschenk van de natuur zo goed mogelijk te kunnen benutten.

Coteaux-de-l'Aubance Vin Noble Als de condities goed zijn, maakt Christophe Daviau zijn Vin Noble, een uiterst rijke wijn dij hij maakt van de druiven die het meest door de botrytis zijn aangetast. Evenals al zijn wijnen geurt de Vin Noble naar fruit. De weigering van Daviau om tijdens de gisting zwaveldioxine te gebruiken verhoogt alleen maar de elkaar aanvullende geuren die worden voortgebracht door overrijpheid en de typische botrytisgeur. De wijn bezit intense aroma's van honing en citrusfruit en is een monument van geconcentreerde zoetheid – de jaargang 1997 bevatte nog steeds meer dan 200 gram restsuiker toen het gisten werd beëindigd! Toch blijft men achter met een indruk van verfijning en frisheid, het kenmerk van de grote zoete wijnen van het district Aubance. Om met Daviau te spreken: het is een wijn om bij te mediteren, om er langzaam van te nippen met wat gerijpte kaas als cantal, mimolette of beaufort.

- Andere geproduceerde witte wijnen: Coteaux-de-l'Aubance Sélection, Coteaux-de-l'Aubance Grandpierre, Anjou sec, Vin de Pays Chardonnay, Vin de Pays Sauvignon, Crémant de Loire
- Rode wijnen: Anjou Villages Brissac, Anjou, Anjou Gamay
- Rosé wijnen: Rosé de Loire, Cabernet d'Anjou
- Eigenaar: Familie Daviau
- Wijnmaker: Christophe Daviau
- Oppervlakte gecombineerde wijngaarden: 75 ha
- Productie: 400.000 flessen
- Export: 11%
- Verkoop aan huis: 9-12 uur en 14-18.30 uur
- Bezoek: ja

Uitgekozen wijn:
Coteaux-de-l'Aubance Vin Noble
(fles van 50cl)

- Druivensoort: chenin
- Gemiddelde leeftijd van de stokken: 25 jaar
- Oppervlakte wijngaard: 11 ha
- Bodem: leisteen op verharde zandlaag
- Gemiddelde jaarproductie: 12.000 flessen

AU·BR
BABLUT
COTEAUX DE L'AUBANCE
APPELLATION COTEAUX DE L'AUBANCE CONTRÔLÉE
NOBLE 1997
à BRISSAC
MAINE-ET-LOIRE
DOMAINE DE BABLUT - PRODUCE OF FRANCE

Dankzij families als de Lebretons uit Juigné-sur-Loire geniet de Coteaux-de-l'Aubance een goede reputatie. Hun beste wijnen kunnen ongelofelijk rijk en complex zijn. De twee broers Victor en Vincent zijn representanten van de generatie jonge telers die de *appellation* omhoog stuwt en zij maken op hun grote familiebedrijf een brede reeks wijnen die uitbundig worden toegejuicht.

Drie prachtige wijngaardheuvels De familie Lebreton maakt sedert 1880 wijn en woont sinds 1933 in Montgilet. Heden ten dage hebben de twee jonge mannen de leiding over een prachtige wijngaard van 35 hectaren en van 130 hectaren agrarisch land.

De kroonjuwelen van het domein Montgilet zijn drie zeer verschillende wijngaardheuvels in de *appellation* Coteaux-de-l'Aubance: Le Tertereaux, Clos Prieur en Clos des Huttières. Le Tertereaux heeft historische betekenis, want het is het eerste perceel dat in de AOC is aangeplant; deze lichte helling te Jeugné-sur-Loire kijkt uit op het zuiden en heeft een basis van blauwe leisteen. Clos Prieur, in Mozé-sur-Louet, is de steilste wijngaardhelling in de hele AOC; gesitueerd op het oosten, kijkt de helling uit op een meer en is geologisch complex, met een basis van een verharde zandlaag met leisteenlagen en vulkanische rotsblokken met paars leisteen. Clos des Huttières, in Soulaines-sur-Aubance, met een zuid-zuid-oost ligging, bevat het meer gewone, brokkelige grijze leisteen van het gebied. Ze hebben alledrie een dunne bovengrond van aangeslibde klei. De bodems, zoals karakteristiek is voor het wijngaardland van Coteaux-de-l'Aubance, warmen makkelijk op en zijn goed waterdoorlatend. Deze kenmerken verklaren de vroege rijpingscyclus, een essentiële factor voor het verkrijgen van overrijp fruit.

Oogsten in tries De Lebretons zijn ware meesters in het verkrijgen van zeer lage opbrengsten en het plukken van de oogst in *tries*. Het rijkste, meest geconcentreerde fruit van elk van de drie percelen komt binnen met een indrukwekkend percentage potentiële alcohol, hetzij door de nobele rotting, hetzij door *pastrillé*, en wordt afzonderlijk gevinifieerd, gebotteld en verkocht, elk onder de naam van het perceel. De Lebretons maken nog twee andere wijnen, de cuvée Les Trois Schistes en een generieke Coteaux-de-l'Aubance van de andere *tries* van de drie percelen, die overeenkomen met de momenten waarop het fruit is geplukt.

Coteaux-de-l'Aubance Le Tertereaux De nauwgezette aandacht waarmee de broers elk aspect van hun kunst uitvoeren, wordt geïllustreerd door de briljante Le Tertereaux 1997. Met een opbrengst van niet meer dan vijf tot zes trossen per stok, vertegenwoordigt de Tertereaux-cuvée een schamele opbrengst van 7,5 hectoliter per hectare. Langzaam persen in een verticale pers en daarna gisten in hout en gedurende twaalf maanden ook rijpen in hout, doet een zeer weelderige wijn ontstaan; de mooie goudgele kleur, het rijke en complexe bouquet van gedroogd fruit en de zeer zoete, geconcentreerde smaak geven de indruk dat men een van de geweldigste AOC's ter wereld drinkt...wat een absolute schoonheid! Deze nectar kan in zijn eentje worden gedronken, mijmerend over de vrijgevigheid van de natuur...of vergezeld van wat vers gebakken ganzenlever.

- Andere geproduceerde witte wijnen: Coteaux-de-l'Aubance Clos Prieur, Coteaux-de-l'Aubance Clos des Huttières, Coteaux-de-l'Aubance Les Trois Schistes, Coteaux-de-l'Aubance, Anjou sec, Crémant de Loire, Vin de Pays Pinot Blanc
- Rode wijnen: Anjou Villages Brissac, Anjou Villages, Anjou, Anjou Gamay, Vin de Pays Grolleau, Vin de Pays Ardoisier Effervescent
- Rosé wijnen: Rosé de Loire, Cabernet d'Anjou
- Eigenaars: Victor en Vincent Lebreton
- Wijnmakers: Victor en Vincent Lebreton
- Oenoloog: Anne Blain
- Oppervlakte gecombineerde wijngaarden: 35 ha
- Productie: 225.000 flessen
- Export: 30%
- Verkoop aan huis: 9-12 uur en 14-19 uur
- Bezoek: ja

Uitgekozen wijn:
Coteaux-de-l'Aubance Le Tertereaux
(fles 50 cl)

- Druivensoort: chenin
- Gemiddelde leeftijd van de stokken: 38 jaar
- Oppervlakte wijngaard: 2,35 ha
- Bodem: aangeslibde klei op blauw leisteen
- Gemiddelde jaarproductie: 3000-8000 flessen

PRODUCE OF FRANCE
LE TERTEREAUX
COTEAUX
DE L'AUBANCE
DOMAINE
DE
MONTGILET
& VINCENT LEBRETON

Anjou heeft veel gewonnen met de komst van Mark Angeli. Als vrouwen en mannen van buitenaf in de wijn gaan, zonder enige familie met een traditie in het wijnmaken, komt het regelmatig voor dat hun mate van persoonlijke betrokkenheid groter en hun inspiratie en vastbeslotenheid sterker is dan in gevestigde wijnfamilies. Deze jongeman houdt veel van zijn geadopteerde gebied en is vastbesloten andere gelijkgezinde jongeren in dienst te nemen om zo hun toekomst te verbeteren.

Inspiratie uit het verleden Na het volgen van een cursus in het maken van wijn in Sauternes, betrok Angeli in 1989 het Domaine la Sansonnière. Tot zijn verbazing merkte hij dat zijn instinct als natuurliefhebber indruiste tegen alle wijnbouwkundige dogma's die hij had geleerd. Hij ontdekte dat hij geleidelijk aan het bedrijf 'de-moderniseerde' omdat hij de voorkeur gaf aan de wijze waarop de zaken in het verleden werden gedaan. Hij ging zijn wijngaarden op natuurlijke wijze bewerken omdat hij de chemische alternatieven die wijd en zijd worden gebruikt verfoeide ; hij bevrijdde zijn wijnstokken van de draden en stokken waaraan ze vastzaten en liet ze liever vrij in de wind zwaaien en omhoog reiken naar de zon; en hij verving zijn tractor voor een paard, waardoor hij niet langer het gevoel had iets te missen als hij op de tractor zat. Ook beplante hij zelfs twee percelen met ongeënte stokken, één daarvan volgens de methode *en foule,* die werd gebruikt voor de Phylloxera-ramp en de komst van keurige ordelijke rijen stokken. Met 40.000 stokken per hectare heeft zelfs een mens moeite om zich door de wijngaard te bewegen. In 1994 ging hij over tot het bewerken van zijn wijngaarden volgens biodynamische beginselen, ten behoeve van toekomstige bewaarders van zijn land.

Het portret van een bepaald terrein Hun intrigerende geologische diversiteit heeft hem ertoe aangespoord een brede reeks wijnen te maken en elk is een portret van een bepaald terrein. De cabernet sauvignon produceert vooral mooi fruit in het gebied van Thouarcé, en Angeli waardeert de mogelijkheden van de grolleau gris, maar het is de chenin die hem echt opwindt. Vanwege het maken van liquoreuze wijnen natuurlijk, maar vooral vanwege zijn mogelijkheden voor droge witte wijn.

Wijnmaken als in vroeger tijden Angeli oogst zijn druiven bij lage opbrengsten, de meeste door middel van *tries,* en voor de droge wijnen plukt hij de chenin wanneer de druiven goudkleurig zijn geworden, vlak voordat ze verschrompelen.

De man maakt zijn wijn net als in vroeger tijden, hij perst zijn druiven heel langzaam in traditionele verticale persen – waardoor *débourbage*, de periode van bezinking waarin zoveel goeds kan ontsnappen, niet nodig is. Daarna brengt hij de wijnen om te gisten over naar vaten van 400 liter, zonder enige toevoegingen behalve een zeer kleine hoeveelheid zwavel. Daarna bepaalt de gist (en zeker niet Angeli) de lengte van de *cuvaison* en de *élevage*.

Anjou la Lune Het perceel La Lune, door een van zijn medewerkers zo genoemd vanwege zijn sikkelvorm, is gelegen op de heuvel tegenover het domein. Het heeft een heterogene geologische samenstelling die een zeer interessante droge wijn van een opmerkelijke zuiverheid en definitie oplevert. La Lune straalt harmonie en elegantie uit en combineert uitmuntend rijp fruit en minerale tonen, terwijl hij excessieve molligheid vermijdt. Het is een schitterende demonstratie van droog-gegiste Anjou-chenin en is een goede partner voor de eenvoudige adel van gegrilde langoestines.

- Andere geproduceerde witte wijnen: Anjou Les Fouchardes, Anjou Le Coteau du Houet, Coteaux-du-Layon Les Blanderies, Coteaux-du-Layon Les Vieilles Vignes des Blanderies, Bonnezeaux Le Coteau du Houet
- Rode wijnen: Anjou Les Sables, Anjou Les Gelinettes
- Rosé wijnen: Rosé d'Anjou
- Eigenaar: Mark Angeli
- Wijnmaker: De gist!
- Oppervlakte gecombineerde wijngaarden: 7,5 ha
- Productie: 26.000 flessen
- Export: 50%
- Verkoop aan huis: nee
- Bezoek: op afspraak

Uitgekozen wijn:
Anjou La Lune

- Druivensoort: chenin
- Gemiddelde leeftijd van de stokken: 7-50 jaar
- Oppervlakte wijngaard: 1,3 ha
- Bodem: zand, klei, koolstofhoudende leisteen
- Gemiddelde jaarproductie: 4000 flessen

Produit de France
1998
DEMETER
ANJOU
Appellation Controlée
La Lune
MIS EN BOUTEILLE AU DOMAINE
Mark ANGELI, Vigneron à LA SANSONNIÈRE, THOUARCÉ, (Maine & Loire) FRANCE

De aankoop van het Château de Tigné door de filmacteur Gérard Depardieu was waarschijnlijk het beste dat het huis ooit had kunnen overkomen – niet alleen vanwege het behoud van het kasteel zelf, maar ook vanwege het onderhoud en de exploitatie van zijn wijngaarden, want Depardieu is een groot fan van de wijnen van het Loire-dal. Heden ten dage is het wijnhuis de bron van een uitgebreide reeks met een uniforme uitstekende kwaliteit.

Een geschiedenis van tien eeuwen Voelde de gegadigde koper een bepaalde affiniteit met het oude kasteel toen hij het bezocht? Gebeukt door tien eeuwen geschiedenis, gehavend door de littekens van de godsdienstoorlogen en de Franse Revolutie, stond hier een tijdloos gebouw dat geleden had, maar dat juist door dat tumultueuze verleden ook een zekere uitstraling had gekregen, een fascinerende schoonheid... De indrukwekkende gekanteelde torens, nu gedeeltelijk vervallen, het ongedisciplineerd romantische van de met klimop begroeide muren van het kasteel en de zuiverheid van zijn als door een wonder gespaarde steen gaven gezamenlijk welsprekend blijk van zijn lange verleden, zijn moeilijke tijden en zijn ontembare trots. Geef het een menselijk imago en het lijkt sterk op veel van de rollen die Depardieu zo gedenkwaardig heeft gespeeld – fulminerende, krachtig-gebouwde, onbesuisde karakters met een onverzadigbare zin in het leven... Geen wonder dat hij er verliefd op werd!

Natuurlijk gevinifieerd met een minimum aan interventie De omringende wijngaarden, die maar liefst vijftig hectaren beslaan, hebben altijd deel uitgemaakt van het kasteel. Zij worden volgens een biologisch regime verbouwd, om zo gezonde planten en smakelijker, zoetere druiven te krijgen. Om de opbrengst te beperken zijn de noodzakelijke maatregelen getroffen, zodat de druiven geconcentreerder worden.

Dominique Polleau, de burgemeester van Tigné, leidt het wijnhuis en maakt de wijn. De vinificatie gebeurt zo natuurlijk mogelijk, met als doel wijnen met een intense fruitigheid en zuiverheid te verkrijgen. De reeks bevat lichtere, dorstlessende wijnen van alle drie kleuren, een Coteaux-du-Layon, en vollere en gecorseerde rode wijnen, die tijd nodig hebben om zich te ontwikkelen. In bijzondere jaren worden twee zeer speciale cuvées gemaakt, Cyrano en Mozart – en dat hangt af van het feit of er voldoende kwaliteitswijn over is na het mengen van de Anjou Les Landes en Vieilles Vignes.

Zoals verwacht heeft het kasteel mooie gewelfde kelders, waarin de betere wijnen rijpen voordat ze worden gebotteld. Er worden fusten gebruikt, maar bij Tigné wordt nieuw eikenhout vermeden, want men vindt daar dat het de persoonlijkheid van de wijnen tekort doet; er wordt alleen hout gebruikt dat reeds 1 tot 5 wijnen heeft gehuisvest, en dat nog steeds voldoende poriën heeft voor een effectieve rijping, terwijl het geen excessieve eik-geuren afgeeft.

Anjou Cuvée Cyrano De krachtige Cuvée Cyrano, die twee jaar in het vat oudert en dan ongefilterd en ongeklaard wordt gebotteld, is gemaakt van een lage opbrengst van 25-30 hectoliter per hectare. Het is een overtuigend bewijs van het talent van de natuur, een welsprekend argument tegen de interventie van de mens met zijn beperkende oenologische handelingen. Cyrano is breed geschouderd, dik en gecorseerd en straalt persoonlijkheid uit – inderdaad precies het soort wijn dat zijn eigenaar zou willen maken! Een rijke, mollige structuur, een complexe smaak en een lange afdronk zorgen ervoor dat de proever volkomen verrukt is van zijn zuivere kwaliteit. Deze wijn verdient als partner een groot *pièce* als ossenhaas in briochedeeg.

- Andere geproduceerde rode wijnen: Anjou Cuvée Mozart, Anjou Vieilles Vignes, Anjou Les Landes, Anjou Gamay, Anjou Jeunes Vignes, Vin de Pays Cépage Groslot
- Witte wijnen: Anjou Les Maillones, Coteaux-du-Layon
- Rosé wijnen: Rosé de Loire Le Moulin des Landes, Cabernet d'Anjou Les Terres Chaudes
- Eigenaar: Gérard Depardieu
- Directeur: Dominique Polleau
- Wijnmaker: Dominique Polleau
- Oppervlakte gecombineerde wijngaarden: 50 ha
- Productie: 265.000 flessen
- Export: 50%
- Verkoop aan huis: op afspraak
- Bezoek: op afspraak

Uitgekozen wijn:
Anjou Cuvée Cyrano

- Druivensoort: cabernet franc
- Gemiddelde leeftijd van de stokken: 35 jaar
- Oppervlakte wijngaard: 2 ha
- Bodem: kalkrijke kleigrond
- Gemiddelde jaarproductie: 5000-10.000 flessen

CHATEAU DE TIGNÉ
CUVÉE 1993
CYRANO
ANJOU
APPELLATION ANJOU CONTROLÉE
12%vol.
75cl
MIS EN BOUTEILLE AU CHATEAU
S.C.E.A TIGNÉ DEPARDIEU TIGNÉ (M et L)
PRODUCE OF FRANCE

Er zijn maar weinig lijsten van prijswinnaars van de diverse Franse lokale en nationale wijncompetities waarop niet een van de wijnen van Agnès en Christian Papin staan. Afgaande op een lange ervaring maakt Christian wijnen die altijd voorbeelden van harmonie en evenwicht zijn. Hij is een leidend licht van de wederopstanding van het gebied en een van degenen die ervoor heeft gevochten dat de rode Anjou-wijnen de erkenning kregen die ze verdienen. Zijn doorzettingsvermogen en dat van zijn collega's heeft geleid tot de schepping van de AOC Anjou Villages en daarna die van de Anjou Villages Brissac.

De glorie van 'Anjou Noir' Dertig jaren hard werken en perfectionisme heeft het Domaine de Haute-Perche in een uitzonderlijke positie gebracht. Tegenwoordig beslaat het 35 hectaren wijngaarden, die de grondstof leveren voor tien verschillende wijnen. De bodems bestaan uit gelaagd leisteen, de glorie van de 'Anjou Noir' (tegenover 'Anjou Blanc', de kalkrijke zandgrond van het Parijse bekken, dat net ten oosten van de wijnbouwzone van Aubance begint).

"Je hebt er niets aan om teveel te produceren, je moet net genoeg maken om de Papin-traditie 'het beste van het beste' te behouden," staat in de brochure en met dat doel kan men Papin en zijn medewerkers in de wijngaard vinden terwijl ze nauwgezet de vele taken volbrengen die nodig zijn voor de productie van een beperkte hoeveelheid gezonde, rijpe druiven. Er staat natuurlijk chenin en daarmee wordt een mooie Coteaux-de-l'Aubance gemaakt, evenals een droge witte Anjou; chardonnay wordt gebruikt voor een tweede cuvée van Anjou en gemengd met chenin levert deze druivensoort ook een Crémant op. De twee cabernets leveren de rode Anjou en Anjou Villages Brissac en de rosé Cabernet d'Anjou op; met de toevoeging van een beetje grolleau wordt een Rosé de Loire gemaakt. En tot slot besluit een dorstlessende Anjou Gamay, ideaal voor op een zomers terras, de reeks.

Zacht, mollig en charmant Ondanks de breedte van zijn assortiment zijn uiteraard de rode Anjous en de Coteaux-de-l'Aubance de meest interessante wijnen. Het probleem voor de makers van rode wijnen in dit gebied is om de wijnen voldoende gecorseerdheid en structuur te geven zonder dat ze te hard worden. Een teveel aan extractie is een veel voorkomende fout en de meest succesvolle wijnen beschikken over de zeer gewenste eigenschappen van zachtheid, molligheid en charme, die een indicatie zijn van ultra-rijp fruit van de hoogste kwaliteit en een groot talent voor het maken van wijn. Een zijde-achtige structuur, een aromatische potpourri van gedroogd rood en zwart fruit, een zweem van kreupelhout en een suggestie van teer en drop...dat dient men te proeven in een goede Anjou Villages Brissac.

Anjou Villages Brissac Christian Papin laat zijn cabernets gisten in roestvrijstaal, weekt ze twintig tot dertig dagen bij gecontroleerde temperaturen en laat de wijnen dan zeker twee jaar rijpen, waarbij zij af en toe worden overgestoken om ze te beluchten. De diepe kleur van de wijn duidt op een succesvolle extractie van pigmenten van de goed-ontwikkelde schillen en toch is de Anjou Villages Brissac in de mond opmerkelijk glad en verleidelijk; zijn tannine-structuur wordt ingepakt en de wijn heeft voldoende concentratie om veel gerechten recht aan te kunnen kijken. Kruidige schotels zoals bloedworst of een varkensrollade zijn prima partners.

- Andere geproduceerde rode wijnen: Anjou, Anjou Gamay
- Witte wijnen: Coteaux-de-l'Aubance, Anjou sec (chenin en chardonnay), Anjou sec (chenin), Crémant de Loire
- Rosé wijnen: Rosé de Loire, Cabernet d'Anjou
- Eigenaars: Agnès en Christian Papin
- Wijnmaker: Serge Bertrand
- Oenoloog: Didier Coutenceau
- Oppervlakte gecombineerde wijngaarden: 34 ha
- Productie: 215.000 flessen
- Export: 5%
- Verkoop aan huis: 9-12 uur en 14-18 uur
- Bezoek: ja

Uitgekozen wijn:
Anjou Villages Brissac

- Druivensoort: 70% cabernet franc, 30% cabernet-sauvignon
- Gemiddelde leeftijd van de stokken: 22 jaar
- Oppervlakte wijngaard: 11 ha
- Bodem: groene, okerkleurige en roze leisteen
- Gemiddelde jaarproductie: 45.000 flessen

Produce
of France
Domaine de Haute-Perche
Mis en bouteille au Domaine
ANJOU-VILLAGES
BRISSAC
APPELLATION ANJOU VILLAGES BRISSAC CONTRÔLÉE
1996
75 cl
et Agnès PAPIN - EARL Viticulteurs à St Melaine/Aubance 49610 - FRANCE

Richou is een naam die in Anjou lang is geassocieerd met rode wijnen, want het pionierswerk van Henri Richou heeft grote invloed gehad op andere telers en zijn voortdurende gelobby bij de autoriteiten is absoluut tenminste voor een deel van groot belang geweest voor de creatie van de appellations Anjou Villages en Anjou Villages Brissac. Heden ten dage is Richou een synoniem voor kwaliteit in de wijnen Coteaux-de-l'Aubance, wat toe te schrijven is aan zijn zonen Didier en Damien. Of het rode, droge witte of zoete witte betreft: het is een prachtig huis.

Een broeikas van experimenten Men krijgt het idee dat hier niets erg lang stilstaat, dat het wijnhuis een broeikast is van nieuwe ideeën, experimenten en proeven. Dat is ongetwijfeld wat de broers tot leiders in hun branche maakt; evenals alle beste *vignerons* passen ze voortdurend hun werkwijzen aan, want zelfgenoegzaamheid en onbeweeglijkheid zijn twee van de kortste wegen naar verval.

Weerspiegeling van terroir en jaargang Didier, die zich vanaf 1978 in de strijd heeft geworpen, is gespecialiseerd in de vinificaties, terwijl Damien, die zijn vader in 1993 is opgevolgd, verantwoordelijk is voor de wijngaarden. Het bedrijf met zijn 39 hectaren is een mijn van grondstoffen, want de diverse percelen liggen op een aantal terreinen van verschillende samenstelling die door de broers nauwgezet zijn onderzocht en in kaart gebracht.

Ze willen zich er voornamelijk van verzekeren dat elk perceel wordt bewoond door de druivensoort en de wortelstok die het best bij die bodem passen en dat de methoden van cultivatie precies passen bij het microklimaat, de ligging, de leeftijd van de stokken en andere criteria van het betrokken perceel. Wanneer de oogsttijd daar is, zorgt Didier ervoor dat elk verschillend perceel maximaal tot uitdrukking komt door de opbrengst ervan apart te vinifiëren, langzaam en met een minimum aan interventie, zodat alle eigenschappen van de jaargang worden weerspiegeld. Natuurlijk volgt hij alle ontwikkelingen in de technologie en techniek op de voet. De wijnen zijn dan ook welsprekende getuigen van zijn begrip van de grondstoffen en hoe ze dienen te worden behandeld.

Anjou Villages Brissac Naast een Anjou Gamay van een opmerkelijke complexiteit, geur en fluwelige structuur, stellen de broers met gepaste trots nog twee andere rode wijnen voor, die beide zijn gemaakt van de twee cabernets. De Anjou Rouge stuift van zuiver, elegant fruit en is sappig soepel, terwijl de Anjou Village Brissac wat serieuzer is. Met een zeer donkere kleur en een schitterende neus van rijpe pruimen, specerijen en kreupelhout is zijn aanzet glad en vult hij de mond met zijn zachte, mollige, rijke fruit. En toch heeft hij voldoende tannine en zuren om ervoor te zorgen dat de sensualiteit niet te overdadig is en hem tevens te verzekeren van een lang leven. Aan tafel is deze Anjou Villages Brissac de juiste partner voor eendenborst met pruimen. Het is een uitmuntende wijn en een overtuigend bewijs van de kwaliteit van de wijngaarden van Brissac.

- Andere geproduceerde rode wijnen: Anjou Gamay Les Chateliers, Anjou Les 4 Chemins
- Witte wijnen: Coteaux-de-l'Aubance Sélection, Coteaux-de-l'Aubance Le Pavillon, Coteaux-de-l'Aubance Les 3 Demoiselles, Anjou Chauvigné, Anjou Les Rogeries, Vins de Pays Chardonnay, Crémant de loire Brut en Demi-Sec
- Rosé wijnen: Rosé de Loire, Cabernet d'Anjou
- Eigenaars: Didier en Damien Richou
- Wijnmaker: Didier Richou
- Oppervlakte gecombineerde wijngaarden: 39 ha
- Productie: 215.000 flessen
- Export: 15%
- Verkoop aan huis: ja
- Bezoek: op afspraak

Uitgekozen wijn:
Anjou Villages Brissac

- Druivensoorten: cabernet franc 90%, cabernet-sauvignon 10%
- Gemiddelde leeftijd van de stokken: 45 jaar
- Oppervlakte wijngaard: 4 ha
- Bodem: paarse leisteen
- Gemiddelde jaarproductie: 20.000 flessen

DOMAINE RICHOU
1997
LES VIEILLES VIGNES
Anjou-Villages Brissac
ANJOU-VILLAGES BRISSAC CONTRÔLÉE
750 ML
Mis en bouteille au Domaine
Propriétaire - Viticulteur - 49610 Mozé-sur-Louet - France

De rode wijnen van Anjou zijn nog steeds weinig bekend en de druiven waarvan ze worden gemaakt zijn in het verleden vooral gebruikt voor de productie van rosé. Pas sinds ongeveer 1980 is er een echte impuls geweest om er fatsoenlijke rode wijnen te maken en zelfs nu is die beweging nauwelijks wijdverbreid. Als verklaring kan worden aangevoerd dat een aantal heuvels veel beter geschikt is voor de chenin dan voor de cabernet, maar toch zijn er wijnhuizen die het probleem hebben aangepakt, een enorme vooruitgang hebben geboekt en nu rode Anjous leveren die zeer sappig en charmant zijn en een volle structuur hebben. De familie Lebreton uit Saint-Jean-des-Mauvrets heeft zo'n wijnhuis.

Een ongekende fruitige sappigheid Het bezit van de familie, het Domaine des Rochelles, is vandaag de dag het eigendom van en wordt geleid door Jean-Yves Lebreton en diens vrouw Anita. Met vijftig hectaren is het groot en stelt het hen in staat een complete reeks wijnen te maken waarin de rode Anjou Villages Brissacs de sterren zijn, op de voet gevolgd door de elegante Coteaux-de-l'Aubance.

Lebretons vader is instrumenteel geweest in de algehele progressie van de rode wijnen van het gebied en hij werkte samen met de oenoloog Didier Coutenceau. Dit deed hij zowel om druiven van topkwaliteit te verbouwen als om de vinificatiemethoden zodanig te perfectioneren dat zij alle rijke fruitigheid, tannine-steun en verrukkelijke aroma's van de druiven aan de vruchten te onttrekken en ze om te zetten in evenwichtige, harmonieuze en rijpe wijnen. Lebreton heeft het toegewijde werk van zijn vader voortgezet en heden ten dage wordt het Domaine des Rochelles door velen beschouwd als de mooiste exponent van Anjou Villages Brissac. Dat is te danken aan methoden die natuurlijke praktijken in de wijngaard inhouden, met inbegrip van *enherbement* en het plukken van de cabernets wanneer zij bijna overrijp zijn; op die manier is het mogelijk het harde, tanninevolle karakter van de druivensoort, die zo vaak de kwaliteit van deze wijnen te kort doet, te vermijden en in plaats daarvan een ongekende fruitige sappigheid naar voren te halen.

Een schitterend perceel van leisteen en kwarts Een deel van het Domaine des Rochelles, een zeven hectaren groot perceel van leisteen en kwarts, gelegen tussen Saint-Jean-des-Mauvrets en Brissac, is zeer geschikt voor de cabernet-sauvignon. Dit feit heeft de Lebretons ertoe aangezet een cuvée te maken die bijna uitsluitend van de productie ervan wordt gemaakt en dat is in Anjou nogal ongewoon. De wijn, La Croix de Mission, wordt in roestvrijstalen vaten gevinifieerd om aldus het fruit zuiver te houden en oxydatie tegen te gaan, om nog niet eens te spreken van de geur van eikenhout, die van rijpen in het fust afkomstig is. Het gisten en weken van de wijn duurt minstens een maand, waardoor het fruit gewicht en structuur krijgt. Tijdens het bottelen wordt de wijn bovendien zoveel mogelijk met rust gelaten.

Anjou Villages Brissac La Croix de Mission Het eindresultaat is een wijn van een grote distinctie, die een plaats verdient in de kelder van menige wijnliefhebber. Met een zeer donkere kleur straalt de Croix de Mission een sensueel parfum van zwart fruit uit met een vleugje zoethout en verleidt de tong met zijn mollige omhelzing en zachte koppigheid. Bepaalde jaargangen zijn jong iets meer gereserveerd dan andere, maar ze hebben allemaal een grote opvoeding en persoonlijkheid. Een gegrild runderribstuk is precies het vereiste eenvoudige gezelschap voor deze wijn.

- Andere geproduceerde rode wijnen: Anjou Villages Brissac
- Witte wijnen: Anjou sec Roches des Rochelles, Coteaux-de-l'Aubance Cuvée Tradition, Coteaux-de-l'Aubance Cuvée Prestige, Vin de Pays Chardonnay
- Rosé wijnen: Cabernet d'Anjou, Rosé de Loire,
- Eigenaars: Jean-Yves en Anita Lebreton
- Wijnmaker: Jean-Yves Lebreton
- Oenoloog: Didier Coutenceau
- Oppervlakte gecombineerde wijngaarden: 50 ha
- Productie: 335.000 flessen
- Export: 5%
- Verkoop aan huis: 9-12 uur en 14-18:30 uur
- Bezoek: ja

Uitgekozen wijn:
Anjou Villages Brissac La Croix de Mission

- Druivensoorten: 90% cabernet-sauvignon, 10% cabernet franc
- Gemiddelde leeftijd van de stokken: 20 jaar
- Oppervlakte wijngaard: 7 ha
- Bodem: leisteen en kwarts
- Gemiddelde jaarproductie: 20.000 flessen

1998
J.-Y. A. LEBRETON
49320 SAINT-JEAN-DES-MAUVRETS
FRANCE
MIS EN BOUTEILLE AU DOMAINE

Een van de grootste producenten van Crémant de Loire en qua oppervlakte een van de kleinste, is de firma Langlois-Chateau, gevestigd in Saint-Hilaire-Saint-Florent. Ze werd in 1885 gesticht door Edouard Langlois en zijn vrouw Jeanne Chateau en is nu nog in handen van hun afstammelingen en van die van de champagnefamilie Bollinger, waarmee ze in 1973 fuseerden.

Een specialist in crémant De productie van crémant is altijd de specialiteit van Langlois-Chateau geweest en de firma doet zijn best om altijd kwaliteit te leveren. De eerste gisting van de wijn vindt plaats in de enorme kelders van de firma onder de wijngaard van het Château de Varrains. De vier gebruikte druivensoorten (chenin en chardonnay voor elegantie, cabernet franc en groslot voor de gecorseerdheid) worden in zeer kostbare pneumatische persen voorzichtig gekneusd. Alleen het beste sap mag gaan gisten, de rest wordt aan andere handelaren doorverkocht. Na een koude gisting in roestvrijstaal en het mengen, worden de wijnen gebotteld in de flesformaten waarin ze ten slotte worden verkocht (van halfjes en hele tot magnums en jeroboams). Vervolgens worden ze voor de tweede gisting en rijpingsperiode overgebracht naar de diepe koude kelders in Saint-Hilaire van Langlois-Chateau. Voor een betere kwaliteit laat de firma de wijn bijna twee keer langer rijpen dan het ene jaar dat wettelijk voor de *appellation* is voorgeschreven. En zowel *remueurs* als geautomatiseerde giropalettes worden ingezet voor het *remuage*-proces, dat voorafgaat aan het *dégorgement*.

Diversificatie en hogere ambities Recentelijk heeft de firma haar activiteiten uitgebreid en maakt nu naast haar mousserende wijnen een verscheidenheid aan stille Loire-wijnen van een uitstekende kwaliteit, die behalve de plaatselijke *appellations* Saumur en Saumur-Champigny ook die van Muscadet en Sancerre omvatten. Deze politiek van diversificatie is hand in hand gegaan met hogere ambities wat de kwaliteit betreft. De wijngaarden van de firma worden nu verbouwd volgens de principes van *lutte raisonnée*: gras mag tussen de stokken groeien en dwingt ze hun wortels dieper te begraven in de strijd om de voedingsstoffen, de bestrijding van rot en ongedierte is zo minimaal mogelijk en de bodems worden slechts zelden organisch verrijkt.

Een dergelijk zorg zou verspilling zijn als de oogst nog steeds machinaal zou gebeuren, en daarom wordt bijna al het fruit met de hand geplukt, waardoor selectiviteit is gewaarborgd en elk onrijp of aangetast stukje fruit wordt verwijderd. De oogst wordt dan in kleine kratten uit de wijngaard gehaald, zodat kneuzen en daardoor voortijdige oxidatie voorkomen wordt.

Crémant de Loire Brut De eindproducten weerspiegelen de kwaliteit van de grondstoffen en de zorg waarmee ze zijn gemaakt. Deze crémant, levend door een massa kleine belletjes, heeft een verrukkelijk honingachtige, florale, zeer frisse neus. De aanzet is positief en de delicate, romige, volle smaak is weelderig, verfijnd en perfect in balans. De crémant van Langlois kan het best genoten worden bij kaassoesjes, want zijn delicatesse en finesse zullen alleen door het meest eenvoudige voedsel volledig tot hun recht komen.

- Andere geproduceerde witte wijnen: Crémant de Loire Réserve (vintage) en Quadrille (prestige), Saumur, Saumur Vieilles Vignes, Sancerre Château de Fontaine-Audon, Muscadet de Sèvre-et-Maine sur lie Domaine de Grand'Maison
- Rode wijnen: Saumur, Saumur Vieilles Vignes, Saumur-Champigny Château de Varrains, Saumur-Champigny La Bretonnière, Sancerre Château de Fontaine-Audon
- Rosé wijnen: Crémant de Loire, Cabernet de Saumur La Bretonnière
- Eigenaars: aandeelhouders van de families Langlois-Château en Bollinger
- Directeur: Michel Villedey
- Wijnmaker: Vernard Leroux
- Keldermeester: Michel Lefevre
- Oppervlakte gecombineerde wijngaarden: 65 ha
- Productie: 1,06 miljoen flessen
- Export: 40%
- Verkoop aan huis: ja
- Bezoek: 10-12:30 uur en 14.30-18:30 uur

Uitgekozen wijn:
Crémant de Loire Brut

- Druivensoorten: 65% chenin blanc, 15% chardonnay, 15% cabernet franc, 5% groslot
- Oppervlakte wijngaard: 20 ha (levert 30% van de benodigde druiven)
- Bodem: klei, kalksteen, slib
- Reservewijnen: 10%
- Gerijpt op lies: 2 jaar
- Dosage: 10 gram/liter
- Gemiddelde jaarproductie: 400.000 flessen

(Werkelijke hoogte van de fles 32 cm)

LANGLOIS
PRODUCE OF FRANCE

Al sedert lang staat de firma Bouvet Ladubay uit Saumur als voortreffelijk te boek, als gevolg van de veeleisende normen die zijn stichter zichzelf stelde om de allerbeste mousserende wijn te maken. Heden ten dage zijn haar wijnen over de hele wereld bekend en worden zeer gewaardeerd. Daarnaast staat de firma hoog aangeschreven vanwege het feit dat ze contemporaine kunst en literatuur financieel steunt, evenals ruiter- en motorsport.

Realisatie van een groot project De firma is gesticht door Etienne Bouvet, een estheet met zowel een passie voor wijn als voor zaken. Bouvet leed aan een acute doofheid, hetgeen wellicht de verklaring is voor de vastberadenheid en nauwgezetheid waarmee hij in 1851 begon met het streven zijn project in vervulling te doen gaan.

Hij koesterde een grote ambitie en hij dat als zijn motto "Uitmuntendheid" geen grootspraak zou worden, hij goed voor zijn werknemers moest zorgen. Hij had prachtige gebouwen laten neerzetten om de wijnen in te maken, had een machine gebouwd om de acht kilometers lange tufstenen kelders met elektriciteit te kunnen verlichten en hij had voor alle werknemers logementen en zelfs een theater laten bouwen. Tegen het eind van de eeuw had de firma het gebied grote voorspoed gebracht en vertegenwoordigde ze het toppunt van luxe en weelde in de wijnwereld.

In 1932 verkochten zijn afstammelingen Bouvet Ladubay aan de familie Monmousseau, die het tot aan 1974 bezaten. In dat jaar verkochten ze het bedrijf aan het champagnehuis Taittinger, dat er zwaar in investeerde. De uitrusting werd gemoderniseerd en de vooraanstaande positie van het merk op de wereldmarkten versterkt. In de tussenliggende jaren is de relatie voor iedereen vruchtbaar gebleken.

Trouw aan het motto van de stichter Heden ten dage, geconfronteerd met talrijke concurrenten uit binnen- en buitenland, weet de firma dat ze regelmatig moet produceren en dat haar normen hoog moeten zijn, willen de klanten blijven komen. Men doet er dan ook alles aan om trouw te blijven aan het motto van de stichter.

De firma heeft geen wijngaarden en geeft er de voorkeur aan de grondstoffen te kopen. Daartoe heeft men contracten met 120 telers in de mooiste terreinen rond Saumur, die druiven leveren die onder toezicht van de technici van Bouvet in de eigen gebouwen worden geperst. De hoeveelheid en de diversiteit van de bronnen is een van de hoofdelementen van de complexiteit van de wijnen. De mosten worden vervolgens naar de kelders van Bouvet gebracht, waar ze in roestvrijstaal worden gevinifieerd, hun tweede gisting ondergaan en vervolgens in de fles ouderen.

Saumur Brut Cuvée Trésor De uitzondering van de bij de firma gehanteerde regels is de vintagewijn Trésor, door het beroemde Londense warenhuis Harrods omschreven als "de meest geraffineerde mousserende wijn ter wereld". De eerste gisting van Trésor, die is gemaakt met grondstoffen uit de Côte de Saumur, vindt plaats in nieuw eikenhout uit Tronçais. Na de tweede gisting in de fles rijpt hij zeker 24 maanden voordat hij voor de verkoop handmatig wordt gekeerd en de neergeslagen stoffen worden verwijderd. De wijn is een wonder van finesse en verfijning, met uitgelezen delicate florale- en vanilletonen die de zinnen prikkelen, een romige massa kleine belletjes, een mollige structuur en een harmonieuze, lange afdronk. De ervaring komt overeen met de naam. In alle omstandigheden – als aperitief, met verse ganzenlever en grof zout op toast, gegrilde rivierkreeft, kip in gelei, truffels in bladerdeeg – is hij goddelijk!

- Andere geproduceerde witte wijnen: Saumur Brut Cuvée Saphir, Saumur Brut, Crémant de Loire, Saumur, Coteaux-du-Layon, Quincy
- Rode wijnen: Saumur Cuvée Rubis Excellence Méthode Traditionnelle, Saumur, Saumur Champigny, Saint-Nicolas-de-Bourgueil, Chinon, Anjou
- Rosé wijnen: Saumur Cuvée Rosé Excellence, Rosé de Loire
- Voorzitter en directeur: Patrice Monmousseau
- Oenoloog: Bruno Paumard
- Keldermeester: Michel Rochard
- Productie: 3.000.000 flessen
- Export: 40%
- Verkoop aan huis: 9-12 uur en 14-18 uur
- Bezoek: ja

Uitgekozen wijn:
Saumur Brut Cuvée Trésor

- Druivensoorten: 80% chenin, 20% chardonnay
- Gemiddelde leeftijd van de stokken: 30-50 jaar
- Bodem: kalkrijke kleigrond
- Geouderd op de lies: 2 jaar
- Dosage: 15 gr per liter
- Gemiddelde jaarproductie: 50.000 flessen

(Werkelijke hoogte van de fles 31,8 cm)

1997
FONDÉE EN 1851
Bouvet Ladubay
TRESOR
APPELLATION SAUMUR CONTRÔLÉE
Cuvée Exceptionnelle
Elevée en Fûts de Chêne
de la Forêt de Tronçais
Brut
750 ml
SAUMUR
PRODUCE OF FRANCE

Dat er veel te doen is in de wijngaarden en kelders rondom Saumur wordt de bezoeker erg duidelijk na een bezoek aan bepaalde huizen, waar enthousiasme, ambitie en trots over wat wordt bereikt eenieder zonneklaar worden. Rode Saumur-Champigny en Saumur, droge witte Saumur, zoete witte Coteaux de Saumur en zelf plaatselijke mousserende wijn... Er worden verrukkelijke voorbeelden van al deze appellations gemaakt, die voor de consument goede waar voor hun geld betekenen. Een huis dat waarlijk excelleert, is het aardig geheten Domaine des Champs Fleuris, dat in het dorp Turquant ligt.

Een zeer competent team Het huis staat onder leiding van en is het eigendom van Denis Rétiveau, zijn zuster Catherine en haar echtgenoot Patrice Rétif. Het bedrijf is het resultaat van een samensmelting in 1992 van een bedrijf dat door deze jonge mensen was gesticht en dat van Fernand, de vader van Denis. Denis, Catherine en Patrice hebben alle drie wijnbouw en oenologie gestudeerd en vormen een zeer competent team; Catherine zorgt voor de administratieve kant van het bedrijf, Patrice houdt zich bezig met de verkoop, alledrie zorgen ze voor de wijnstokken en de beide mannen zijn verantwoordelijk voor het wijnmaken. Fernand, die nu is gepensioneerd, is bovendien altijd daar waar raad nodig is en tijdens de oogst helpt hij met het besturen van de tractor met laadwagen.

Begrazing, snoeien en tries De wijngaarden liggen op de hellingen die uitkijken op de Loire. Ze zijn samengesteld uit een dunne laag klei die op een ondergrond van kalkhoudend tufsteen ligt, een bodemtype dat in het gebied rondom Saumur en Tours veelvuldig voorkomt. Zoals bij zoveel andere bedrijven de gewoonte is geworden, wordt er sedert een jaar of tien tussen de rijen stokken gras gezaaid. Omdat dit gras met de wijnstok strijd levert om de voedingsstoffen uit de grond, worden de stokken gedwongen hun wortels dieper te begraven. Dit resulteert in wijnen met een groter terroirkarakter en een diepere concentratie.

In de winter worden de stokken zeer kort teruggesnoeid en tegen de aanvang van de zomer worden de trossen uitgedund om de oogst tot een redelijk peil te beperken. Het fruit wordt pas geplukt wanneer het volkomen rijp is, waarbij de chenin zorgvuldig door de plukkers wordt geselecteerd. Er wordt geplukt in opeenvolgende plukgangen, van de eerste pluk wordt mousserende wijn gemaakt, van de volgende de stille witte Saumur en de laatste pluk is gewijd aan de 'nobele' rotte druiven voor de Coteaux de Saumur. Bij aankomst in de cuverie wordt al het fruit nogmaals gecontroleerd op kwaliteit voordat het wijnmaken kan beginnen.

Saumur blanc Les Damoiselles De witte Saumur wordt gemaakt van druiven die ultra-rijp zijn of aan de stokken zijn uitgedroogd of zelfs zijn aangetast door botrytis. Na het persen en bezinken wordt de wijn op traditionele wijze in de fust gemaakt, waarbij een opmerkelijk rijke, vette en weelderige wijn ontstaat die, ondanks de aanwezigheid van een aantal grammen restsuiker, in de mond perfect droog is. De geur intrigeert, exotisch met een vleugje acacia. In sommige jaren kan men in de afdronk ook de typische kruidigheid van botrytis proeven. Door zijn rijkdom en exotische karakter is deze originele wijn bij uitstek een geschikte partner voor gekruide gerechten als tonijnfilets *à l'indienne*.

- Andere geproduceerde witte wijnen: Coteaux de Saumur, Coteaux de Saumur Cuvée Sarah, Saumur Brut
- Rode wijnen: Saumur-Champigny Les Tennières, Saumur-Champigny Les Champs Fleuris, Saumur-Champigny Vieilles Vignes, Saumur-Champigny Vieilles Vignes Elevé en Fûts
- Eigenaars: Denis Rétiveau, Catherine en Patrice Rétif
- Wijnmakers: Patrice Rétif en Denis Rétiveau
- Oppervlakte gecombineerde wijngaarden: 25 ha
- Productie: 175.000 flessen
- Export: 2%
- Verkoop aan huis: ja
- Bezoek: ja

Uitgekozen wijn:
Saumur blanc Les Damoiselles

- Druivensoort: chenin blanc
- Gemiddelde leeftijd van de stokken: 30 jaar
- Oppervlakte wijngaard: 3 ha
- Bodem: kalkhoudende kleigrond
- Gemiddelde jaarproductie: 8000 flessen

DOMAINE DES
Champs Fleuris
Les Damoiselles
SAUMUR
APPELLATION SAUMUR CONTROLÉE
1998
Mis en bouteille au domaine par
RÉTIVEAU - RÉTIF
Viticulteurs
49730 Turquant - France
13% vol.
750 ml
Produit de France
LSB 01

Bij Gratien & Meyer, een onafhankelijk familiebedrijf van mousserende Saumur van een ongeëvenaarde kwaliteit, wordt strikt vastgehouden aan traditionele methoden. Dat sluit het gebruik van de laatste technologie niet uit, want zich niet op de hoogte houden van de laatste ontwikkelingen is iets wat geen enkele goede wijnmaker zich kan permitteren. Er wordt niet op de uitgaven besnoeid en niet op de kwaliteit beknibbeld en ook niet op de tijd, want goede wijn kan niet met middelmatige grondstoffen worden gemaakt en evenmin door haastige werkzaamheden in de kelder. Perfectionisme is het woord bij Gratien & Meyer, en de resultaten blinken je door het glas heen tegemoet.

Een jong ondernemend tweetal In 1864 begon de 23-jarige Alfred Gratien, geboren te Richelieu, ten zuiden van Chinon, zijn zaak in mousserende wijn in Saumur – en alsof dat nog niet genoeg was, stichtte hij hetzelfde jaar een champagnezaak in Epernay. Als partner nam hij een man uit de Elzas, Jean Meyer, en bij Gratiens voortijdige dood op de leeftijd van 44 jaar nam Meyer de leiding over de beide firma's op zich. Meyer werd opgevolgd door zijn zoon Albert, die de firma gedurende een jaar of veertig leidde tot aan zijn dood in 1965, toen de verantwoordelijkheden overgingen op zijn schoonzoon Eric Seydoux. Nu worden de activiteiten geleid door de volgende generatie Seydoux, Alain en Gérard.

Topkwaliteit fruit en zorgvuldig wijnmaken De firma bezit uitgestrekte koele kelders, uitgegraven in de tufstenen klif aan de oostkant van Saumur, die ideaal zijn voor het maken en het rijpen van wijn. Ze bezit ook 20 hectaren wijngaard, die het fruit leveren voor de stille wijnen – maar dat is slechts een klein deel van de hoeveelheid die nodig is om de uitgebreide reeks te maken die ze aanbiedt in de hoeveelheden die nodig zijn om de klanten tevreden te stellen. Die gemaakte hoeveelheid en de bereikte kwaliteit zijn onbetwistbaar een paradox, maar de verklaring ligt ongetwijfeld is de zeer strikte voorwaarden die de firma aan haar leveranciers stelt om zich te verzekeren van een regelmatige voorraad van fruit van topkwaliteit. Daarna is het 't werk in de kelders dat het verschil maakt. De productiemethoden waarmee de topcuveé mousserende Saumur van de firma wordt gemaakt, Flamme geheten, illustreert de aandacht voor details.

Saumur Brut Cuvée Flamme Alleen het mooiste sap, verkregen van de eerste persing van het fruit dat afkomstig is uit 15 verschillende locaties, wordt gebruikt voor de Flamme. Nadat de druiven lichtjes zijn geperst worden de sappen apart in roestvrijstalen vaten gevinifieerd en dan in de daaropvolgende lente gemengd door de keldermeester, die voor de nietvintagewijnen reservewijnen uit voorafgaande jaren gebruikt. Als hij tevreden is over zijn werk wordt de wijn gebotteld, wordt een beetje suiker en gist toegevoegd en dan worden de flessen naar de kelders gebracht, waar ze hun tweede alcoholische gisting ondergaan. Daarna rijpen ze. Wettelijk mag dit niet langer duren dan een jaar, maar Flamme rijpt tweemaal zo lang, wat de wijn een grote rijkdom, rondheid en een weelde aan kleine, hardnekkige belletjes geeft.

De wijn heeft een zeer geurig, subtiel bouquet van een grote elegantie. In de mond is hij glad en romig, met een zeer verfijnde fruitige smaak. Wat een harmonie en wat een finesse! Deze zeer chique wijn vormt een uitzonderlijk aperitief en kan aan tafel worden doorgedronken bij zoetwatervis of Sint-Jakobsschelpen in een roomsaus.

- Andere geproduceerde witte wijnen: Saumur Brut Cuvée de Minuit, Saumur Brut Cuvée Soleil, Saumur Demi-Sec Cuvée Délice, Saumur Dry Cuvée Harmonie, Crémant de Loire Brut Cuvée Royale, Saumur Château Gratien, Coteaux-de-Saumur Château Gratien, Saumur Les Sablières
- Rode wijnen: Vin rouge mousseux demi-sec Cuvée Cardinal, Saumur Champigny Château Gratien, Saumur Les Sablières
- Rosé wijnen: Saumur Brut Cuvée Flamme, Saumur Brut Cuvée Aurore
- Eigenaars: Alain en Gérard Seydoux
- Keldermeester: Nicolas François
- Oenoloog: Nicolas François
- Oppervlakte gecombineerde wijngaarden: 20 ha
- Productie: 2.000.000 flessen
- Export: 30%
- Verkoop aan huis: 9-12 uur en 14-18 uur
- Bezoek: ja

Uitgekozen wijn:
Saumur Brut Cuvée Flamme

- Druivensoorten: 53% chenin, 34% cabernet franc, 13% chardonnay
- Bodem: klei en kalkgrond
- Reservewijnen: 13%
- Geouderd op de lies: 2 jaar
- Dosage: 13 gr per liter
- Gemiddelde jaarproductie: 200.000 flessen

(Werkelijke hoogte van de fles 31,8 cm)

Cuvée Flamme
GRATIEN & MEYER
SAUMUR
PRODUCE OF FRANCE
103127 A
METHODE TRADITIONNELLE

Als men de poort doorgaat en het aardige château de Villeneuve aanschouwt, omringd door zijn goed onderhouden wijngaarden, kan men zichzelf bijna in Saint-Émilion wanen...en inderdaad, de cabernet franc is hier geen vreemdeling. Maar er is ook chenin blanc. Nee, hier zijn we op een steenworp afstand van Saumur en het wijngoed domineert de Loire. Hier zijn we bij Jean-Pierre Chevallier, een leidende producent die witte Saumur en rode Saumur-Champigny maakt van een zeer hoge kwaliteit.

Een uitzonderlijke wijngaard voor wit De Chevalliers, een wijnfamilie uit Souzay, kochten het bezit in 1969 en hebben het liefderijk gerestaureerd tot zijn huidige elegante staat. Na aan het Oenologisch Instituut in Bordeaux te zijn afgestudeerd, ging Jean-Pierre in 1982 op het wijngoed werken.

De wijngaard heeft een uitzonderlijk gunstige ligging, die zowel te danken is aan zijn zuid-oost-oriëntatie als aan zijn krijtachtige grond, die verfijnde en elegante wijnen voortbrengt. Dit land is uitermate geschikt voor de productie van witte kwaliteitswijnen, waarvan Chevallier altijd een grote liefhebber is geweest, en in lang vervlogen tijden maakte het gebied dan ook net zoveel rood als wit. De veranderende mode is echter verantwoordelijk voor de toenemende productie van de laatste.

Milieuvriendelijke wijnbouwpraktijken Na zijn aantreden heeft Chevallier geleidelijk aan de wijnbouwpraktijken verbeterd. In 1983 stopte hij met het gebruik van kunstmest, daarna experimenteerde hij met *enherbement*, het laten groeien van gras in de wijngaard. In 1985 begon hij met het uitdunnen van de oogst en, om te zorgen dat de opbrengst zo laag blijft dat de kwaliteit het hoogst is, laat hij nu nog maar zes knoppen aan de wijnstok zitten en elimineert hij zijscheuten. Andere verfijningen volgden, maar pas in 1993 was hij helemaal gelukkig met de door hem gemaakte wijn.

De experimenten en vernieuwingen gingen door. Sinds 1998 heeft hij het probleem van de rupsen aangepakt door de methode van *confusion sexuelle*. Door met behulp van honderden geurverstuivers de lucht te verzadigen met de geur van de vrouwelijke vlindersoorten Eudémis en Cochylis, raken de mannelijke vlinders gedesoriënteerd en kunnen ze hun partners niet meer vinden. Er wordt dus niet gepaard, er worden geen eitjes gelegd en uitgebroed en dus geen druiven vernietigd door de druivenrups.

Ultra-rijp fruit voor veel alcohol Al deze zorgen moeten resulteren in de oogst van ultra-rijpe druiven, of zelfs overrijpe voor bepaalde cuvées die Chevallier regelmatig maakt. Deze druiven, met een uitzonderlijk potentieel aan alcohol, zorgen ervoor dat hij niet hoeft te chaptaliseren. In de jaren dat dit potentieel meer is dan 13° maakt hij van het Grand Clos, dat het kasteel omringt, zowel een prachtige rode wijn als een uitgelezen witte Les Cormiers.

Saumur Les Cormiers De weelderige, rijpe chenin-druiven, geoogst in elkaar opvolgende *tries*, worden in een mix van nieuwe en één-jaar-oude fusten gevinifieerd en ouderen ook in het fust gedurende het grootste deel van een jaar. Per traditie vindt er geen malolactische gisting plaats, wat des te beter is, gezien de weelderigheid van de druiven. Les Cormiers is geweldig rijk en sappig, met een geurenreeks van kamperfoelie tot wit en soms tropisch fruit. Toch is hij in de mond fris en droog en daarom goed gezelschap voor delicatessen als asperges met morieljes. Deze wijn demonstreert exact de geweldige vooruitgang van de afgelopen jaren!

- Andere geproduceerde witte wijn: Saumur
- Rode wijnen: Saumur-Champigny, Saumur-Champigny Vieilles Vignes, Saumur-Champigny Le Grand Clos
- Eigenaar: SCA Chevallier Père & Fils
- Wijnmaker: Jean-Pierre Chevallier
- Oenoloog: Jean-Pierre Chevallier
- Oppervlakte gecombineerde wijngaarden: 25 ha
- Productie: 146.000 flessen
- Export: 30%
- Verkoop aan huis: ja
- Bezoek: 9-12 uur en 14-18 uur, (behalve zondags en feestdagen)

Uitgekozen wijn:
Saumur Les Cormiers

- Druivensoort: chenin blanc
- Gemiddelde leeftijd van de stokken: 30 jaar
- Oppervlakte wijngaard: 3 ha
- Bodem: kalksteen
- Gemiddelde jaarproductie: 8000 flessen

(Werkelijke hoogte van de fles 32 cm)

SAUMUR
APPELLATION SAUMUR CONTROLEE
LES CORMIERS
1 9 9 7
Chateau de Villeneuve
750 ML
MIS EN BOUTEILLE
A LA PROPRIETE

De familie Vatan staat allang bekend om de kwaliteit van haar Saumur-Champigny, maar haar reputatie is nooit zo wijdverspreid geweest als vandaag de dag. Nu maken Philippe en Georges Vatan wijnen van een opmerkelijke zuiverheid, rijkdom en harmonie, tot het genoegen van hun trouwe en bewonderende klanten. De gespecialiseerde pers heeft dat feit ook snel opgemerkt en elk jaar wordt een stroom loftuitingen over de familie uitgestort.

Een opmerkelijk bezit De Vatans hebben het geluk dat ze eigenaars zijn van het in het oog springende Château du Hureau, dat, met zijn rug gekeerd naar de tufstenen klif, een schitterend uitzicht heeft op de Loire. Met zijn mansardedak, zijn achthoekige toren met berenkoppen (*hureau* betekent 'oude beer' in het dialect van Anjou), zijn primitieve duiventil en kelders met tunnels tot diep in de klif, is het al met al een opmerkelijk bezit. De kelders worden uiteraard niet gebruikt voor toerisme, maar voor de meer ongehaaste, edele activiteit van het maken van wijn.

Duizenden uren zwaar zwoegen De familie heeft een mooi wijnhuis met 19 hectaren, gesitueerd op enkele van de beste terroirs. De stokken worden onderworpen aan nauwkeurige activiteiten om ze in uitstekende gezondheid te houden en hun oogst tot topkwaliteit en perfecte rijpheid te brengen. Duizenden uren worden elk jaar doorgebracht met handmatig zwoegen: het bewerken van de bodem op de traditionele manier, het zoveel mogelijk vermijden van kunstmatige producten, snoeien, uitdunnen van de trossen in de zomer als dat nodig is...en dan het selectief plukken van de oogst gedurende een aantal plukgangen door de wijngaarden, dan opnieuw sorteren bij aankomst in de kelders.

Het beste maken van verschillende percelen Van de 19 hectaren zijn er drie beplant met chenin. Deze wijngaarden liggen in de gemeente Dampierre, waar de bodems er bekend om staan dat ze geschikt zijn voor witte druiven. De stokken zijn oud en de Vatans maken er een droge Saumur mee en, als de natuur het toestaat, een moelleux Coteaux de Saumur... en een klein beetje sprankelende Brut, want wat stelt het leven voor zonder zo nu en dan een glas sprankelende feestdrank?

De overblijvende 16 hectaren zijn grotendeels beplant met cabernet franc waarmee Saumur-Champigny wordt gemaakt. Als de oogst in de kelders is en is ontsteeld en gekneusd, volgt een lange periode van weken en gisten van 25-30 dagen in de koude beschutting van de tufstenen kelders. Elk jaar worden drie verschillende wijnen gemaakt: La Grande Cuvée, een soepel, rijk mengsel van oude en jonge stokken, gemaakt voor de middellange termijn, en de cuvées Fevettes en Lisagathe, die afkomstig zijn van de mooiste percelen.

Saumur-Champigny Cuvée Lisagathe De nauwgezette aandacht voor details, zowel in de wijngaard als in de kelder, is merkbaar als men de Cuvée Lisagathe proeft. Dit is werkelijk een wijn die op alle manieren indrukwekkend is, qua diepte, verhouding, verfijning... De wijn heeft een blauwachtig zwarte tint, is verleidelijk aromatisch in de neus en streelt de mond met zijn zijde-achtige compositie, rijke fruit, onverwachte structuur en vlekkeloos evenwicht. Al deze vele kwaliteiten tezamen zorgen voor een opmerkelijk geheel. Mee uit, waardeert Lisagathe het gezelschap van rijke, verfijnde partners, zoals een tournedos Rossini.

- Andere geproduceerde rode wijnen: Saumur-Champigny Grande Cuvée, Saumur-Champigny Cuvée des Fevettes
- Witte wijnen: Saumur, Coteaux-de-Saumur, Saumur Brut
- Eigenaars: Philippe en Georges Vatan
- Wijnmaker: Philippe Vatan
- Oenoloog: Didier Countenceau
- Oppervlakte gecombineerde wijngaarden: 19 ha
- Productie: 130.000 flessen
- Export: 35%
- Verkoop aan huis: 9-12 uur en 14-17 uur (van maandag tot vrijdag)
- Bezoek: ja

Uitgekozen wijn:
Saumur Champigny Cuvée Lisagathe

- Druivensoort: cabernet franc
- Gemiddelde leeftijd van de stokken: 30 jaar
- Oppervlakte wijngaard: 3 ha
- Bodem: kalkrijke kleigrond
- Gemiddelde jaarproductie: 7000-13.000 flessen

(Werkelijke hoogte van de fles 32,2 cm)

Lisagathe
CHATEAU DU HUREAU
SAUMUR-CHAMPIGNY
APPELLATION SAUMUR-CHAMPIGNY CONTROLÉE
1998
750 ml
Philippe et Georges VATAN
DOMAINE DU HUREAU, VITICULTEURS . 49400 DAMPIERRE SUR LOIRE
MIS EN BOUTEILLE A LA PROPRIETE
Product of France
LSC 98L1

Domaine René-Noël Legrand

Rustig aan de gang gaan met de opdracht de best mogelijke wijn te maken van wat de natuur hem elk jaar biedt, interesseert René-Noël Legrand meer dan wat dan ook. Hij houdt zich afzijdig en is van nature wat zwijgzaam. Het is aan de serieuze wijnliefhebbers hem te ontdekken, een bezoek aan hem te brengen en zijn wijnen te proeven. En dat moeten ze ook zeker doen, want die wijnen zijn de moeite van het achterhalen waard.

Van vader op zoon De familie Legrand bezat in het gebied percelen land in de een of de andere vorm heeft dat land gecultiveerd sedert de dagen van de Franse Revolutie. Voorouders waren om beurten als arbeiders werkzaam in de landbouw of de wijnbouw of het waren kuipers. Soms kochten ze zelf een perceel en bewerkten dat voor wijnbouw, landbouw of veeteelt. Legrands vader maakte van 1947 tot 1976 wijn en hij begon en eindigde met een opmerkelijke vintage. René-Noël heeft alles van hem geleerd. Hij nam de zaak over in 1977...een vreselijk jaar, herinnert hij zich, en zegt daarbij te hopen zoiets nooit meer mee te maken

Erg bruikbaar gras Heden ten dage heeft het bedrijf 15 hectaren, die erg verspreid liggen en wel in de gemeenten Varrains, Chaintres, Chacé en Champigny. Legrand is een enthousiast voorstander van de methode *enherbement*; de aanwezigheid van Engels raaigras tussen de rijen wijnstokken is van onschatbare waarde, omdat het bijdraagt tot het beperken van de opbrengst en de regen opslurpt en zo verwaterde druiven voorkomt. *Enherbement*, vindt hij, is de grootste uitvinding van de jaren '90 van de twintigste eeuw.

Een kelder met een geschiedenis Wanneer de oogst eenmaal binnen is, wordt die naar de bovengrondse kelder gebracht, een omgebouwde schuur die één zijde vormt van de binnenplaats van het domein van Legrand, en die oorspronkelijk werd gebruikt voor de opslag van het hooi voor de paarden. In die schuur staan een handvol roestvrijstalen vaten, waarin het fruit weekt en gist gedurende een week of drie. Voor de onttrekking van tannine, kleur en aroma, wat zo belangrijk is voor de wijnen van Legrand, is er één uitgerust met een systeem van *autopigeage*, maar bij de andere vindt vanwege de kosten *remontage* plaats. Daarna genieten de wijnen van een lange élevage op fust in de ondergrondse tufstenen kelders.

De kelder werpt licht op de manier waarop vroegere generaties leefden, dus hij is een bezoek zeker waard: hier is een bron, daar een watertrog, hier een broodoven, daar een bekken om kleren in te wassen; hier is een alkoof waarin het varken werd gehouden en daar een ander voor het paard. Het oog valt op een plank met een eau-de-vie uit 1893 in medicijnflesjes. En natuurlijk liggen er vaten waarin Legrand zijn wijnen laat rijpen.

Saumur-Champigny Les Rogelins Al de Champignys van Legrand zijn rijk in extract. Dat geldt zeker voor Les Rogelins, die daarvoor in eikenhouten fusten, voornamelijk nieuwe, gedurende een lange periode mag rijpen. Het is een glorieuze donkere wijn, geurend naar aarde en rood fruit en nuances van specerijen, met een behoorlijke tanninerijke structuur die hem een rijpingspotentieel geeft van vele jaren. René-Noël Legrand mag dan een ietwat gereserveerd karakter hebben, maar datzelfde kan niet van zijn wijnen worden gezegd! Les Rogelins is ideaal bij rood vlees en wild – bijvoorbeeld een hertenbout geroosterd boven het vuur.

- Andere geproduceerde rode wijnen: Saumur-Champigny Les Terrages, Saumur-Champigny Les Lizières, Saumur-Champigny
- Witte wijnen: Saumur, Coteaux-de-Saumur
- Eigenaar: René-Noël Legard
- Wijnmaker: René-Noël Legrand
- Oenoloog: M. de Mianville
- Oppervlakte gecombineerde wijngaarden: 15 ha
- Productie: 120.000 flessen
- Export: 35%
- Verkoop aan huis: op afspraak
- Bezoek: op afspraak

Uitgekozen wijn:
Saumur-Champigny Les Rogelins

- Druivensoort: cabernet franc
- Gemiddelde leeftijd van de stokken: 15 jaar
- Oppervlakte wijngaard: 1 ha
- Bodem: kalkrijke kleigrond
- Gemiddelde jaarproductie: 6000 flessen

(Werkelijke hoogte van de fles 31,9 cm)

MIS EN BO
Les Rogelins
1997
SAUMUR CHAMPIGNY
Appellation Saumur Champigny Contrôlée
MIS EN BOUTEILLE À LA PROPRIÉTÉ
René-Noël Legrand
13, RUE DES ROGELINS - 49400 VARRAINS - FRANCE

Toen de jonge Thierry Germain eenmaal van Bordeaux naar de Loire was verhuisd, duurde het niet lang voordat hij zich had gevestigd op een wijngoed dat hij had gekocht. Daar ging hij wijnen maken. Al spoedig werd de grote kwaliteit van zijn Saumur-Champignys opgemerkt. Binnen tien jaar was zijn reputatie als een van de beste wijnmakers stevig gevestigd. Rood of wit, de productie van het Domaine des Roches Neuves toont het ware gevoel van zijn eigenaar voor de mogelijkheden van zijn opbrengst.

Een grote verscheidenheid aan bodemnuances Toen Germain het domein, dat sedert 1850 bestond, had gekocht, omvatte het 16 hectaren cabernet franc. Sedertdien hebben verstandige aankopen, zoals verschillende hectaren chenin blanc, de oppervlakte vergroot tot 22 hectaren.

Een van de krachten van het domein is dat zijn wijngaarden zijn samengesteld uit 34 percelen die verspreid liggen over de dorpen Varrains, Chacé, Saumur, Dampierre en Saint-Cyr. Deze vertegenwoordigen vele nuances van de aldaar geldende algemene grondsamenstelling van kalkhoudende kleigrond op een ondergrond van tufsteen, een kalkrijke rots die korrels kwarts en mica bevat.

Elk perceel met zijn eigen karakter Negentig procent van de wijn wordt gemaakt in de wijngaard, vertelt de onstuitbare Germain graag aan zijn bezoekers. Hij en zijn team zorgen dan ook een groot deel van het jaar voor de gezondheid van de stokken en verrichten alle noodzakelijke werkzaamheden die de biologische wijnbouw vereist. Met zoveel verschillende percelen kan Germain ernaar streven dat elk perceel zijn eigen karakter kan uitdrukken en naast alle andere taken wordt ervoor gezorgd dat de individuele terroirs door drastische oogstreducties hun eigens stem kunnen laten horen. Wanneer al het rijpe fruit zorgvuldig met de hand is geplukt en nauwkeurig op kwaliteit is gecontroleerd, stellen aparte vinificaties van de verschillende percelen de verschillende wijnen in staat hun eigen kenmerken tentoon te spreiden.

Natuurlijke transformatie van druiven in wijn Respect voor wat de natuur elk jaar brengt, daar gaat het Germain bij het wijnmaken om; al zijn wijnen zijn natuurlijk. In zijn kelders geen trucs of gefoezel, geen chaptalisatie, geen gebruik van vreemde gist, geen klaring, geen filtering...en vooral geen haast. Er worden drie verschillende cuvées van Saumur-Champigny gemaakt, evenals kleine hoeveelheden van de weelderige witte Insolite, gevinifieerd op fust zoals in de Bourgogne, van erg lage opbrengen van chenin-druiven. Elegantie en harmonie karakteriseren de rode basiswijn, die vol is in de mond. De cuvée Terres Chaudes is compacter en gestructureerder, met een krachtige geur van specerijen en een intense fruitigheid. Als de wijngaard fruit van voldoende kwaliteit levert, maakt Germain ook de Marginale.

Saumur-Champigny Marginale De superbe Marginale is een fantastische wijn van de cabernet franc. Hij lijkt wel zwart, heeft een sappig, romig aroma van zwart fruit en is in de mond zo mollig en weelderig dat zijn aanzienlijke structuur prachtig in bedwang wordt gehouden. Soms zijn de dominante aroma's mineraal, soms geroosterd en soms onthullen ze nuances van drop of pepermunt...en toch is Marginale altijd complex, mild en zeer hedonistisch! Een wildpastei is droomgezelschap voor deze schitterende wijn.

- Andere geproduceerde rode wijnen: Saumur-Champigny, Saumur-Champigny Terre Chaudes
- Witte wijn: Saumur Insolite
- Eigenaar: Thierry Germain
- Wijnmaker: Thierry Germain
- Oppervlakte gecombineerde wijngaarden: 22 ha
- Productie: 106.000 flessen
- Export: 40%
- Verkoop aan huis: op afspraak
- Bezoek: op afspraak

Uitgekozen wijn:
Saumur-Champigny Marginale

- Druivensoort: cabernet franc
- Gemiddelde leeftijd van de stokken: 45 jaar
- Oppervlakte wijngaard: 4 ha
- Bodem: kalkhoudende kleigrond
- Gemiddelde jaarproductie: 7000 flessen

DOMAINE DES ROCHES NEUVES
THIERRY GERMAIN
1997
MARGINALE
SAUMUR CHAMPIGNY
APPELLATION SAUMUR CHAMPIGNY CONTRÔLÉE
750 ML
THIERRY GERMAIN - DOMAINE DES ROCHES NEUVES - VARRAINS (M&L)
PRODUIT DE FRANCE

Een tiental jaren geleden was Saumur-Champigny een rage in de bistro's van Parijs. De smakeloze, nietszeggende wijnen die werden geschonken, droegen weinig bij tot hun imago van een kwaliteits-*appellation*. Dat er serieuze Saumur-Champigny is, zo serieus dat hij zich kan scharen onder de grootste rode wijnen van Frankrijk, realiseerde men zich toen niet zo goed, en nog niet. De *appellation* heeft veel te danken aan één familie. Dat zijn de Foucaults uit Chacé, die standvastig de waarde van de wijn in ere hebben gehouden en die bovendien een voorbeeld zijn voor alle opkomende jonge sterren van het gebied.

Mooi fruit en natuurlijke vinificatie De familie Foucault bezit ongeveer acht hectaren wijngaardland Saumur-Champigny, waar ze drie rode wijnen van maken onder het label Clos Rougeard. De basiswijn heet ook zo en is in werkelijkheid niet van één clos, maar van verschillende percelen. Er zijn twee andere wijnen van de specifieke lieux-dits Les Poyeux en Le Bourg. Daarnaast maken ze een zeer beperkte hoeveelheid witte Coteaux de Saumur.

Er is geen geheime formule voor het maken van wijn van topkwaliteit, delen de broers Charly en Nadi de bezoeker bescheiden mee; alleen fruit van topkwaliteit en een natuurlijke vinificatie volstaan. De wijnen van het Clos Rougeard bestaan voor 100% uit cabernet franc (cabernet sauvignon en pineau d'aunis zijn technisch toegestaan) en de wijnbouwmethoden zijn biologisch, zonder gebruik van synthetische producten, met een strenge reductie van de oogst en alleen plukken wanneer de druiven perfect rijp zijn.

Via beton en eiken naar glas In de eenvoudige gebouwen van de Foucaults vindt de *cuvaison* plaats in open betonnen vaten. Hij duurt lang, wel vier tot zes weken, en wordt dagelijks onderbroken door het betrappen van de vaste bestanddelen en het oppompen van de vloeistof en weer laten terugvloeien over de drijvende hoed met als doel kleur, tannine en aroma te onttrekken. Alleen de vrij-afgelopen wijn wordt daarna naar het fust getransporteerd om te rijpen.

De cuvée La Bourg oudert uitsluitend in nieuw eikenhout, terwijl Les Poyeux oudert in hout van één jaar en de generieke Clos Rougeard in hout van twee jaar. De gebruikte fusten van de Foucaults worden aangevuld met andere, afkomstig van de premiers crus Château Margaux, Latour en Haut-Brion uit de Bordeaux. Tot slot worden de wijnen gebotteld. Deze operatie geschiedt door middel van de zwaartekracht en zonder filteren en klaren. Daarna blijven de flessen gedurende een jaar of langer in de kelders van de Foucaults, voordat ze door de ongeduldige klanten kunnen worden gekocht.

Saumur-Champigny Les Poyeux Nadat hij 18 tot 24 maanden heeft gerijpt, is Les Poyeux goed uitgerust voor een lang en voornaam leven. Zijn zeer donkere kleur toont al aan welke rijke materie de proever wacht. Deze wijn is sappig en mollig en opmerkelijk tanninerijk en toch tegelijkertijd absoluut harmonieus. Aroma's van chocolade en pruimedanten maken, terwijl de wijn oudert – en reken maar dat hij daartoe in staat is –, plaats voor nuances van koffie, tabak en leer, afhankelijk van de kenmerken van de jaargang. De prachtige Les Poyeux had alle verfijning en opvoeding van een grote Bordeaux. Welk gerecht zou erbij passen? Nadi Foucault raadt zonder aarzelen een gebraden eend aan zoals die door Jacky Dallais wordt bereid in zijn restaurant *La Promenade* in Le Petits Pressigny.

- Andere geproduceerde rode wijnen: Saumur-Champigny Le Bourg, Saumur-Champigny
- Eigenaars: Foucault Frères
- Wijnmakers: Foucault Frères
- Oppervlakte gecombineerde wijngaarden: 10 ha
- Productie: 46.000 flessen
- Export: 30%
- Verkoop aan huis: ja
- Bezoek: op afspraak (max. 6 personen)

Uitgekozen wijn:
Saumur-Champigny Les Poyeux

- Druivensoort: cabernet franc
- Gemiddelde leeftijd van de stokken: 40 jaar
- Oppervlakte wijngaard: 2,7 ha
- Bodem: klei, kalksteen en vuursteen
- Gemiddelde jaarproductie: 10.000 flessen

1996
Rougeard
"Les Poyeux"
Champigny
Appellation Saumur Champigny Contrôlée
MIS EN BOUTEILLE A LA PROPRIÉTÉ PAR
FOUCAULT - Propriétaire-Récoltant - CHACÉ (France)
Produit de France

Op zijn indrukwekkende château te Parnay produceert Edouard Pisani-Ferry met prijzenswaardige regelmaat twee van de mooiste exemplaren van Saumur-Champigny. Zijn wijnen hebben een geheel eigen stijl: in een *appellation* waarin men van de andere leiders zegt dat hun wijnen de grootmoedigheid en kracht hebben van een Saint-Émilion of een Saint-Estèphe (en dit is ongetwijfeld een verrassing voor eenieder die alleen die Champigny heeft gedronken die in Parijse bistro's wordt geschonken), lijken de wijnen van het Château de Targé veel meer op een Margaux: elegant, verfijnd en harmonisch.

Restauratie van een verwaarloosd huis De seigneurie van Targé met zijn vier torens, oorspronkelijk een jachthut, kwam in 1655 in zijn familie door een voorvader die de privésecretaris was van Lodewijk XIV. Het huis werd later gebruikt door de Franse politici Gambetta en Jules Ferry. De wijngaard, waarvan tweederde in één blok ligt, is schitterend gelegen op de zeer kalkrijke heuvel die neerkijkt op de Loire. In het interbellum is het huis nogal verwaarloosd, maar Fresnette Ferry en haar echtgenoot Edgard Pisani hebben het weer opgeknapt en op orde gebracht.

Alles voor een betere kwaliteit Sedert hun zoon, een landbouwkundig ingenieur die is gespecialiseerd in wijnbouw, de verantwoordelijk voor het wijnhuis op zich heeft genomen, heeft hij veel verbeteringen aangebracht. Hij deed dit met name om ervoor te zorgen dat de kwaliteit van de grondstoffen bij aankomst in de cuverie uitstekend is, want, zo wordt hij niet moe zijn bezoekers op het hart te drukken, dat is het allerbelangrijkste. Gezonde druiven hebben uiteraard een gezonde omgeving nodig en daarom krijgen de stokken slechts weinig behandelingen en dan nog in beperkte doseringen; in bepaalde percelen mag er gras tussen de stokken groeien, wat ze dwingt hun wortels dieper te begraven; de opbrengsten worden redelijk laag gehouden en er wordt pas geplukt wanneer de druiven absoluut rijp zijn.

Naar meer rijkdom en aroma Vlak na zijn aantreden is Pisani-Ferry begonnen de oogst in kleinere manden binnen te brengen. Bovendien installeerde hij een transportband om de kwaliteit visueel te kunnen controleren voor het fruit wordt ontsteeld en het vat ingaat. Zijn volgende investering was apparatuur voor het controleren van de temperatuur, waardoor het aroma tijdens het gisten in de roestvrijstalen tanks beter wordt geconserveerd. Het tijdverslindende betrappen met de voeten is afgeschaft en een *pigeage*-installatie zorgt nu voor een betere extractie van kleur, tannine en aroma. En een logisch vervolg van dit alles was de schepping van een prestigecuvée en de aanschaf van fusten waarin deze kan ouderen.

Saumur-Champigny Cuvée Ferry Dit vervolg werd Cuvée Ferry gedoopt. Deze wijn wordt gemaakt van de oudere stokken en de mooiste percelen. Het fruit krijgt in de vaten en de kelders een speciale behandeling: *pigeages* en langere weking en dan rijpen op het fust, en zo worden al zijn mogelijkheden te voorschijn gebracht. Deze wijn is gemaakt voor doorwrochte gerechten, want naast zijn fijne structuur van rijpe tannines kan zijn vreugdevolle fruitigheid volledig tot zijn recht komen. Ferry's uitgelezen aroma's van rood fruit en hummus, brede gecorseerdheid en perfecte harmonie, maken de wijn zeer geschikt voor een ossenhaas in briochedeeg.

- Andere geproduceerde rode wijn: Saumur-Champigny
- Witte wijn: Saumur
- Eigenaar: Edouard Pisani-Ferry
- Oenoloog: Anne Blain
- Oppervlakte gecombineerde wijngaarden: 24 ha
- Productie: 160.000 flessen
- Export: 30%
- Verkoop aan huis: 8-12.30 uur en 14-18 uur (behalve zondags en feestdagen)
- Bezoek: ja (zaterdags op afspraak)

Uitgekozen wijn:
Saumur-Champigny Cuvée Ferry

- Druivensoorten: 95% cabernet franc, 5% cabernet sauvignon
- Gemiddelde leeftijd van de stokken: 30 jaar
- Oppervlakte wijngaard: 24 ha
- Bodem: kalkrijk
- Gemiddelde jaarproductie: 10.000 flessen

SAUMUR CHAMPIGNY
APPELLATION SAUMUR CHAMPIGNY CONTROLEE
1997
1997
CHÂTEAU DE TARGÉ
MIS EN BOUTEILLE AU CHATEAU

Naast de kerk in het centrum van het dorp Saint-Nicolas-de-Bourgeuil ligt een klein wijnhuis dat in wijngidsen regelmatig wordt geprezen om de kwaliteit van zijn productie. Het Domaine du Bourg maakt drie rode wijnen en een rosé, allemaal met de appellation Saint-Nicolas-de-Bourgeuil. Al deze wijnen zijn voorbeelden van harmonie, zuiverheid en authenticiteit.

Warme bodem, koude bodem en oude stokken Het Domaine du Bourg is het eigendom van Jean-Paul Mabileau. Hij behoort tot de vierde generatie van een familie die dit bedrijf, gesticht aan het eind van de 19de eeuw, beheert, maar men bespeurt een zekere trots in zijn stem als hij vertelt dat er al sedert 1620 Mabileaus in het dorp wonen.

Het bedrijf heeft vijftien hectaren beplant, die bestaan uit ongeveer dertig percelen, verspreid over de hele appellation Saint-Nicolas. Gekscherend duidt hij zijn methoden van wijnbouw aan als "lutte raisonnable" – hier geen biodynamische principes – een methode die erop neerkomt dat de grond traditioneel wordt bewerkt en minimaal gebruik wordt gemaakt van synthetische insecticiden. Door middel van kort snoeien en het verwijderen van overtollige trossen voordat het sap wordt gevormd, worden de opbrengsten beperkt tot 45 hectoliter per hectare. De overgrote meerderheid van de dertig percelen ligt op een lichte, warme bodem van zand en kiezel met een goede afwatering, die lichte, soepele en fruitige wijnen oplevert. Deze worden verkocht onder het etiket Les Graviers en vertegenwoordigen het leeuwendeel van de productie van het wijnhuis. De overblijvende percelen liggen op de hellingen van kalkhoudende kleigrond, waar de koudere bodems zorgen voor vollere wijnen die meer tijd nodig hebben om op dronk te komen. Hun opvoeding duurt langer dan die van de Les Graviers, omdat ze tijd nodig hebben om hun complexiteit te ontwikkelen, ademend door de poriën van de eikenhouten fusten. Mabileau maakt een derde rode wijn van stokken die meer dan veertig jaar oud zijn, de Cuvée Prestige, die nog meer complexiteit en gewicht heeft.

Rijpen in eikenhout Afhankelijk van hun geboortegrond worden de druiven na het ontstelen overgebracht in roestvrijstalen tanks of in open houten vaten. Daar laat Mabileau ze gisten, meestal bij 28-31°C gedurende een periode van 3-4 weken. Een aantal malen per dag voert hij *pigeages* uit om kleur, geur en tannine aan de schillen te onttrekken. Het rijpen gebeurt in eikenhouten fusten, die daarvoor al twee of meer jaargangen hebben mogen huisvesten. Het rijpen duurt 6 tot 12 maanden, afhankelijk van de wijn en de kwaliteit van de jaargang.

Saint-Nicolas-de-Bourgeuil Les Graviers Deze cuvée is misschien het meest representatief voor het kenmerkende karakter van de Saint-Nicolaswijnen – het is een half zware, frisse en sappig fruitige wijn met een delicate structuur van tannine en zuren die hem de mogelijkheid geeft om te ouderen. Zoals altijd het geval is in het Loire-dal, is er een opmerkelijk verschil in de jaargangen: Les Graviers 1998 is heel fris, harmonieus en verleidelijk, maar heeft toch weinig uitzicht op ontwikkeling; terwijl de jaargang 1997 breder en molliger is, met meer sappigheid en een groot ouderingsvermogen. Deze wijn, met een uitstekende prijs-kwaliteitsverhouding, gaat perfect samen met een ragout van konijn.

- Andere geproduceerde rode wijnen: Saint-Nicolas-de-Bourgueil Clos Lorioux, Saint-Nicolas-de-Bourgueil Cuvée Prestige
- Rosé wijn: Saint-Nicolas-de-Bourgeuil
- Eigenaar: Jean-Paul Mabileau
- Wijnmaker: Jean-Paul Mabileau
- Oenologisch advies: Laboratorium van Benais
- Oppervlakte gecombineerde wijngaarden: 15 ha
- Productie: 100.000 flessen
- Export: 10%
- Verkoop aan huis: ja
- Bezoek: ja

Uitgekozen wijn:
Saint-Nicolas-de-Bourgueil Les Graviers

- Druivensoort: cabernet franc
- Gemiddelde leeftijd van de stokken: 30 jaar
- Oppervlakte wijngaard: 13 ha
- Bodem: zand en kiezel
- Gemiddelde jaarproductie: 60.000 flessen

«Cuvée Les Graviers»
Coup de Cœur Guide Hachette 2000
1997
DOMAINE DU BOURG
Nicolas-de-Bourgueil
Saint-Nicolas-de-Bourgueil contrôlée
Mis en bouteilles à la propriété
MABILEAU, Viticulteur à St-Nicolas-de-Bourgueil
37140 Bourgueil - France

Ongecompliceerd, hedonistisch genot, dat schenken de wijnen van de familie Taluau. Het zijn voorbeelden uit het handboek van Saint-Nicolas-de-Bourgueil, sappig en fruitig, geurig en erg verleidelijk. Maar laat vooral niemand denken dat ze eenvoudig zijn of op welke wijze dan ook gecorseerdheid en complexiteit missen!

Vijf verspreid liggende wijngaarden Joël en Clarisse Taluau kochten in 1970 hun bezit in Chevrette dat, omringd door wijngaarden, net achter het restaurant Moulin Bleu ligt. In die tijd omvatte het 2,2 hectaren wijnstokken, geplant in de lieu-dit Beau-Puy, en vijf hectaren zonder stokken. Maar sindsdien zijn ze beplant en in 1991 kochten ze nog een wijngaard in de lieu-dit Vau Jaumier. Voeg hierbij nog twee verspreid liggen percelen Saint-Nicolas en Bourgeuil en dan krijgt men het mooie bezit van twintig hectaren van de Taluaus.

De zuivere fruitigheid van cabernet franc Taluau en zijn schoonzoon Thierry Foltzenlogel maken vier wijnen Saint-Nicolas-de-Bourgeuil en een Bourgeuil. De wijnen belichamen de verrukkelijke fruitigheid van de cabernet franc. Vinificatie in roestvrijstaal, gevolgd door rijpen in hetzelfde medium, is het stevig verankerde beleid van de familie.

In de eerste *appellation* gaat de productie van stokken van minder dan twintig jaar oud in de cuvée Jeunes Vignes (voor de meeste telers betekent jeune minder dan tien jaar!); en hoewel de stokken op heuvels van kiezelhoudende klei en kalksteen groeien, leveren ze fruitige, lichte wijnen op die jong moeten worden gedronken. De druiven van stokken tussen de twintig en veertig jaar groeien op dezelfde grond en vormen de grondstof van de Cuvée du Domaine. Het voordeel van de leeftijd is hier duidelijk, want de wijn is zowel rijker als complexer, met een zeer verleidelijke geur van rood fruit; een flinke tanninerijke structuur stelt deze wijn in staat een jaar of vijf in de fles te ouderen. Vau Jaumier kwam voor de eerste keer met de jaargang 1998 op de markt toen de stokken zes jaar oud waren. Dit perceel heeft een bodem van kalkhoudende kleigrond en een schitterende ligging; eerste jaargangen, met hun zeer elegante, zijde-achtige karakter en mooie pruimengeur, zijn veelbelovend.

De Taluaus hebben ook drie hectaren stokken in Bourgueil, prachtig gelegen op hellingen van kiezelhoudende klei en kalksteen. De twintig tot veertig jaar oude planten produceren een wijn die wat steviger is en wat meer tannine bevat dan de drie Saint-Nicolaswijnen. Deze Bourgeuil-wijnen hebben zeker zes jaar nodig om zich te openen; daarna kan men er nog een jaar of tien van genieten.

Saint-Nicolas-de-Bourgueil Vieilles Vignes De meest indrukwekkende wijn van Taluau en Foltzenlogel wordt echter gemaakt van hun oudste, meer dan veertigjarige stokken Saint-Nicolas die groeien in kalkhoudende kleigrond. Het liberale gebruik van *pigeages* om kleur, tannine en aroma aan de schillen te onttrekken is niet zonder effect gebleven: deze wijn heeft een tamelijk diepe kleur en een weelderige geur van pruimen en rood fruit. In de mond is hij breed, rijk en sappig met een aanzienlijke structuur en een goed evenwicht. Het is prima gezelschap voor gevulde lamsschouder.

- Andere geproduceerde rode wijnen: Saint-Nicolas-de-Bourgueil Jeunes Vignes, Saint-Nicolas-de-Bourgueil Le Vau Jaumier, Saint-Nicolas-de-Bourgueil Cuvée du Domaine, Bourgueil
- Eigenaar: Joël Taluau
- Wijnmaker: Joël Taluau
- Oppervlakte gecombineerde wijngaarden: 20 ha
- Productie: 146.000 flessen
- Export: 25%
- Verkoop aan huis: 9-12 uur en 14-18 uur (behalve zondags)
- Bezoek: ja

Uitgekozen wijn:
Saint-Nicolas-de-Bourgueil Vieilles Vignes

- Druivensoort: cabernet franc
- Gemiddelde leeftijd van de stokken: 50 jaar
- Oppervlakte wijngaard: 3,5 ha
- Bodem: kalkhoudende kleigrond
- Gemiddelde jaarproductie: 20.000 flessen

JOËL TALUA
-de-Bourgueil
Saint-Nicolas-de-Bourgueil Contrôlée
VIEILLES VIGNES
1998
12,5%alc.vol.
vinifié, élevé et mis en bouteille par
Vignerons à Chevrette, 37140 Saint-Nicolas-de-Bourgueil - France
PRODUCE OF FRANCE

Grenzend aan het huis Taluau ligt dat van Lydie en Max Cognard-Taluau, waar de bezoeker door de enthousiaste eigenaars een warm welkom wordt bereid en waar een proeverij enkele prachtige sappige en harmonieuze wijnen onthult.

Een dramatische ontdekking Deze wijnen zijn het resultaat van onvermoeibaar experimenteren. Het avontuur begon toen Max met Lydie trouwde en zij in het bezit kwamen van 2,5 hectaren van haar vaders druivenstokken. Een algemene agrarische opleiding had hem niet echt voorbereid op het telen van druiven en het maken van wijn. In de begindagen moest er dan ook veel worden bijgeleerd.

Aanvankelijk duizelde het de jonge man van de vele laatste producten en technologieën, waarvan de deugden uitvoerig werden opgehemeld door verkopers die de deur bij hem plat liepen. En, zoals hij vol zelfspot toegeeft, toen kwam er een dag waarop hij tot de dramatische ontdekking kwam dat hij hierdoor zo in beslag werd genomen dat hij het belangrijkste vergat, de wijnstokken! Sinds die dag krijgt de natuur prioriteit en zijn de zaken dan ook zeer verbeterd.

Idealisme en realisme Het temmen van de natuurlijke uitbundigheid van de druivenstok en het beperken van de opbrengst tot een redelijk niveau, komen op de eerste plaats. Daarvoor heeft Cognard zich al vroeg bekeerd tot *enherbement*, het laten groeien van gras tussen de stokken. Sinds 1996 gebruikt hij, evenals veel wijnbouwers in dit gebied, een oogstmachine en hij verdedigt dit door erop te wijzen dat vóór de oogst in de wijngaarden een serieuze selectie van het fruit plaatsvindt, waardoor onrijpe en rottende trossen worden verwijderd – iets wat vooral in klimatologisch moeilijke jaren belangrijk is. Het gebruik van een machine heeft als groot voordeel dat zo lang mogelijk kan worden gewacht (bijvoorbeeld tot de dauw is opgedroogd) en dat er dan snel kan worden gewerkt – en dat was beslist een zegen tijdens de stortbuien gedurende de oogsttijd van 1998 en 1999.

Het terroirkarakter bewaren Het wijnmaken vindt plaats in een mooie loods met air-conditioning die in 1985 is gebouwd. De oogst wordt gevinifieerd en gerijpt in roestvrijstaal, dat essentieel wordt gevonden voor het behoud van het karakter van het fruit en het terroir. De hele tros wordt ontsteeld en na een korte weking brengt de eigen natuurlijke gist van het fruit de gisting op gang. Tegenwoordig laat Cognard de wijnen om ze meer rijkdom te geven wat langer rijpen op hun lies dan in het verleden, en hij filtert ze voor het bottelen slechts minimaal, opdat ze niets van hun karakter verliezen.

Saint-Nicolas-de-Bourgeuil Les Malgagnes De beste wijn komt van het perceel Malgagnes op een helling achter het huis, waar de kiezelhoudende kleibodem gestructureerde wijnen met een groot rijpingspotentieel voortbrengt. Toch komt de Malgagnes pas echt goed tot zijn recht in hete jaren. Dit wordt bevestigd door het proeven van verschillende jaargangen. De jaargang 1998, die alle charme en zuivere fruitigheid heeft die men zich maar kan wensen, is toch duidelijk een wijn waarmee niet al te lang moet worden gewacht. Het verschil met de jaargang 1997 is groot: in dat jaar viel in september geen spatje regen en de wijn heeft dan ook een zeer krachtige neus, waarin men de droogte en de hitte kan ruiken. Hij is rijk, mollig en rijp met een mooie structuur van rijpe tannine die hem door zijn jeugd zal leiden. Les Malgagnes, in de betere jaren een echte bewaarwijn, kan het beste worden gedecanteerd en dan, zoals Max Cognard aanraadt, bij gebraden ossenhaas worden gedronken.

- Andere geproduceerde rode wijnen: Saint-Nicolas-de-Bourgueil Cuvée Estelle, Bourgueil Les Tuffes
- Rosé wijn: Bourgueil
- Eigenaar: Lydie Cognard
- Wijnmaker: Max Cognard
- Oppervlakte gecombineerde wijngaarden: 10 ha
- Productie: 66.000 flessen
- Export: 8%
- Verkoop aan huis: ja
- Bezoek: ja (tijdens weekeinden op afspraak)

Uitgekozen wijn:
Saint-Nicolas-de-Bourgueil Les Malgagnes

- Druivensoort: cabernet franc
- Gemiddelde leeftijd van de stokken: 25 jaar
- Oppervlakte wijngaard: 2 ha
- Bodem: kiezelhoudende klei
- Gemiddelde jaarproductie: 13.000 flessen

Saint-Nicolas de Bourgueil
Appellation St Nicolas de Bourgueil Contrôlée
Lydie et Max Cognard-Taluau
CUVÉE LES
Malgagnes
1997
12,5% Vol.
750 ml.
Mis en bouteille à la propriété
Chevrette - 37140 Saint-Nicolas-de-Bourgueil - FRANCE
PRODUIT DE FRANCE

De eerbiedwaardige abdij van Bourgueil heeft een wijngaard, een prachtige clos van oude stokken, die sedert 1974 worden bewerkt door twee jonge mannen, Michel Lorieux en Jean-Baptiste Thouet. De kwaliteit van dit land en het talent en het perfectionisme van deze twee mannen hebben geresulteerd in een schitterende wijn waarin het terroir tot uitdrukking komt evenals een rijke fruitigheid, passend gemarkeerd door de aard van de jaargang. Eenmaal in Bourgueil dient een wijnliefhebber hier kennis te gaan maken en de wijnen te proeven!

Een centraal deel van de abdij De wijngaard was zeer waarschijnlijk de eerste van Bourgueil. Sedert zijn schepping, duizend jaar geleden, heeft de abdij alle lotgevallen van de afgelopen eeuwen doorstaan – aanvallen door de Engelsen in de 14de eeuw, plunderingen door de protestanten in 1562, confiscatie tijdens de Revolutie, gedeeltelijke sloop en verbouw tot een likeurfabriek in de 19de eeuw, opnieuw een verbouw tot een militair ziekenhuis tijdens de Eerste Wereldoorlog. In de Middeleeuwen is de wijngaard ongetwijfeld een centraal deel van de abdij geweest en voorzag hij de monniken en hun gasten van wijn. De Gemeenschap van de Zusters van Saint Martin kwam er in 1828 wonen en ondanks het feit dat ze er gedurende het grootste deel van de eerste helft van de twintigste eeuw steeds weer uit zijn gejaagd, zitten de zusters er vandaag de dag nog steeds.

Een grondige kennis van het land De wijngaard is samengesteld uit een laag kiezels van 5-8 meter dik, perfect voor de afwatering en zo arm dat de wortels van de stokken diep moeten graven om de kalkrijke kleibodem waarop de kiezels liggen te kunnen bereiken. De hele wijngaard is ommuurd en dat zorgt voor beschutting tegen de barheid van het plaatselijke klimaat. De stokken vallen in verschillende leeftijdsgroepen – er is een hectare met jonge stokken, 4 hectaren met stokken met een leeftijd tussen de 20 en 35 jaar oud en 1,8 hectaren met stokken die voor 1910 zijn aangeplant!

Lorieux en Thouet namen het bedrijf over toen zij in militaire dienst zaten. De Zusters hadden voor die tijd hun wijn meestal in het groot verkocht, maar de jongemannen hadden grotere plannen. Zij gingen aan het werk, ploegden en snoeiden en leerden zo langzaam maar zeker het land grondig kennen. In 1998 gingen zij verder met hun streven naar kwaliteit door op een biologische manier te gaan werken, alle synthetische producten af te zweren en alleen, indien nodig, gewoon kopersulfaat te gebruiken als bescherming tegen zaken als meeldauw. Beperking van de opbrengst, nooit oogsten voordat de druiven perfect rijp zijn en handmatig plukken, zijn de voornaamste kwaliteitsfactoren.

Bourgueil Nadat de druiven zijn geplukt worden ze totaal ontsteeld en dan zowel in roestvrijstalen als in houten vaten gevinifieerd. De *cuvaison* duurt tussen de 15 tot 20 dagen, daarna rijpt de wijn in tonnen en roestvrijstaal gedurende 12 tot 15 maanden, afhankelijk van de rijkdom van de jaargang. De resulterende diep robijnrode vloeistof heeft in de mond een grote rijkdom en complexiteit en een mollige sappigheid, die de belangrijke structuur ontwikkelt waarmee hij is gewapend. Deze heerlijk fruitige Bourgueil, met terroirnuances van aarde, rook en zelfs krijt, afhankelijk van de jaargang, is een zeer elegante en verrukkelijke wijn, waarvan het genot wordt verhoogd door het gezelschap van gesmoorde ham of zelfs in de oven gebakken tarbot.

- Eigenaar: Congrégation des Soeurs de Saint-Martin
- Directeuren: Michel Lorieux en Jean-Baptiste Thouet
- Wijnmakers: Michel Lorieux en Jean-Baptiste Thouet
- Oenoloog: Maison Charlot
- Export: 5%
- Verkoop aan huis: ja
- Bezoek: nee

Uitgekozen wijn:
Bourgueil

- Druivensoort: cabernet franc
- Gemiddelde leeftijd van de stokken: 40 jaar
- Oppervlakte wijngaard: 6,8 ha
- Bodem: kiezel op kleigrond
- Gemiddelde jaarproductie: 40.000 flessen

1997
Clos de
l'Abbaye
Bourgueil
Appellation Bourgueil Contrôlée
mis en bouteille à l'Abbaye
Viticulteur - 37140 Bourgueil - Tél. 02 47 97 78 30
Produit de France

De wijngaarden van Bourgeuil produceren enkele van de meest karaktervolle rode wijnen van het Loire-dal met een groot potentieel om te ouderen en in de fles te verbeteren. Weinige daarvan hebben zoveel persoonlijkheid als die welke worden gemaakt door Catherine en Pierre Breton, die in hun korte loopbaan een goede en welverdiende internationale reputatie hebben opgebouwd.

Verlies voor de coöperatie Dit jonge wijnhuis werd gesticht toen Pierre omstreeks 1990 de wijngaarden van zijn grootvader overnam. Tot aan die tijd was het fruit van deze wijngaarden in de vaten van de plaatselijke coöperatie terechtgekomen, maar Pierre hield er andere ideeën op na!

Beginnen kostte een veel werk en investeringen, want in de wijngaard viel veel te doen – de coöperatie had zich nauwelijks druk gemaakt om de kwaliteit van het geleverde fruit – en alle voorzieningen voor het maken van wijnen moesten worden aangeschaft. Ook moest er ruimte worden geschapen om die te huisvesten en de wijn te maken.

Natuurlijk en authentiek Vanaf het allereerste begin wilden de Bretons dat hun wijnen zo natuurlijk en authentiek mogelijk zouden worden. Daarom bewerken zij hun 14 hectaren wijngaard biologisch en passen waar mogelijk biodynamische grondregels toe, met als allerhoogste doel het micro-organische leven in de bodem te bewaren, zodat de stokken gezonder worden en aldus druiven met meer smaak voortbrengen. Dit wordt bereikt door een natuurlijke (traditionele) bewerking van de grond. Dat houdt onder meer in dat de stokken in de winter met aarde en organische mest worden afgedekt en in de lente weer worden blootgelegd, dat het onkruid door schoffelen wordt verwijderd en dat de verschillende ziekten of aantastingen van de stokken worden behandeld met producten als zwavel en Bordeauxse pap in plaats van met meer schadelijke producten die in de bodem doordringen en zo in de wortels terechtkomen.

Geen gebruik van zwavel De oogst geschiedt met de hand, zodat elk stukje fruit van onvoldoende kwaliteit en rijpheid kan worden verwijderd en er tijdens dit proces geen zwavel hoeft te worden toegevoegd en ook niet wanneer de druiven het vat ingaan. De geoogste druiven worden in ondiepe kisten gelegd, zodat het fruit niet gekneusd raakt, en worden per perceel en per pluktijd apart gevinifieerd. De gisting, die zowel in roestvrijstalen tanks als in open houten vaten plaatsvindt, komt tot stand met behulp van de eigen gist van de druiven. Er wordt minimaal gechaptaliseerd en er worden geen enzymen of andere vitaminen gebruikt. Daarna worden de wijnen niet gefilterd en alleen als zulks absoluut noodzakelijk is overgestoken en geklaard.

Bourgeuil Cuvée Nuits d'Ivresse Enkele van de wijnen van Breton hebben een tijd in de kelder nodig om hun complexe persoonlijkheden te onthullen, terwijl andere, zoals de Nuits d'Ivresse, veel plezier schenken als ze jong worden gedronken, zelfs al worden ze beter als ze ouder zijn. De Nuits d'Ivresse, een drank met een opmerkelijk aroma en een mooie zuiverheid, is een selectie van de opbrengst van oude stokken van de kalkhoudende kleigrond van Benais en Restigné. Het is een prachtig rijp voorbeeld van een Bourgeuil, breed en sappig, met een mooie structuur van rijpe tannines die hem een lang leven garanderen. Hij is absoluut natuurlijk; er valt geen spoortje chemische anti-oxidant in deze wijn te ontdekken – hij is gegarandeerd hoofdpijnvrij! – en daarom moet hij bij 14°C worden opgelegd. Als het tijd is om hem te ontkurken, kunt u hem schenken bij gebraden eend met meiraapjes.

- Andere geproduceerde rode wijnen: Bourgueil Les Galichets, Bourgueil Grandmont, Bourgueil Les Perrières, Bourgueil Trinch, Bourgueil Clos Sénéchal, Chinon Beaumont, Chinon Les Picasses, Chinon Moulins de Beaupuy
- Eigenaars: Catherine en Pierre Breton
- Wijnmaker: Pierre Breton
- Oenoloog: Pierre Breton
- Oppervlakte gecombineerde wijngaarden: 14 ha
- Productie: 55.000 flessen
- Export: 40%
- Verkoop aan huis: op afspraak
- Bezoek: op afspraak

Uitgekozen wijn:
Bourgeuil Nuits d'Ivresse

- Druivensoort: cabernet franc
- Gemiddelde leeftijd van de stokken: 50 jaar
- Oppervlakte wijngaard: 2 ha
- Bodem: kalkhoudende kleigrond
- Gemiddelde jaarproductie: 7000 flessen

d'ivresse
1998
BOURGUEIL
Bourgueil Contrôlée
bouteille à la propriété par
ET PIERRE BRETON
F.37140 RESTIGNE · VAL DE LOIRE
Red Loire Wine
filtration, à base de raisins issus de l'agriculture
par Ecocert, doit être stocké en dessous de 14°C.

Een plek waar de leeuwerik zingt", is de vertaling van deze suggestieve naam. Het witstenen huis La Chanteleuserie, omgeven door zijn wijnstokken en met het Bois des Vaux op de achtergrond dat de pastorale sfeer completeert, is de bron van enkele hoge Bourgueils. Thierry Boucard, de jonge eigenaar, weet wat hij doet en heeft duidelijk plezier in zijn werk, en uit zijn wijnen blijkt dat.

Elk jaar is anders Boucard behoort tot de zevende generatie van zijn familie die het huis, gesticht in 1882, leidt. Hij leerde de hoofdzaken op het wijnbouwlyceum te Montreuil-Bellay en ging in 1985 bij zijn vader werken. Na negen jaar teamwerk ging Boucard senior met pensioen, zijn zoon met de volle verantwoordelijkheid achterlatend.

Boucard heeft zijn prioriteiten prima op een rijtje: hoge wijn ontstaat door het produceren van excellente druiven. Aangezien het klimaat van het ene jaar niet lijkt op dat van het andere, moet men elk jaar nemen zoals het is, zich eraan aanpassen en zeker nooit verstrikt raken in vastgeroeste gewoonten. Boucard werkt dan ook elk jaar anders.

Tijd in de wijngaard De Bourgueils komen allemaal uit het gebied rond Benais, dat zeer bekend is om de productie van stevige, gestructureerde wijnen. Men hecht groot belang aan het beperken van de oogst tot een redelijk niveau. Met dat doel voor ogen ziet men Boucard in zijn wijngaard terwijl hij de stokken aan het eind van het jaar zeer kort terugsnoeit, alle overbodige trossen in mei en juni afknipt en in midden juli de oogst, soms tot de helft, uitdunt. Het uitdunnen van de oogst gebeurt niet alleen om de opbrengst te beperken, maar bevordert ook de homogeniteit, want Boucard oogst machinaal, wat hij zeer geschikt vindt, als maar eerst deze voorzorgsmaatregelen zijn genomen. De wijngaard wordt zo ecologisch mogelijk verbouwd, met beplanting met gras om de wortels van de stokken te dwingen zich diep in te graven en zo regenwater en vocht op te zuigen.

Elk vat reguleert zichzelf Het fruit van de verschillende locaties en bodemsoorten wordt apart gevinifieerd. Na het ontstelen wordt het in open houten of cementen vaten geladen en weekt en gist het met behulp van zijn eigen gist gedurende 12-21 dagen. Deze periode wordt onderbroken door betrappen of door het oppompen van de vloeistof en deze uit te sproeien over de drijvende hoed van vaste bestanddelen om daaraan zoveel mogelijk kleur, tannine en aroma te onttrekken. De temperatuur wordt niet automatisch gecontroleerd, maar elk vat reguleert zichzelf; Boucard blijft uiterst waakzaam, want hij heeft het meegemaakt dat een vat de 38°C kan bereiken, maar tot nu toe is alles altijd goed gegaan!

De lichtere wijnen rijpen dan in roestvrijstaal, terwijl de *vins de garde* worden overgebracht naar de *foudres* of naar zijn *demi-muids* van 500 liter, waarin zij hun malolactische gisting ondergaan (die de wijnen ronder maakt). Daarna rijpen ze gedurende het grootste deel van een jaar of langer.

Bourgeuil Cuvée Beauvais Van stokken die op een helling van kalkhoudende kleigrond staan, maakt Boucard de geweldige Beauvais, een warmkleurige, gecorseerde en tanninerijke wijn die zeker tiental jaar nodig heeft om zich te openen... en toch is het fruit en zijn tannine over het algemeen zo rijp en het brede vlees zo sappig, dat zelfs in zijn jeugd echt plezier aan de wijn kan worden beleefd. Zijn uitgelezen aroma's van zwart fruit en drop zullen het zeer goed doen bij een gebraden eend met meiraapjes. Oudere flessen zullen beslist bevriend raken met een *coq au vin* of met wild.

- Andere geproduceerde rode wijnen: Bourgeuil Cuvée Vieilles Vignes, Bourgueil Cuvée Marion, Bourgueil Cuvée Alouettes, Saint-Nicolas-de-Bourgueil Cuvée Irène
- Rosé wijnen: Bourgeuil, Touraine Méthode Traditionelle
- Eigenaar: Thierry Boucard
- Wijnmaker: Thierry Boucard
- Oppervlakte gecombineerde wijngaarden: 20 ha
- Productie: 146.000 flessen
- Export: 15%
- Verkoop aan huis: ja
- Bezoek: 8-12 uur en 14-18 uur

Uitgekozen wijn:
Bourgueil Cuvée Beauvais

- Druivensoort: cabernet franc
- Gemiddelde leeftijd van de stokken: 35 jaar
- Oppervlakte wijngaard: 2 ha
- Bodem: kalkhoudende kleigrond
- Gemiddelde jaarproductie: 10.000 flessen

1997
DE LA CHANTELEUSERIE
Depuis 1822
BOURGUEIL
Appellation Bourgueil Contrôlée
MIS EN BOUTEILLE A LA PROPRIÉTÉ PAR
VIGNERON - 37140 BENAIS - FRANCE
PRODUCT OF FRANCE

Er kunnen weinig meer overtuigende en prettige manieren zijn om de cabernet franc te verkennen en de mogelijkheden die deze druif heeft in de bodems van Bourgueil, dan een bezoek aan Pierre Caslots Domaine de la Chevalerie. Hier ontmoeten we een man die enthousiasme en hartstocht uitstraalt voor zijn leven als teler en die begrijpelijk trots is op zijn wijnen, die van een opmerkelijke kwaliteit zijn. Elke wijn heeft zijn onderscheiden karakter, gevormd door de mooie nuances van zijn terroir.

Een bijzonder kelderbezoek De bezoeker daalt een trap af in een tunnel die in 1780 in de kalkrijke rots is uitgehouwen en waarvan de treden zo uitgesleten zijn dat voorzichtigheid is geboden. Door een kamer waarvan de muren met fusten zijn bedekt, komt men in een prachtige, immens grote, mysterieus verlichte onderaardse kelder, die tussen de 11de en de 13de eeuw is uitgehakt om bouwmaterialen te verkrijgen. Daar liggen rijen fusten en planken vol flessen ongestoord. Een andere ingang leidt naar een andere kelder, even indrukwekkend, die nog meer planken met flessen huisvest. In zijn tijd gebruikte Caslots vader slechts een gedeelte van een van de kelders, maar Pierre heeft in 1989 zelf de enorme taak op zich genomen om het puin te ruimen en de zaak op te doffen.

Wijn bestemd om bij te eten Hoe prachtig de omgeving ook is, wijn proeven bij Caslot is een fascinerende ervaring. Als erfgenaam van een familie wier traditie van wijnmaken teruggaat tot 1640 beschouwt deze charmante persoonlijkheid de wijnen uitsluitend in de context waarin ze moeten worden geconsumeerd, namelijk aan tafel met waarderende vrienden. Het proeven van elke *cuvée* brengt een stortvloed aan suggesties voor passende gerechten teweeg, terwijl hun schepper zich behaaglijk schurkt in zijn denkbeeldige gastronomische paradijs. Rabelais zou trots op hem zijn geweest!

De opmerkelijke levensloop van Bourgeuil Caslots wijnen gisten in het fust, worden voor hun malolactische gisting overgebracht op roestvrijstaal, gaan dan weer terug naar het fust voor hun politoer van de houtrijping, die hun natuurlijke jeugdige hardheid verzacht. Ze worden nooit geklaard en ze verrijken zichzelf langzaam op hun lies. De houtrijping is nooit excessief, want elke jaargang moet zijn eigen verhaal vertellen. En dat doen ze ook.

Als ze jong zijn hebben alle wijnen een heel dieprode kleur, dankzij de perfecte rijpheid van hun grondstoffen. Dit zijn waarlijk *vins de garde*. Dat wordt overtuigend gedemonstreerd door het lange leven dat een Bourgueil is beschoren. In december 1999 kwam een marathonproeverij tot een climax met een Busardières 1976 (donker steenrood, een krachtig bouquet van truffel en tabak, nog steeds tanninerijk, dankzij het hete droge jaar) en de Chevalerie 1964 (met een lichtere kleurschakering en een fabelachtige scherpe neus van leer en wild, vlezig, overblijfselen van structuur en een opmerkelijke algehele finesse. *Grand Vin!*)

Bourgueil Clos des Galichets Les Galichets, opgegroeid in klei, zand en stenen, heeft een grote persoonlijkheid. De majestueuze jaargang 1997 was verrukkelijk, met een rijke, jachtgeur met nuances van leer, half gecorseerd en met een uitstekend evenwicht. Caslot haastte zich om zijn klanten te vertellen dat deze wijnen bij het ouder worden sterk veranderen. Hij verkoopt ze jong, haalt ze wanneer ze zich beginnen te sluiten van zijn prijslijst en neemt ze pas weer op als ze weer beter gaan smaken. Wat kan men serveren bij Les Galichets? Caslots spert zijn ogen wijd open. Als-ie jong is gegrilde ossenhaas, maar rijp... misschien een soufflé met cèpes...?

- Andere geproduceerde rode wijnen: Bourgueil Les Busardières, Bourgueil La Chevalerie, Bourgeuil Peu Muleau, Bourgueil Bretêche, Bourgueil Vieilles Vignes
- Eigenaar: Pierre Caslot
- Wijnmaker: Pierre Caslot
- Oppervlakte gecombineerde wijngaarden: 32 ha
- Productie: 160.000 flessen
- Export: 5%
- Verkoop aan huis: ja
- Bezoek: ja

Uitgekozen wijn:
Bourgueil Les Galichets

- Druivensoort: cabernet franc
- Gemiddelde leeftijd van de stokken: 35 jaar
- Oppervlakte wijngaard: 4,5 ha
- Bodem: klei, zand en stenen
- Gemiddelde jaarproductie: 20.000 flessen

1997
DE LA CHEVALERIE
Bourgueil
LATION CONTRÔLÉE
uvée des Galichets
750 ml
PROPRIÉTÉ
PRODUCT OF FRANCE
RÉCOLTANT, «DOMAINE DE LA CHEVALERIE», RESTIGNÉ

Jonge mensen die zich graag in de rode-wijnindustrie van Touraine zouden willen vestigen, kunnen inspiratie putten uit het voorbeeld dat Pierre-Jacques Druet gesteld heeft. Als jongeman besloot Druet dat hij wijnmaker wilde worden en door zijn vastberadenheid en een scherpzinnige visie, maar met weinig geld, maakte hij al snel enkele van de mooiste zuivere en authentieke wijnen van Bourgueil. Met de tijd is er in zijn wijnen meer verfijning en beschaving gekomen. Dit zijn prachtige Bourgueils.

Wijnstudies en commerciële ervaring Druet, wiens vader wijnhandelaar was, studeerde aan het wijnlyceum te Beaune en hielp onderwijl hier en daar bij bevriende familiebedrijven in de Bourgogne. Daar kon hij het leven van een teler van dichtbij kon aanschouwen en wist daarna absoluut zeker dat hij *vigneron* wilde worden. Het lyceum werd gevolgd door studies aan de universiteiten van Montpellier en Bordeaux en daarna verkocht hij een aantal jaren machines voor het maken van wijn, met name de revolutionaire Büchnerpers.

In 1980, na wat te hebben rondgekeken, verlieten hij en zijn vrouw Martine het comfort van hun leven in Bordeaux en trokken naar Bourgueil. Aanvankelijk waren het moeilijke tijden: het feit dat hij slechts een paar kilometer verwijderd was van zijn geboortegrond, hielp niet veel in een gebied waar buitenstaanders met enig wantrouwen worden bekeken.

Jeugddromen worden werkelijkheid Hij moest alles huren: stokken, kelders, een huis, en aanvankelijk werkte hij alleen met verouderd materiaal. Hoewel hij het zich eigenlijk niet kon veroorloven, kocht hij in 1983 drie roestvrijstalen vaten, die hij volgens eigen ontwerp tapsgewijs had laten maken, zodat hij de druiven van de verschillende percelen op de juiste wijze kon vinifiëren. In de volgende jaren experimenteerde hij veel, want hij is geen man van tradities of het zonder meer uitvoeren van wat hij op school heeft geleerd. Ook door veel luisteren vergaarde hij de experimentele ervaring van de oudere telers in het dorp.

Tegen het eind van het decennium hadden de oorspronkelijke vaten gezelschap gekregen van andere, was het Domaine Druet uitgebreid met nog meer gehuurde wijnstokken en had de familie zich prima geïnstalleerd in een mooi oud huis, vlak buiten Benais. En, nog belangrijker, Druet had een lange lijst van trouwe klanten. De gokkers die zich hadden ingelaten met het onweerstaanbare enthousiasme van de jonge man, konden zichzelf gelukwensen met hun scherpzinnigheid.

Bourgueil Vaumoreau Druet heeft het gescheiden vinifiëren en bottelen van de opbrengsten van zijn verschillende percelen altijd essentieel gevonden en als de jaargang goed genoeg is, maakt hij vijf verschillende Bourgueils, drie rode, een rosé en een Chinon. Na een lange wacht op perfect rijpe druiven, wordt er met de hand geplukt, waarna elke oogst de vinificatie krijgt die er het best bij past...in de kelders van Druet gebeurt maar heel weinig routineus.

In de mooiste jaren worden de opbrengst van de eerbiedwaardige stokken van het kleine perceel Vaumoreau apart gebotteld en dat zorgt voor een paar duizend flessen van een schoonheid van enorme intensiteit, gemaakt om lang te bewaren. Vaumoreau, die 30 maanden in eiken rijpt, is zwart, intens fruitig en rijk, heeft een formidabele tanninestructuur en een grote, rijke concentratie van fruit. Het is schandelijk om een fles Vaumoreau te drinken voor zijn tiende jaar, maar daarna zullen haaspaté of een varkensfilet deze prachtwijn zeker uit zijn schulp lokken.

- Andere geproduceerde rode wijnen: Bourgueil Les Cent Boissellées, Bourgueil Beauvais, Bourgueil Fief de Louys, Bourgueil Grand Mont, Chinon Clos de Danzay
- Rosé wijn: Bourgueil
- Eigenaar: Pierre-Jacques Druet
- Wijnmaker: Pierre-Jacques Druet
- Oenoloog: Pierre-Jacques Druet
- Oppervlakte gecombineerde wijngaarden: 22 ha
- Productie: 120.000 flessen
- Export: 35%
- Verkoop aan huis: ja
- Bezoek: ja

Uitgekozen wijn:
Bourgueil Vaumoreau

- Druivensoort: cabernet franc
- Gemiddelde leeftijd van de stokken: 75-95 jaar
- Oppervlakte wijngaard: 1,5 ha
- Bodem: kiezelhoudende aarde en kalksteen
- Gemiddelde jaarproductie: 5000 flessen

1996
Vaumoreau
BOURGUEIL
Appellation Bourgueil Contrôlée
Val de Loire
vinifié, élevé et mis en bouteille au domaine
JACQUES DRUET
Benais - 37140 Bourgueil - France - Produit de France

De wijngaarden van Bourgeuil kunnen ruwweg in twee soorten worden verdeeld die onmiskenbaar verschillende wijnstijlen voortbrengen. Er zijn bodems van zand en grint die soepele, fruitige wijnen opleveren die meteen drinkbaar zijn. En er zijn bodems van kiezelhoudende aarde en kalksteen op tufsteen, die gecorseerde, meer tanninerijke wijnen voortbrengen: deze hebben zeker vijf jaar nodig om zachter te worden en zich te openen, terwijl goede jaargangen zeker twintig jaar of langer in de kelder moeten rijpen. De familie Gambier te Ingrandes de Touraine maakt enkele schitterende rijke versies van de tweede stijl.

Een aan Bourgeuil toegewijde familie Zeven generaties Gambiers hebben wijn gemaakt op hun wijngoed, dat bekendstaat als het Domaine des Ouches. Heden ten dage wordt Paul Gambier bijgestaan door zijn zonen Thomas en Denis. Hun veertien hectaren liggen voornamelijk op hellingen waarop de cabernet franc, geplant in de kiezelhoudende aarde, uitstekende bewaarwijnen voortbrengt. De oogst is handmatig en de wijnen zijn op traditionele wijze gemaakt, gegist in vaten van zowel beton als roestvrijstaal en gerijpt in eikenhouten fusten in de tufstenen kelders die in dit gebied zo veelvuldig voorkomen en die zorgen voor precies de juiste stabiele lage temperatuur en vochtigheidsgraad.

Een kwestie van stokleeftijd Over het algemeen maken de Gambiers drie *cuvées* en in mooie jaargangen vier. De factor die bepaalt in welke *cuvée* elk vat zal eindigen is de leeftijd van de stokken. De familie bezit namelijk een mooie dwarsdoorsnede stokleeftijden, met inbegrip van enkele honderdjarige. De basiswijn, helemaal cabernet franc, wordt gemaakt van planten die tussen de 5 en 25 jaar oud zijn, en heet eenvoudig Cuvée Domaine. Het fruit van alle planten tussen de 25 en 50 jaar levert de Clos Princé op, ook helemaal cabernet franc, en zoals men zou kunnen verwachten is deze wijn niet een product van één enkele wijngaard, maar van een aantal percelen. En tot slot wordt van de oudste planten, tussen de 50 en 100 jaar, de Sélection Vieilles Vignes gemaakt. In de beste jaargangen produceert een deel van deze oogst de Grande Réserve van Gambier.

Bourgeuil Grande Réserve De Grande Réserve, met tien procent cabernet sauvignon, brengt bijna een maand in het vat door voordat hij mag aflopen in barriques uit Bordeaux, waarin vervolgens zijn malolactische gisting plaatsvindt. De fusten worden gekocht nadat ze al een of twee jaargangen hebben gehuisvest, want de Gambiers willen geen sterke houtinvloed. De wijn oudert dan een maand of achttien voordat hij wordt gebotteld.

Deze wijn heeft een zeer donkere tint en heeft prachtige geroosterde, vanilleachtige geuren wanneer hij rijp is. In de mond is hij rond, mollig en nogal zacht (hoewel alle Gambier-wijnen in wezen stevig en robuust zijn), met een mooie structuur van tannine die het vlees ruggengraat geeft. Dit is een klassieke Bourgeuil, een wijn die minstens zeven jaren in de kelder nodig heeft en er liever nog veel langer dient te verblijven. Dit is een wijn om te drinken bij charcuterie, bloedworst of een zeer adellijke fazant, met daarna geitenkaas.

- Andere geproduceerde rode wijnen: Bourgueil Clos Princé, Bourgueil Sélection Vieilles Vignes
- Eigenaar: Familie Gambier
- Wijnmakers: Paul, Thomas en Denis Gambier
- Oenoloog: Denis Gambier
- Oppervlakte gecombineerde wijngaarden: 14 ha
- Productie: 60.000 flessen
- Export: 15%
- Verkoop aan huis: ja
- Bezoek: ja

Uitgekozen wijn:
Bourgueil Grande Réserve

- Druivensoorten: 90% cabernet franc, 10% cabernet-sauvignon
- Gemiddelde leeftijd van de stokken: 50-100 jaar
- Oppervlakte wijngaard: 14 ha
- Bodem: kiezelhoudende aarde
- Gemiddelde jaarproductie: 6000 flessen

DOMAINE
DES
OUCHES
1997
Bourgueil
APPELLATION BOURGUEIL CONTRÔLÉE
GRANDE RESERVE
MIS EN BOUTEILLE A LA PROPRIÉTÉ PAR
Paul Gambier
12,5% vol.
37140 INGRANDES DE TOURAINE
750 ml
PRODUIT DE FRANCE
L 97 D1

In Bourgueil staat Yannick Amirault goed bekend. Hij wordt door zijn collega's alom gerespecteerd om de kwaliteit van zijn wijnen. Maar er is niets opmerkelijks aan de manier waarop hij ze maakt, men kan alleen vaststellen dat het grondig gebeurt en dat er niet wordt geknoeid met het werk van de natuur. Het klinkt allemaal zo makkelijk!

De samensmelting van twee familiebedrijven. De jonge Amirault nam in 1977 de wijnstokken over van zijn grootvader. Daaraan werden stukje bij beetje die van zijn vader toegevoegd toen die zijn activiteiten gaandeweg verminderde in voorbereiding op zijn pensioen. Bij elkaar bezit het wijnhuis nu 16 hectaren, 5 liggen in Saint-Nicolas-de-Bourgueil en de overige 11 in Bourgueil zelf.

Een deel ervan wordt traditioneel omgeploegd, deels om goed-geluchte grond te krijgen die wemelt van micro-organisch leven en deels om onkruid op een afstand te houden. De steilere heuvels worden niet omgeploegd, maar hier groeit gras, wat het probleem van erosie van de grond beperkt en tevens, als gunstig effect, de activiteit van de stokken remt. Maar nergens wordt kunstmest gebruikt.

Veel van de wijnstokken zijn oud: waar elders 30 jaar wordt beschouwd als in de kracht van het leven, zijn de meeste stokken van Amirault tussen de 40 en 60 jaar oud; ouderdom vermindert de activiteit van de stokken en vermeerdert de kwaliteit van het sap. De druiven wordt handmatig geplukt, meestal begin oktober wanneer ze prachtig rijp zijn. Uiterst selectief plukken zorgt ervoor dat alleen perfect fruit zijn weg naar de *cuverie* vindt.

Bescherming van de natuurlijke kwaliteiten Het fruit wordt helemaal ontsteeld voordat het het vat ingaat, want de cabernet franc heeft genoeg tannine om alles wat nodig is voor het evenwicht van de toekomstige wijn te verschaffen, mits de *cuvaison* maar lang genoeg duurt. Er wordt geen kunstmatige gist gebruikt, want dat zou de wijnen minder authentiek maken. Het proces van weken en gisten verloopt traag, met af en toe een onderbreking voor *pigeages*; een paar vaten zijn toegerust met apparatuur voor *autopigeage*, maar Amirault betrapt de druiven ook nog met de voeten. De verschillende percelen worden altijd apart gevinifieerd.

Daarna rijpen de wijnen in eikenhout, hetzij in de 225-liter *barriques* uit Bordeaux, gekocht van Château Margaux, hetzij in de 500-liter *demi-muids* voor de minder rijke wijnen. De lengte hangt af van de kwaliteit van de jaargang, maar ligt over het algemeen tussen de 6 maanden en een jaar. Tot slot worden de wijnen gebotteld zonder filteren en klaren. Het gebrek aan interventie in het vinificatieproces verklaart grotendeels de kwaliteit van Amiraults wijnen.

Bourgueil Le Grand Clos De Grand Clos is een blijvertje, gezegend als hij is met rijk fruit en een belangrijke tanninestructuur. Deze wijn is het indrukwekkendst door het ferme karakter dat hij onttrekt aan zijn bodem van kiezelhoudende aarde. Evenals alle wijnen van Amirault lijkt hij niet bijzonder krachtig, wat kan worden toegeschreven aan zijn evenwichtige constitutie, en hij bezit voor zijn *appellation* een opmerkelijke hoeveelheid charme en verfijning. Niettemin verbetert hij aanzienlijk in een decennium en hij zal zich aangenaam gedragen in het gezelschap van een goede hazenpeper.

- Andere geproduceerde rode wijnen: Bourgueil La Petite Cave, Bourgueil Les Quartiers, Saint-Nicolas-de-Bourgueil Les Malgagnes, Saint-Nicolas-de-Bourgueil Les Graviers
- Eigenaar: Yannick Amirault
- Wijnmaker: Yannick Amirault
- Oppervlakte gecombineerde wijngaarden: 16 ha
- Productie: 105.000 flessen
- Export: 30%
- Verkoop aan huis: 9-12 uur en 14-19 uur
- Bezoek: ja

Uitgekozen wijn:
Bourgueil
Le Grand Clos

- Druivensoort: cabernet franc
- Gemiddelde leeftijd van de stokken: 40 jaar
- Oppervlakte wijngaard: 2 ha
- Bodem: kiezelhoudende aarde
- Gemiddelde jaarproductie: 8000 flessen

Amirault
Le Grand Clos
Yannick Amirault
BOURGUEIL
APPELLATION BOURGUEIL CONTRÔLÉE
1998
Alc. 12% vol.
Mis en bouteille au domaine par
Yannick Amirault, Vigneron,
Pavillon du Grand Clos, 5, route du Moulin Bleu - 37140 Bourgueil - France
750ml
L.G.C.11.99
Product of France

De wijnen van Chinon, die aan beide kanten van de rivier de Vienne worden gemaakt, variëren van lichte, fruitige wijnen tot serieuze, tanninevolle wijnen die zijn bestemd om te worden opgelegd. Bernard Baudry heeft zijn reputatie verdiend met dit laatste type, hoewel hij ook genoegen schept in het produceren van een uitstekende droge witte wijn en een sappige rosé. Doordacht, nauwgezet en eerlijk wijnmaken heeft hem een trouwe klantenkring bezorgd die het niet flamboyante, maar authentieke karakter en de prachtige zuivere en edele aroma's van zijn verschillende flessen waarderen.

Van theorie naar praktijk Baudry was een van de vijf kinderen die in een familie van wijnmakers uit Cravant werden geboren. Hij studeerde aan het wijnbouwlyceum te Beaune en begon zijn loopbaan als wijnbouwadviseur bij het laboratorium van Tours, in het gezelschap van de eminente Jacques Puisais. Na vijf jaar kreeg hij zin om dat wat hij onderwees in de praktijk te brengen. Hij nam in 1975 ontslag en huurde twee hectaren wijnstokken. Van dit bescheiden begin breidde Bernard Baudry zijn wijngoed in 1982 uit en is dat blijven doen, omdat hij interessante percelen wijngaard buit kon maken. Hij kreeg in 1999 gezelschap van zijn zoon Matthieu.

Perfecte harmonie met de bodem Baudry's wijnstokken groeien op verschillende soorten grond, wat hem in staat stelt een reeks Chinons van gevarieerde en opmerkelijke persoonlijkheden te maken, die eerder bij hun plaatsnaam worden genoemd dan bij een of andere verzonnen merknaam.

Zoals van een vroeger wijnbouwadviseur mag worden verwacht, doet hij alles om zijn stokken in perfecte harmonie met de bodem te laten groeien. Met dat doel voor ogen beweegt het wijnhuis zich langzaam in de richting van biologische wijnbouw, hoewel Baudry er de man niet naar is om dit van de daken te schreeuwen. Volgens hem is het uiterst belangrijk de gezondheid van de stokken goed in de gaten te houden en hun opbrengsten te beheersen. Daarom besteedt hij zeer veel tijd aan het verwijderen van ongewenste knoppen om de voedingsstoffen uit de bodem niet te verspillen. Indien nodig wordt in juli een teveel aan trossen weggeknipt.

Toezicht en non-interventie Hoewel de AOC Chinon de toevoeging van 10% cabernet sauvignon toestaat, gebruikt Baudry alleen cabernet franc, de ideale druif voor de plaatselijke bodems. Het plukken geschiedt helemaal met de hand, en ondermaatse trossen worden in de wijngaard achtergelaten. Elk terroir wordt apart gevinifieerd en toezicht en non-interventie vormen daarbij de leidraad. Daarna rijpen de wijnen in Baudry's kleinste kelder in gebruikte fusten, die hij koopt van zijn vriend graaf Stephane von Niepperg van het château Canon-La-Gaffelière in Saint-Émilion.

Chinon Domaine Bernard Baudry De cuvée Domaine Bernard Baudry is een mengsel van druiven die zowel op kiezelals op kalkrijke kleigrond groeien. Deze wijn, met een middellang rijpingspotentieel, vormt een prachtige demonstratie van de capaciteiten van de cabernet franc, die geen uitbundige opbrengst wordt toegestaan en langzaam en natuurlijk wordt gevinifieerd. De wijn is donker van kleur en heeft een schitterende geur met verleidelijke aroma's van viooltjes en zwart fruit. In de mond is hij zeer fruitig en sappig met een fijne tanninestructuur, een onberispelijk evenwicht en een lange afdronk. Eenmaal gerijpt, verdient deze Chinon uit het handboek om te worden geschonken naast een pittig wildgerecht, met een reebout als uitstekende keuze.

- Andere geproduceerde rode wijnen: Chinon Les Granges, Chinon Les Grézeaux, Chinon La Croix Boissée
- Witte wijn: Chinon
- Rosé wijn: Chinon
- Eigenaar: Bernard Baudry
- Wijnmaker: Bernard Baudry
- Oppervlakte gecombineerde wijngaarden: 26 ha
- Export: 20%
- Verkoop aan huis: ja
- Bezoek: op afspraak

Uitgekozen wijn:
Chinon Domaine Bernard Baudry

- Druivensoort: cabernet franc
- Gemiddelde leeftijd van de stokken: 35 jaar
- Oppervlakte wijngaard: 7 ha
- Bodem: kiezel op kalkrijke kleigrond
- Gemiddelde jaarproductie: 30.000 flessen

PRODUIT 1998 DE FRANCE
Domaine
Bernard Baudry
CHINON
APPELLATION CHINON CONTROLÉE
EN BOUTEILLE A LA PROPRIETÉ
BERNARD BAUDRY
DE SONNAY - CRAVANT-LES-COTEAUX - 37500 CHINON - FRANCE
Exploitation Agricole à Responsabilité Limitée

Het bekendste Chinon-huis is ongetwijfeld dat van de kunstenaar Charles Joguet. De topkwaliteit van zijn wijnen blijkt uit hun aanwezigheid op de wijnkaart van veel van de grootste restaurants van Frankrijk en de grote vraag ernaar op talrijke exportmarkten. Mooi gelegen wijngaarden, perfectionisme en de wens wijn te maken die welsprekend een weerspiegeling is van zijn terroir, resulteren in een reeks Chinons van grote klasse.

Een jonge kunstenaar gaat wijnmaken Hoewel het min of meer tegen de wil was van zijn ouders, wier families reeds lang in het gebied wijn maakten, verliet Charles Joguet in 1949 het college in Chinon om in Parijs aan de kunstacademie te gaan studeren. Maar na de dood van zijn vader in 1949 kwam de jongeman weer naar huis om zijn moeder te helpen met het besturen van het wijnhuis. In die tijd konden ze, met behulp van een goede wijnmaker en een paard en de aanwezigheid van een moderne installatie, hun stokken redelijk gezond houden en goede wijnen maken; hoewel ze wisten dat hun Clos de la Dioterie aanzienlijk meer in zich had...

Een revolutionair besluit In die tijd gaven veel mensen Joguet onschatbare adviezen, onder wie de plaatselijke *vigneron* Marcel Angeillaume, die hem overhaalde zijn eigen productie te bottelen, een andere getalenteerde wijnmaker, die bekend stond als *père* Tafonneau, en de zeer gerespecteerde oenoloog Jacques Puisais, en vanaf 1962 begon Marcel met de aanplant van verschillende percelen.

Vanaf het allereerste begin beschouwde hij het als ketterij om wijnen van jonge en oude stokken en van verschillende bodemsoorten te mengen. Hij besloot de producten van zijn verschillende percelen apart te maken en op de markt te brengen, wat in die tijd nogal revolutionair was. Vanaf 1970 nam de kwaliteit toe: in 1973 ging Joguet voor het binnenbrengen van de oogst kleine geperforeerde kisten gebruiken in plaats van de traditionele *hotte* (draagmand). Ook vertrouwde hij het fruit toe aan de zorg van Günter Amos' exceptionele nieuwe ontstelingsmachine. Het jaar daarop werd een elektrisch aangedreven *pigeage*-systeem geïntroduceerd, dat was ontworpen door Puisais, Guérin en Joguet zelf, en vanaf dat jaar maakt hij alle wijnen in roestvrijstaal.

Continuïteit verzekerd Deze en andere maatregelen hadden hun effect. In alle jaren vertonen de wijnen een geweldige zuiverheid, rijpe fruitigheid, mooie tanninestructuur en grote rijkdom. Ze hebben ook een bepaalde satijnen gloed die bijdraagt aan hun grootse finesse.

Nadat hij zich had omringd met het getalenteerde duo van wijnmaker Michel Pinard, die in 1983 in dienst trad, en Alain Delaunay, die sedert 1986 de zakelijke kant leidt, en hij in 1985 met Jacques Genet een *société civile d'exploitation agricole* had gevormd, waardoor het huis kon worden uitgebreid, kon Charles Joguet in 1997 welverdiend met pensioen gaan.

Chinon Clos de la Dioterie Veel jonge wijnmakers in het gebied refereren aan Joguets grootse Clos de la Dioterie 1989 als een wijn die hen heeft doen beseffen welke mogelijkheden hun bodems eigenlijk in zich hebben...en hoeveel werk er nog moest worden verricht. De combinatie van zeer oude stokken, erg kalkrijke kleigrond en de noordelijke ligging van de percelen tezamen leveren een wijn op met een buitengewone finesse, rijkdom en geurigheid die werkelijk minstens tien jaar in de kelder nodig heeft om te onthullen hoe complex en evenwichtig hij is. Ja, Clos de Dioterie is echt een bijzonder harmonieuze wijn en vormt een perfecte combinatie met borstfilets van jonge eend.

- Andere geproduceerde rode wijnen: Chinon Varennes du Grand Clos, Chinon Clos du Chêne Vert, Chinon Clos de la Cure, Chinon Jeunes Vignes
- Witte wijn: Touraine
- Rosé wijn: Chinon
- Eigenaar: Jacques Genet
- Directeur: Alain Delaunay
- Wijnmaker: Michel Pinard
- Oppervlakte gecombineerde wijngaarden: 36 ha
- Productie: 240.000 flessen
- Export: 40%
- Verkoop aan huis: ja
- Bezoek: 8.30-12.30 uur en 14-18 uur

Uitgekozen wijn:
Chinon Clos de la Dioterie

- Druivensoort: cabernet franc
- Gemiddelde leeftijd van de stokken: 80 jaar
- Oppervlakte wijngaard: 2,5 ha
- Bodem: erg kalkrijke kleigrond
- Gemiddelde jaarproductie: 12.000 flessen

CHINON
APPELLATION CHINON CONTRÔLEE
CLOS DE LA DIOTERIE
JOGUET VITICULTEUR, 37220 SAZILLY (FRANCE)
1998
à la propriété
PRODUCE OF FRANCE

In de loop van de 20ste eeuw hebben de families Couly en Dutheil uit Chinon een prachtig wijnhuis en een goed lopende handelszaak opgebouwd, die nu zorgen voor een reeks wijnen waarop men volledig kan vertrouwen en die behoren tot de top van hun *appellations*. De omvang van de onderneming stelt Couly-Dutheil in staat om in de hele wereld te exporteren en de wijnen van Chinon kunnen nauwelijks een betere ambassadeur hebben.

Vier generaties in dienst van Chinon De firma, die in 1910 is gesticht door Baptiste Dutheil, maakte onder leiding van René Couly en zijn vrouw Madeleine Dutheil in de jaren '50 van de vorige eeuw een grote uitbreiding mee met de aankoop van haar beste wijngaarden. In de handen van hun zonen Pierre en Jacques en hun kleinzoon Bertrand wordt het streven naar perfectie en authenticiteit in de nieuwe eeuw resoluut gehandhaafd. Hun taak is vergemakkelijkt door de bouw van een mooie nieuwe, drie verdiepingen hoge *cuverie* in 1989. Naast het leveren van meer ruimte stelt het gebouw hen in staat de binnenkomende grondstoffen beter te sorteren en te selecteren en de bewegingen van mosten en wijnen door middel van de zwaartekracht te laten verlopen, waardoor de aroma's beter worden bewaard. Bovendien hebben ze een veel betere controle op de temperatuur en kunnen ze zodoende de gistingen van de wijn beter beheersen.

Een mooie diversiteit aan wijngaarden Couly-Dutheil is tegenwoordig de eigenaar van 80 hectaren van de beste Chinon-wijngaarden – al met al een aanzienlijk deel van de 2000 hectaren binnen de *appellation* – evenals van 7 hectaren Saumur en Saumur-Champigny. Daarnaast vinifieert men bovendien de oogst van nog eens 55 hectaren. Het bezit ligt verspreid over de drie terroirs van Chinon: het land van zand en grint naast de Vienne, dat ongecompliceerde lichte, fruitige wijnen oplevert, zoals Les Gravières; de hellingen en het plateau van kiezelhoudende aarde, die zorgen voor interessantere wijnen met een zekere finesse, zoals de Domaine René Couly; en tot slot de kalkhoudende kleigrond waar de meest 'serieuze' Chinon wordt geboren, wijnen met de grootste potentie voor jarenlang rijpen op de fles – zoals de Clos de l'Echo en de Clos de l'Olive.

De Couly-Dutheils oogsten alles met de hand. Nadat het fruit is gesorteerd en alles dat niet tot de eerste klasse behoort is verwijderd, worden de druiven ontsteeld en mogen vervolgens zonder te worden gekneusd langdurig weken en gisten.

Chinon Clos de l'Echo Deze prachtige ommuurde wijngaard, ten noorden van Chinon en uitkijkend op het kasteel, is het eigendom van de familie Rabelais en is vernoemd naar de echo die door de kasteelmuren wordt weerkaatst. Na vele jaren te zijn gebruikt voor de productie van tarwe, werd hij in 1952 door de familie Couly-Dutheil gekocht en het jaar daarop door René Couly met wijnstokken aangeplant.

Nu levert hij ongetwijfeld een van de mooiste Chinons, een wijn van een grote complexiteit, structuur en rijpingspotentieel. De vinificatie wordt aangepast aan de kwaliteit van de jaargang en de grondstoffen, waarbij gisting en weking zeker twee maanden duren, gevolgd door lang rijen op fust. Het resultaat is een donkere, rijke wijn van een prachtige dimensie en aromatische complexiteit. Lichtere jaargangen kunnen na een paar jaar goed worden gedronken en hebben bewezen opmerkelijk vriendelijk te zijn tegen een terrine van konijn, terwijl de grotere jaargangen het verdienen enige tijd te worden weggelegd om een weelderige bouquet van kreupelhout, tabak, truffel en wild te ontwikkelen. Eenmaal rijp, waarderen ze de complexe smaak van hertenvlees.

- Andere geproduceerde rode wijnen: Chinon: Clos de l'Olive, Baronnie Madeleine, Domaine René Couly, Domaine de Versailles, La Diligence, Les Gravières; Bourgeuil: Les Barroirs, Domaine de l'Ereau; Saint-Nicolas-de-Bourgeuil: Les Aisselières, Domaine du Frêne; Saumur-Champigny: Les Chassoirs, Moulin de Turguant
- Witte wijn: Chinon Les Chanteaux
- Rosé wijn: Chinon René Couly
- Eigenaar: Couly-Dutheil
- Wijnmaker: Bertrand Couly
- Oenoloog: Bertrand Couly
- Oppervlakte gecombineerde wijngaarden: 80 ha
- Productie: 530.000 flessen
- Export: 17%
- Verkoop aan huis: op afspraak
- Bezoek: ja

Uitgekozen wijn:
Chinon Clos de l'Echo

- Druivensoort: cabernet franc
- Gemiddelde leeftijd van de stokken: 35-45 jaar
- Oppervlakte wijngaard: 20 ha
- Bodem: kalkhoudende klei
- Gemiddelde jaarproductie: 80.000 flessen

1996
Couly-Dutheil
CLOS DE L'ECHO
CHINON
S.C.A.
COULY-DUTHEIL
PERE ET FILS
VITICULTEURS
A CHINON
FRANCE
MIS EN BOUTEILLE A LA PROPRIETE
L9617402

Château de La Grille

Een paar kilometer ten noorden van Chinon ligt op een vlak plateau het grote witstenen Château de La Grille, omringd door zijn wijngaarden en bossen. Het huis zou in de Gironde niet uit de toon vallen en misschien denkt men dat het lichtjaren verwijderd is van de kleine wijnhuizen van Chinon-telers in het Vienne-dal, maar het heeft altijd net zulke goede wijnen gemaakt.

Een langdurige reputatie De families Cougny en Gosset hebben hun bijdrage geleverd aan het vestigen van de reputatie van het huis. Het werd in 1748 aangekocht door Antoine-Jean de Cougny, adviseur van de koning en zoon van een oude Chinon-familie. Het werd precies een eeuw later geërfd door de markies Gustave de Gougny. De markies, een beroemd geschiedkundige, rechter en president van de archeologische vereniging van Frankrijk, restaureerde het château en voegde er een kapel en bijgebouwen aan toe en gaf het de vorm die het heden ten dage heeft.

In 1951 werd het bezit gekocht door Albert Gosset van de beroemde champagnefamilie, van wie uit archieven blijkt dat hun geschiedenis in de wereld van het wijnmaken is te herleiden tot 1584. Tot aan zijn dood in 1991 verbeterde Gosset onvermoeibaar de voorzieningen voor het wijnmaken. Vandaag de dag bezitten en leiden Sylvie en Laurent Gosset het Château de La Grille, en zij behoren tot de zestiende generatie van deze familie uit Ay.

Een opmerkelijk geheel De prachtige wijngaard van 28 hectaren, een model-cuverie, uitgerust met roestvrijstalen tanks met de mogelijkheden tot de door Jacques Puisais ontworpen *autopigeage*, een indrukwekkende rijpingskelder met achthonderd fusten en de uit tufsteen gehakte diepe kelders voor de flesrijping, vormen gezamenlijk een opmerkelijk geheel dat de kwaliteit van de wijn verzekert. Toch is de menselijke factor natuurlijk net zo belangrijk als de uitrusting, en de Gossets en hun directeur Jean-Max Manceau zijn onvermoeibaar bezig en nemen de noodzakelijke risico's om alle mogelijkheden van dit mooie huis te realiseren.

Extreme zorg bij elke handeling De wijngaard is onderworpen aan een regime van *lutte raisonnée* om het mooist mogelijke fruit te krijgen. Tussen de stokken groeit gras om het diep graven van de wortels te bevorderen. De oogst gebeurt handmatig, waardoor strenge selectie van de trossen mogelijk is.

De *cuvaison* in de roestvrijstalen vaten duurt wel vier tot vijf weken, waarna de wijn voor het rijpen wordt overgebracht op het fust. Jaarlijks wordt 20-25% van de fusten vernieuwd, afhankelijk van de kwaliteit van de jaargang. Na 12 tot 18 maanden rijpen worden de wijnen gemengd voor de homogeniteit en het evenwicht en vervolgens gebotteld. Dan volgt een flesrijping van twee tot vier jaar, voordat de flessen worden verkocht, zodat de wijnen een beetje zachter worden en hun bouquet kunnen ontwikkelen.

Chinon Op het Château de La Grille wordt slechts één rode wijn gemaakt en dat is een klassieker: elke jaargang is anders, gekleurd door verschillende klimatologische omstandigheden. Ondanks dat heeft elke jaargang finesse, de geur van zwart fruit en drop, een rijke en edele smaak en stevigheid, structuur en harmonie. Deze uitgelezen wijn heeft een groot rijpingspotentieel en de rijkere jaargangen kunnen worden geschonken bij gerechten als wild konijn met pruimedanten gesmoord in Chinon-wijn; vroeg-rijpende jaargangen zijn beter geschikt voor geroosterd of gegrild vlees en voorgerechten als een terrine van konijn met hazelnoten.

- Andere geproduceerde rosé wijnen: Chinon
- Eigenaars: Sylvie en Laurent Gosset
- Directeur: Jean-Max Manceau
- Wijnmaker: Jean-Max Manceau
- Oppervlakte gecombineerde wijngaarden: 28 ha
- Productie: 185.000 flessen
- Export: 20%
- Verkoop aan huis: ja
- Bezoek: ja (groepen op afspraak)

Uitgekozen wijn:
Chinon

- Druivensoorten: 98% cabernet franc, 2% cabernet sauvignon
- Gemiddelde leeftijd van de stokken: 30 jaar
- Oppervlakte wijngaard: 28 ha
- Bodem: kalkhoudende kleigrond
- Gemiddelde jaarproductie: 170.000 flessen (of equivalenten in halfjes, magnums en jeroboams)

Château de La Grille
1996
CHINON
APPELLATION CHINON CONTRÔLÉE

Een van de helderste sterren in het gezelschap van wijnmakers van Chinon is een ongrijpbare, hard werkende perfectionist, die op zijn gemak enkele van de meest verfijnde wijnen van de *appellation* maakt. Hij heet Philippe Alliet. Zijn bedrijf is klein en de geproduceerde hoeveelheid bescheiden, maar het is zeer de moeite waard om zijn flessen op te sporen, want het is een eersteklas wijn.

De invloed van verschillende bodems De wijnen van Alliet hebben eerder finese dan stevigheid. Dat kan tenminste voor een deel worden verklaard door de samenstelling van de bodems waarop de stokken groeien, want de meeste zijn geplant in het land onder Cravant, dat veel kiezels bevat. Zoals menige liefhebber van Médoc en Graves weet, zijn kiezels zeer geschikt voor wijnbouw, omdat ze weinig voedsel aan de wijnstok verschaffen, warmte vasthouden en goed waterdoorlatend zijn...en de zo gewaardeerde kwaliteit en finesse, overbrengen. Aan de andere kant bestaat het mooiste perceel van Alliet, de Coteau de Noiré, dat boven Chinon ligt, uit kalkrijke kleigrond, die over het algemeen zorgt voor meer gecorseerde en gespierde wijnen. Maar zelfs deze wijn is niet zo robuust als vele andere, want de technieken van de wijnmaker zijn op de uiteindelijke wijn niet zonder invloed!

Een dappere beslissing Alliet en zijn vrouw begonnen in 1978 met het verbouwen van stokken die hadden toebehoord aan zijn grootvader en aan anderen. Het jaar 1989 betekende een keerpunt in de zaken, want toen veranderden ze hun werkwijzen volledig om meer kwaliteit te krijgen. Ze maakten een eind aan het regelmatig sproeien met onkruidverdelgers, pesticide en andere chemische producten en gingen over tot ploegen en het ecologisch bewerken van het land, zowel machinaal als met de hand. Tegelijkertijd namen ze maatregelen om hun opbrengst te beperken: ze wachtten ook langer met plukken en deden dat handmatig, waardoor zij onderwijl het fruit konden sorteren. Dit alles zorgde voor grondstoffen van een veel hogere standaard. Ze hadden een reusachtige stap genomen...

Verfijningen in de kelder In de kelder werden (en worden nog steeds) verfijningen geïntroduceerd. De oogst wordt geheel ontsteeld en weekt en gist daarna in betonnen vaten. Tijdens de gisting vinden 's morgens en 's avonds gedurende 3 tot 4 weken *pigeages* plaats. Dan wordt de wijn overgegoten in het fust voor de malolactische gisting. Want nadat ze dit een aantal malen hadden uitgeprobeerd, merkten de Alliets dat dit een minder heftig huwelijk tussen wijn en hout veroorzaakte, dat de eikengeur beter werd geïntegreerd en dat de wijnen meer finesse kregen. Daarna rijpen de wijnen 12 maanden of meer en worden ze ongefilterd en ongeklaard gebotteld. De gebruikte fusten zijn of nieuwe, of één jaar oude, afkomstig uit de kelders van het Château Margaux.

Chinon Coteau de Noiré De Coteau de Noiré is een donkere wijn van een grote rijkdom, diepte en complexiteit. Hij heeft een mooie structuur en de kracht van zijn terroir, maar Alliet behandelt de druiven zo intelligent, dat de proever versteld staat van de finesse en harmonie van de wijn en, uiteraard, van zijn opvoeding. Hier is het bewijs van grote aandacht in de wijngaard en intelligentie in de cuverie en de kelders! Lichtere jaargangen doen het goed bij een duivenpastei, de rijkere zijn fantastisch bij een hazenrug.

- Andere geproduceerde rode wijnen: Chinon, Chinon Vieilles Vignes
- Eigenaar: Philippe Alliet
- Wijnmaker: Philippe Alliet
- Oppervlakte gecombineerde wijngaarden: 10 ha
- Productie: 40.000 flessen
- Export: 40%
- Verkoop aan huis: op afspraak
- Bezoek: op afspraak

Uitgekozen wijn:
Chinon
Coteau de Noiré

- Druivensoort: cabernet franc
- Gemiddelde leeftijd van de stokken: 20 jaar
- Oppervlakte wijngaard: 3 ha
- Bodem: kalkrijke kleigrond
- Gemiddelde jaarproductie: 10.000 flessen

Chinon
Appellation Chinon Contrôlée
1998
Coteau de Noiré
en bouteilles par EARL Philippe ALLIET
CRAVANT-LES-COTEAUX 37500 CHINON - FRANCE
750 ml
Produit de France

Domaine de Bellivière

Op een uitloper, ongeveer 40 kilometer ten noorden van Tours, liggen de appellations Jasnières en Coteaux du Loir, die tegenwoordig nauwelijks meer te krijgen zijn maar in het verleden zeer bekend waren. Deze AOC's waren rond 1950 bijna verdwenen, en zijn door de vreselijke vorstperioden van 1956 hebben min of meer de laatste slag toegebracht. Alleen het bijna obstinate geloof van een aantal trotse telers hield een paar hectaren in productie...

Een buitenstaander met een doel Heden ten dage hebben deze telers een waardige opvolger gekregen. Een jongeman, Eric Nicolas, maakt nu wijnen van een zeer hoge kwaliteit. Het ontbreekt Nicolas zeker niet aan visie of aan ambitie, en een gesprek met hem, gevolgd door een proeverij, dwingt bewondering en respect af.

De jongeman is niet afkomstig uit een familie van wijnmakers. Maar na het proeven van verschillende hoge wijnen en het gezelschap van een aantal vrienden met verfijnde culinaire talenten schreef hij zich in 1989 in op de universiteit van Montpellier. Twee jaar later kwam hij van die universiteit met het diploma van oenoloog op zak. Vervolgens deed hij in het zuiden van Frankrijk werkervaring op, waarvan vooral de vijf weken die hij tijdens de oogst doorbracht op het Domaine de Pibarnon te Bandol hem inspireerden en veel leerden.

Een vriend liet hem wat Jasnières proeven en hij werd getroffen door het grote karakter en de aromatische expressie van deze wijn. Spoedig daarop ging hij naar het Loire-dal. In 1995 verkregen hij en zijn vrouw in de buurt van Lhomme een gemengd bedrijf met een aantal oude wijnstokken en kon hij zich aan het wijnmaken zetten. Het jaar daarna plantte hij meer wijnstokken.

Tris voor perfecte druiven Een leercurve was onvermijdelijk, maar de hardnekkige zoektocht naar lage opbrengsten, aanhoudende observaties en niet aflatend ploeteren, leidden tot een steeds groter begrip van de wijngaarden.

Ze begonnen met het voor een prikje verkopen van de wijnen op de plaatselijke markten. De eerste twee waren de Vieilles Vignes Éparses (zo genoemd omdat de wijnstokken over zes dorpen verspreid staan) en de Cuvée de l'Effraie, een naam die verwijst naar een kerkuil die op de boerderij zijn intrek had genomen. De reeks werd steeds breder, en tegen 1997 was Nicolas een fervent aanhanger van tris, opeenvolgende plukgangen, wat aanvankelijk leidde tot problemen met de autoriteiten over de benamingen op het etiket.

Voorvechter van een bijna verdwenen druif Wijnen als Elixer (zeer laat geoogste Jasnières, gegist in nieuw eiken) en Philosophale (laat geoogste Coteau du Loir van 80-jarige stokken) vormen de top van de reeks. Ze zijn zeer goed gemaakt, rijk en complex, met een groot rijpingspotentieel.

Hoewel zijn witte wijnen zeer belangrijk zijn, is de helft van het Domaine de Bellivière uitgerust voor rode wijnen. Nicolas is daarbij een voorvechter van de bijna verdwenen druif pineau d'aunis, die het heeft moeten afleggen tegen de cabernet franc, een druif die meer gestructureerde en vollere wijnen oplevert. In moeilijke jaren levert die druif verfijnde kwaliteit en in grote jaren rijkdom en complexiteit.

Coteaux du Loir Vieilles Vignes Éparses De Vieilles Vignes Éparses, in 1998 droog gevinifieerd en in andere jaren bijna droog, heeft een lichtgouden kleur en een florale neus van acacia met wat lindenbloesem. Het is een heerlijk mengsel van finesse en robuustheid. Deze wijn is een prima partner voor riviervis als snoek, geserveerd met beurre blanc.

- Andere geproduceerde witte wijnen: Coteaux du Loir Cuvée de l'Effraie, Coteaux du Loir Philosophale, Jasnières Les Rosiers, Jasnières Discours de Tuf, Jasnières Elixir
- Rode wijn: Coteaux du Loir Cuvée du Rouge-Gorge
- Eigenaar: Eric Nicolas
- Wijnmaker: Eric Nicolas
- Oppervlakte gecombineerde wijngaarden: 6,7 ha
- Productie: 13.500 flessen
- Export: 40%
- Verkoop aan huis: op afspraak
- Bezoek: op afspraak

Uitgekozen wijn:
Coteaux du Loir Vieilles Vignes Éparses

- Druivensoort: chenin
- Gemiddelde leeftijd van de stokken: 50-80 jaar
- Oppervlakte wijngaard: 2 ha
- Bodem: kiezelhoudende aarde op tufsteen
- Gemiddelde jaarproductie: 3000 flessen

(Werkelijke hoogte van de fles 35,2 cm)

Domaine de Bellivière
"Vieilles Vignes Eparses"
Coteaux du Loir
Appellation Coteaux du Loir Contrôlée
1998
Eric NICOLAS
vigneron
Élevé et mis en bouteille au Domaine
Bellivière 72340 Lhomme France
750 ml
Produce of France
12,5% vol.

Het Loire-dal heeft veel te danken aan Joël Gigou. Hij was een van de meest consistente en opvallende wijnmakers in het gebied in een periode waarin de wijnen ervan zeer uit de mode waren en het maken van wijn over het algemeen niet winstgevend was. Gelukkig heeft in recente jaren een groeiend aantal telers meer ambities gekregen, maar toch blijven de wijnen van Gigou, met name de cuvée Jasnières, een inspiratie voor velen.

Groot accent op terroir Gigou, zoon van een landbouwer, leerde zichzelf wijnmaken en begon in 1974 met vier-en-eenhalve hectare. In het jaar 1988 begon een periode van experimenteren, toen het idee wijnen te maken met een groter accent op het terroir zijn wijze van werken begon te beïnvloeden. Die wijze hield het beheersen van zijn oogsten en het controleren van zijn grondstoffen in en dat leverde onmiddellijk een zeer positief resultaat op... en toen bewees de fabuleuze jaargang 1989 Gigou dat hij grotere hoogten kon bereiken als Moeder Natuur hem gunstig gezind was.

Rijpen in kastanjehout Sindsdien heeft het succes hem zelfverzekerder gemaakt. In de kelder is geen plaats voor moderne oenologie; hij zorgt geduldig voor zijn wijnen en luistert naar ze en beslist op basis van proeven. Gigou is niet iemand voor *débourbage*, omdat hij van mening is dat het laten bezinken van de vaste bestanddelen de wijn minder rijk maakt en hij wil niets uit zijn mosten verwijderen. Wijnen gaan gisten met behulp van hun eigen gist en daarna blijven ze lange tijd op hun lies, zodat ze niet hoeven te worden geklaard. In de kelder liggen een paar eikenhouten fusten, maar bijna alles oudert in kastanjehout volgens de plaatselijke traditie, maar experimenten met acaciahout worden overwogen. En boven alles: er is geen haast bij... De natuur doet haar werk en Gigou helpt haar een handje, zo eenvoudig is het.

Een plaag voor de ambtenarij Hij leeft in verbijsterende minachting van de bureaucratie en haar onlogische regels, die voor alles gelden, behalve voor het bijstaan van de plaatselijke telers bij het promoten van de individualiteit van hun wijnen en het bestrijden van de competitie, of het nu in Frankrijk is of in het buitenland. De druif pineau d'aunis bijvoorbeeld is min of meer uniek in het Loire-dal, maar de regels staan de telers toe in de pineau d'aunis-wijnen tot aan 50% gamay te gebruiken! Deze tengere teler met zijn paardenstaart en zijn gerimpelde gezicht schept er een duivels genoegen is aan de verkeerde kant van de I.N.A.O. te blijven. En terwijl hij vlammende sarcastische brieven schrijft, heeft hij gelukkig nog tijd over om een mooie reeks wijnen van de appellations Jasnières en Coteaux du Loir te maken, geholpen door zijn zoon Ludovic, die ook autodidact is en in alles op zijn vader lijkt.

Jasnières Cuvée Clos Saint-Jacques Misschien is de mooiste droge witte wijn uit de kelder van Gigou wel zijn Clos Saint-Jacques, een groots-gedefinieerde aromatische wijn met nuances van kweepeer en kamperfoelie, die hun charme verlenen aan een mooie vuursteenachtige geur. Deze wijn heeft de tijd nodig om zich te ontwikkelen en kan decennia lang worden opgelegd; de jaargang 1986, veertien jaar oud, was nog opmerkelijk fris en begon net een petroleumachtig karakter te krijgen, een beetje lijkend op een rijpe Duitse Riesling. "Jasnières is de jeugdigste van rijpe wijnen, zie daar...", gniffelde Joël Gigou en hij raadde aan de wijn te schenken bij zoetwatervis als snoek, of bij kip in roomsaus.

- Andere geproduceerde witte wijnen: Jasnières Cuvée de l'Aillerie, Jasnières Cuvée des Trois Clos, Jasnières Sélection de Raisins Nobles, Jasnières Cuvée du Paradis, Jasnières Sélection du Paradis, Coteaux du Loir, Vin Pétillant du Loir
- Rode wijnen: Coteaux du Loir Cuvée Cénomane, Coteaux du Loir Pineau d'Aunis
- Rosé wijnen: Coteaux du Loir, Vin Pétillant du Loir
- Eigenaar: Joël Gigou
- Wijnmaker: Joël Gigou
- Oppervlakte gecombineerde wijngaarden: 12 ha
- Productie: 60.000 flessen
- Export: 15%
- Verkoop aan huis: nee
- Bezoek: nee

Uitgekozen wijn:
Jasnières Cuvée Clos Saint-Jacques

- Druivensoort: chenin
- Gemiddelde leeftijd van de stokken: 45 jaar
- Oppervlakte wijngaard: 2 ha
- Bodem: kiezelaarde
- Gemiddelde jaarproductie: 12.000 flessen

BOUTEILLE
1998
JOËL GIGOU
Domaine de la
CUVÉE CLOS ST-JACQUES
Vieilles vignes
JASNIÈRES
APPELLATION JASNIÈRES CONTROLÉE
MIS EN BOUTEILLE A LA PROPRIETÉ
J. GIGOU, Propriétaire-Viticulteur. 4 Rue des Caves - 72340 LA CHARTRE-S/-LE LOIR FRANCE
PRODUCE OF FRANCE

Het maken van topkwaliteit Vouvray kent weinig geheimen, zo beweert de nuchtere Bernard Fouquet, men moet gewoon veel tijd in de wijngaard doorbrengen. Alleen zo kan men de valkuilen die de natuur en het wispelturige weer van Touraine van tijd tot tijd presenteren vermijden en een goede oogst binnenhalen. Het bewijs dat Fouquet zijn wijngaarden van dichtbij gadeslaat, vindt men terug in elke fles die zijn bedrijf verlaat en die is gevuld met Vouvray van onberispelijke kwaliteit.

Een jongeman begint voor zichzelf Fouquets vader had een kwekerij van wijnstokken, die hem een gemakkelijke bron van geënte planten voor zijn wijngaarden verschafte, evenals een bron van inkomsten. Maar de kwekerij interesseerde Bernard niet, hij wilde liever wijnmaken. Hij ging op zoek naar een aantal stokken om voor zichzelf te kopen, vond er een paar, en had het geluk in de buurt ook kelders te vinden die hij kon huren en die hij voor het op handen zijnde werk inrichtte. Vanaf 1982 maakt hij zijn eigen wijn en brengt hij de lessen in praktijk die hij heeft geleerd op de viti-oeno school die hij na de middelbare school heeft bezocht. Al snel begon hij zijn eigen productie in bulk te verkopen.

Een klantenkring opgebouwd Tegen 1988 had hij al een redelijke klantenkring opgebouwd en bracht hij zijn eigen flessen op de markt. Hij had het geluk dat een welbekende Engelse keten van de betere middenstand dat jaar een order plaatste – en tot vandaag de dag een loyale klant is gebleven. Toen begon, dankzij uitstekende recensies in de pers van zijn jaargangen 1988, 1989 en 1990, zijn telefoon regelmatig te rinkelen en wilden andere buitenlandse importeurs zijn wijn kopen. Het balletje was aan het rollen. Tot slot ging zijn vader met pensioen en trok Bernard Fouquet in de familiekelders van waaruit hij heden ten dage opereert.

Aanpassen aan snel veranderende omstandigheden Sedertdien heeft hij niet omgekeken. Toch heeft alle succes niet veel veranderingen gebracht in zijn wijze van werken: hij blijft een nuchter mens en bekijkt de hedendaagse technologie met een bepaald wantrouwen, want het is maar al te gemakkelijk er teveel op te bouwen. Telers die zich eerder verlaten op hun computers dan op hun eigen observaties, computers die hen vertellen wanneer er dingen in de wijngaarden en de kelders moeten gebeuren, zijn uit op moeilijkheden.

Het belangrijkste voor een wijnmaken is de productie van topkwaliteit fruit, zo oordeelt Fouquet. Hoe geconcentreerder het sap, hoe makkelijker het is om goede wijn te maken... daarom is het essentieel om, ondanks de vele moeite die dat kost, selectief te oogsten door een aantal malen de wijngaard te bezoeken. En de teler van Vouvray moet in staat zijn zich zeer snel aan te passen, want in één week tijd kunnen de zaken dramatisch veranderd zijn en dat is bepalend of er *sec, demi-sec* of *moelleux* wijnen worden gemaakt.

Vouvray Le Marigny moelleux Le Marigny is een van de mooiste wijngaarden met kalkrijke kleigrond van Vouvray. Hij levert Fouquet prachtige grondstoffen waarmee, als de omstandigheden het toestaan, een weelderige moelleux kan worden gemaakt. In de neus domineren gedroogd fruit, honing en specerijen de majestueuze 1996, terwijl in de mond sprake is van een geconcentreerde Botrytis-zoetheid, een perfecte zuurgraad en onderliggende krachtige minerale tonen. Al met al is Le Marigny een meesterlijk vertoon van finesse en harmonie, die op zijn eentje kan worden genuttigd, maar ook bij morieljes in bladerdeeg of wat Bleu des Causses.

- Andere geproduceerde witte wijnen: Vouvray Cuvée de Silex sec, Vouvray Le Marigny sec, Vouvray Les Girardières demi-sec, Vouvray Les Girardières moelleux, Vouvray Le Plan de Jean moelleux, Vouvray Brut Méthode Traditionnelle
- Eigenaar: Bernard Fouquet
- Wijnmaker: Bernard Fouquet
- Oppervlakte gecombineerde wijngaarden: 21 ha
- Productie: 120.000 flessen
- Export: 50%
- Verkoop aan huis: 9-12 uur en 14.30-18 uur
- Bezoek: ja

Uitgekozen wijn:
Vouvray Le Marigny moelleux

- Druivensoort: chenin
- Gemiddelde leeftijd van de stokken: 50 jaar
- Oppervlakte wijngaard: 3 ha
- Bodem: kalkrijke kleigrond
- Gemiddelde jaarproductie: 4000 flessen

1996
Domaine des
BF
Le Marigny
VOUVRAY
APPELLATION VOUVRAY CONTRÔLÉE
Moelleux
750 ml.
BERNARD FOUQUET, VITICULTEUR
VOUVRAY (INDRE ET LOIRE) FRANCE
PRODUCE OF FRANCE

DOMAINE CHAMPALOU

Sec tendre, demi-sec of moelleux, een glas Vouvray moet altijd elegant en harmonieus zijn en leiden tot uitgelatenheid – dat is de filosofie van de Champalous, een jong stel dat kalmpjes werkt aan een zeer verfijnde reeks wijnen op hun wijnhuis in het gehucht Le Grand Ormeau, op het plateau boven Vouvray.

Respect voor het natuurlijke evenwicht van de natuur Het Domaine Champalou werd in 1984 gesticht, maar gezien de geschiedenis van de families was dat zeker voorbeschikt: Didier Champalou is de opvolger van vier generaties wijnmakers, terwijl zijn vrouw Catherine zelfs tot de tiende generatie behoort! Van 1,8 hectaren is het wijnhuis gegroeid tot 19, met stokken met een gemiddelde leeftijd van 40 jaar. Sommige bodems zijn van kalkrijke kleigrond, andere van kiezelhoudende aarde, maar alle zijn beplant met de chenin blanc.

Om het natuurlijke evenwicht van de natuur te respecteren wordt het wijnhuis met veel aandacht en zorg verbouwd volgens de methode *lutte raisonnée*. De activiteit van de stokken wordt teruggedrongen door ze aan het begin van de groeicyclus kort terug te snoeien wat over het algemeen daarna een "groene oogst" onnodig maakt. Een van de gouden regels van het huis is nooit haast om de oogst binnen te halen: de rijpheid van het fruit is van het opperste belang.

De koele rust van een primitieve kelder De oogst van elk wijngaardperceel en elke plukgang wordt apart gevinifieerd, hetzij in roestvrijstalen vaten of in eiken, om aldus de nuances van het terroir waarmee het fruit verzadigd is te respecteren. Door laat te oogsten wordt ook de concentratie nog groter. Het stel heeft het geluk gehad te beschikken over een koele, primitieve kelder en daarin rijpen alle druiven.

De Champalous staan bekend om de kwaliteit van hun mousserende wijn en de kelder is daar ideaal voor. De stille wijn ondergaat langzaam zijn tweede gisting in de fles en rijpt dan op de plank gedurende ruwweg 18 maanden – twee maal het minimum van de 9 maanden die de wet van de AOC voorschrijft – voordat de flessen in de *pupitres* worden geplaatst en dan worden gekeerd en schuin gedraaid om de dode gist omlaag te brengen naar de onderkant van de kurk, waardoor de uitdrijving van het bezinksel mogelijk wordt. Bij deze operaties is Catherine de keldermeester en verricht zelf de handelingen van *remuage* en *dégorgement*, het laatste met de hand, *à la volée,* met volle kracht. Een behendige techniek die helaas in de meeste champagnekelders nu is vergeten.

Vouvray La Cuvée des Fondraux Voor de stijl *demi-sec* komen de grondstoffen van de heuvels die het dichtst bij de rivier liggen, waar de bodem bestaat uit kiezelhoudende aarde. De stokken bloeien hier altijd 5-6 dagen eerder dan in de koudere kalkrijke kleigrond en het late seizoen is meestal warmer, waardoor het potentiële alcoholgehalte hoger wordt. Nadat de druiven zijn geperst en het sap rustig is, wordt het voor de gisting en rijping overgegoten in fusten die reeds een keer zijn gebruikt. Dankzij dagelijkse proefmonsters kunnen de Champalous precies het moment kiezen waarop het evenwicht van alcohol, zuren en restsuiker ideaal is.

Cuvée des Fondraux legt welsprekend getuigenis af van de nauwgezette en natuurlijke werkwijze van het stel, met als hij jong is een veelzeggend bouquet van witte bloemen, dat in de loop der tijd minerale nuances krijgt. Een perfecte drank voor de plaatselijke charcuterie, of voor snoekbaars gebakken met spek en geserveerd op linzen.

- Andere geproduceerde witte wijnen: Vouvray Sec Tendre Millésimé, Vouvray Le Clos du Portail, Vouvray La Cuvée Moelleuse, Vouvray Les Tries de Vendange, Vouvray Brut
- Eigenaars: Didier en Catherine Champalou
- Wijnmakers: Didier en Catherine Champalou
- Oppervlakte gecombineerde wijngaarden: 19 ha
- Productie: 125.000 flessen
- Export: 55%
- Verkoop aan huis: op afspraak
- Bezoek: op afspraak

Uitgekozen wijn:
Vouvray Cuvée des Fondraux

- Druivensoort: chenin
- Gemiddelde leeftijd van de stokken: 15-45 jaar
- Oppervlakte wijngaard: 6 ha
- Bodem: kiezelhoudende aarde
- Gemiddelde jaarproductie: 25.000 flessen

Vouvray
Cuvée des Fondraux
1998
CHAMPALOU
VOUVRAY
APPELLATION VOUVRAY CONTRÔLÉE
PRODUCE OF FRANCE
MIS EN BOUTEILLE À LA PROPRIÉTÉ
E.A.R.L. CHAMPALOU 7, rue du Grand Ormeau, 37210 VOUVRAY

Het Loire-dal heeft gelukkig een aantal wijnhuizen dat altijd topkwaliteit wijn heeft geproduceerd en zonder veel vertoon door moeilijke tijden het vaandel hoog heeft gehouden. Een van de Vouvray-producenten is het Domaine du Clos Naudin. Hier werkt Philippe Foreau gestadig aan het maken van meesterwerken van harmonie en elegantie, net als zijn grootvader Armand en zijn vader André dat in hun dagen deden. Clos Naudin is een bron van typerende Vouvray en is dat altijd geweest.

Regelmatig hard werken in de wijngaard Sedert hij in 1983 de verantwoordelijkheden op zich heeft genomen, ziet de werkweek van Philippe Foreau er weinig anders uit dan die van zijn voorvaders. Hij brengt veel tijd door tussen de wijnstokken, die alle groeien in de kiezelhoudende aarde, plaatselijk bekend als *perruches*. Zijn werk vraagt lichamelijk veel inspanning, maar is essentieel als men druiven van topniveau wil produceren. De chenin is een groots druivenras, in staat om wijnen te maken van een zeldzame distinctie, maar als men zijn activiteiten niet beperkt of niet goed voor hem zorgt kan hij ook een vloeistof met weinig karakter voortbrengen. Daarom begint de jaarcyclus altijd met sterk terugsnoeien om de opbrengst te beperken. Daarna is elk jaar verschillend, en met het wisselvallige weer van Touraine heerst er in de wijngaard nooit dezelfde routine.

Een zeer riskant besluit Wat blijft is het respect voor het milieu van de wijngaard: ploegen en slechts beperkt verspreiden van organische compost heeft de voorkeur boven onkruidverdelgers en kunstmest. Dat zorgt er ook voor dat de stokken hun wortels diep begraven op zoek naar voedsel, waardoor het specifieke karakter van elk perceel naar boven komt. Alleen de natuur bepaalt hoe geconcentreerd elk jaar de druiven zullen worden en Foreaus ervaring en zuivere oordeel slagen er meestal in het juiste moment van de pluk vast te stellen. Met een beetje geluk is het laat-seizoen zonnig en gebeurt het plukken in een aantal *tries*, wat de productie van demi-sec en moelleux wijnen mogelijk maakt.

Respect voor de gaven van de natuur In de kelders heerst ook volledig respect voor de gaven van de natuur. Na een voorzichtige druk van pneumatische persen – in een zeldzaam vertoon van vernieuwing was André Foreau in 1976 de eerste in Vouvray die deze technologie kocht – loopt het sap in fusten van 300 liter om te gisten. Er wordt geen kunstmatige gist gebruikt, er is geen chaptalisatie en slechts het minimum aan zwavel. In de prachtige tufstenen kelders van Foreau is de temperatuur laag, het gisten langzaam, en het hout oud, maar goed onderhouden. En de wijn wordt vóór de zomer gebotteld, welke stijl hij ook heeft, want meer dan zes maanden hout vermindert de persoonlijkheid van de chenin.

Vouvray moelleux Foreau's wijnen zijn vooral evenwichtig en dat kan men verwachten van iemand die een hekel heeft aan buitensporigheid. De complexiteit en pure klasse van zijn moelleux is een ervaring die elke wijnliefhebber verdient. Hij heeft in de neus en in de mond prachtige zuivere aromatische nuances van perziken, reine-claudes, bloedsinaasappels, abrikozen en honing, die zich verdringen om de gunst van de proever. Geen twee jaargangen zijn gelijk: sommige zijn zoeter, molliger, weelderiger, andere schraler, harder, cerebraler. Maar alle zijn een vreugd om te proeven, op hun eentje, goed gekoeld, of met een tarte Tatin of andere zoetigheid.

- Andere geproduceerde witte wijnen: Vouvray sec, Vouvray demi-sec, Vouvray pétillant, Vouvray Méthode Traditionnelle
- Eigenaar: Philippe Foreau
- Wijnmaker: Philippe Foreau
- Oppervlakte gecombineerde wijngaarden: 12 ha
- Productie: 55.000 flessen
- Export: 45%
- Verkoop aan huis: 8.30-12 uur en 14-18.30 uur
- Bezoek: ja

Uitgekozen wijn:
Vouvray moelleux

- Druivensoort: chenin
Gemiddelde leeftijd van de stokken: 35 jaar
- Oppervlakte wijngaard: 12 ha
- Bodem: kiezelhoudende aarde
- Gemiddelde jaarproductie: 20.000 flessen

1997
PRODUCE OF FRANCE
Domaine du Clos Naudin
Vouvray
APPELLATION VOUVRAY CONTRÔLÉE
MOELLEUX
FOREAU
Mis en bouteille à la propriété par
Ph. FOREAU - Viticulteur au CLOS NAUDIN VOUVRAY - 37210, FRANCE

Ten noorden van Vernou-sur-Brenne ligt het dal van de Cousse, waar een handjevol *vignerons* hun stokken verbouwen en wijn maken. Een van hen, de bebaarde en bebrilde François Pinon, is een zeer opmerkelijke figuur met zijn onberispelijke reeks Vouvrays, die als toegevoegde waarde hebben dat ze veel betaalbaarder zijn dan die van de bekendere namen van de *appellation*.

Twee eeuwen wijnbouw De familie Pinon oefent al meer dan twee eeuwen in het dorp de edele arbeid van wijnbouw uit, zoals een verkoopbewijs uit 1786 laat zien, waarin gewag wordt gemaakt van de verkoop aan haar van een stuk land met wijnstokken door de eigenaars van het nabijgelegen Château de Jallanges.

Tegenwoordig bezit het huis dertien hectaren. Omdat niemand in de familie ooit de behoefte heeft gehad het bedrijf te rationaliseren, kan François Pinon nu een oogst binnenhalen van een grote diversiteit, dankzij de verschillen in terroir. De oogst wordt nog verbeterd door de gebruikte wijnbouwkundige methode van de *lutte raisonnée*, met haar respect voor het welzijn van de stokken en de bodems. De wijnen hebben uiteraard ook baat bij de extra complexiteit die zij verkrijgen.

Het beste halen uit wat de natuur biedt De ervaring van twee eeuwen hebben de Pinons bezield met de plaatselijke filosofie die aanraadt het beste te halen uit wat de natuur biedt. Dit is een uitstekend advies voor een gebied waar zonneschijn nooit zeker is, de regen geen vreemde is en een late oogst, om zoete wijnen te maken, een luxe is waarvoor men dankbaar moet zijn als deze zich voordoet.

Pinon maakt daarom die wijnstijl die met de binnengebrachte grondstoffen het meest succesvol zal zijn. Een goede demi-sec kan elk jaar worden gemaakt, of in moeilijke jaren met de beste druiven of in goede jaren met minder goed fruit; in moeilijke jaren wordt veel mousserende wijn gemaakt, waarvoor rijpe druiven niet een essentiële voorwaarde zijn. In mooie jaargangen zal er niets droger zijn dan demi-sec. En bovendien probeert geen enkele goede teler elk jaar alle stijlen te produceren.

De wijnen gisten door middel van de eigen gist van het fruit, met een minimaal gebruik van zwavel, en de verschillende vaten worden aan het begin van maart in het volgende jaar door Pinon en zijn vrienden en plaatselijke sommeliers gemengd. Daarna rijpen ze in oude *demi-muids* van 600 liter. Om te experimenteren zijn er ook nog een paar tweedehandse barriques uit Bordeaux en pièces uit de Bourgogne.

Vouvray Sec Pinon betreurt het dat de algemene kwaliteit van Vouvray sec en demi-sec nog steeds wat te wensen overlaat en dat deze wijnen daardoor nauwelijks voorkomen op de wijnkaarten van restaurants. En toch zijn het, mits goed gemaakt, schitterende partners voor tal van gerechten: schaaldieren, gegratineerde oesters, alle soorten gekookte vis en wit vlees, gekruide oosterse gerechten, een aspergequiche...

Zijn eigen sec is een prachtig voorbeeld van dit genre, op het oog licht strogeel met een groene tint, in de mond rijp en breed met een zeer aantrekkelijke honingachtig bouquet met vleugjes citrusfruit en ananas. Het evenwicht van deze wijn is onberispelijk, de zuren zijn comfortabel omhuld door mollige plooien. Het is onnodig om op te merken dat er geen spoortje is van de rigide strengheid en scherpe zuren die zo kenmerkend zijn voor veel van dit soort wijnen en waardoor de consumenten worden afgeschrikt.

- Andere geproduceerde witte wijnen: Vouvray Tradition demi-sec, Vouvray moelleux, Vouvray 1ère Trie moelleux, Vouvray Cuvée Botrytis liquoreux, Vouvray Méthode Traditionelle (Brut non-vintage, Demi-Sec non-vintage, Sec vintage)
- Eigenaar: Familie Pinon
- Wijnmaker: François Pinon
- Oppervlakte gecombineerde wijngaarden: 13 ha
- Productie: 80.000 flessen
- Export: 5%
- Verkoop aan huis: ja
- Bezoek: ja

Uitgekozen wijn:
Vouvray sec

- Druivensoort: chenin blanc
- Gemiddelde leeftijd van de stokken: 30 jaar
- Oppervlakte wijngaard: 13 ha
- Bodem: kiezelhoudende aarde
- Gemiddelde jaarproductie: 5000 flessen

Vouvray
1997
sec
Vouvray
APPELLATION VOUVRAY CONTRÔLÉE
750 ml.
François Pinon
12,7% vol.
Viticulteur - « Vallée de Cousse » - 37210 Vernou-sur-Brenne - France
Produit de France

Gaston Huet is nu met pensioen na een lang en gerenommeerd leven als teler, lid van het INAO, langdurig burgemeester van Vouvray en succesvol tegenstander van regeringsplannen om een TGV-spoorweg door de beste wijngaarden van Vouvray aan te leggen. En terloops heeft hij ook enkele mijlpaalvintages Vouvray gemaakt in 1945, 1947, 1959... Wijnen die nog steeds opmerkelijk fris, complex en onberispelijk evenwichtig zijn. Zijn schoonzoon Noël Pinguet zet nu de reputatie van dit mooie wijnhuis met perfect talent voort.

Overgang naar biodynamica Huet begon in 1929 met het maken van wijn van het enige perceel, Le Haut-Lieu, dat zijn familie toen bezat. In 1953 kocht hij Le Clos du Bourg en vijf jaar later voegde hij Le Mont aan het familiebezit toe. Deze drie percelen vormen heden ten dage de bulk van het wijnhuis, dat 35 hectaren beslaat.

Pinguet begon in 1976 met het vinifiëren van de wijnen. Evenals veel jonge telers maakte hij zich zorgen over de bodems van de wijngaard en in 1987 werd hij overgehaald de biodynamica uit te proberen op een klein perceel. Het volgende jaar waren alle insecticiden en andere synthetische producten verbannen en was de evenwichtig ecologische omgeving herschapen waarin de natuurlijke vijanden al spoedig weer begonnen te verschijnen. Behandelingen tegen ziekten van de stokken beperkten zich tot kopersulfaat, zwavelpoeder en papjes gemaakt van netels, paardestaart en duizendblad; en de verrijking van de bodem beperkte zich tot 1 ton per hectare van een huismengsel van koeienmest en stro dat na het ploegen in de winter werd uitgestrooid. De resultaten waren al snel merkbaar en vanaf 1990 bracht Pinguet het hele wijnhuis onder een biodynamisch regime.

De voordelen van Huets biodynamische avontuur vallen niet te ontkennen: de wijngaarden zoemen van leven en zijn opvallend gezond, de stokken zijn natuurlijk minder productief en het fruit is een goede week eerder klaar voor de pluk dan elders. Toch is het systeem voor Pinguet een gereedschap en zeker geen religie; en het werd niet geadopteerd voor de show, met veel geschreeuw en weinig wol, zoals op een aantal andere wijnhuizen het geval was.

Tank, fust of een muid van kastanjehout De oogst geschiedt zorgvuldig door middel van *tries* om het probleem van ongelijke rijpheid het hoofd te bieden. De mosten krijgen geen kunstmatige gist, worden niet gechaptaliseerd en gisten in tank, fust of *muids* van kastanjehout. Het gisten van de wijnen met hun restsuiker wordt gestopt door oversteken en de toevoeging van een kleine hoeveelheid zwavel. En, zoals in Vouvray traditie is, wordt de malolactische gisting vermeden.

Vouvray Le Haut-Lieu demi-sec De stijl demi-sec, zoals Noël Pinguet die maakt, is over het algemeen een zuiver voorbeeld van dit type: heldergoud met een opmerkelijke groene tint en, als de wijn nog jong is, een verleidelijke florale geurigheid met de suggestie van kweepeer en peer. Na een paar jaar ruikt de wijn wat meer naar was en honing. Hij is breed, sappig en harmonieus in de mond en heeft ook iets mineraals, wat een beetje gewicht geeft aan de frivoliteit van zijn verleidelijke charme. Deze demi-sec is op elk moment van de dag of de nacht een genot en kan worden geschonken bij zwezerik of voor echt iets bijzonders, oeufs en meurette (eieren met rode-wijnsaus).

- Andere geproduceerde witte wijnen: Vouvray Sec, Vouvray Moelleux, Vouvray Pétillant
- Eigenaar: Gaston Huet
- Wijnmaker: Noël Pinguet
- Oenoloog: Noël Pinguet
- Oppervlakte gecombineerde wijngaarden: 35 ha
- Productie: 150.000 flessen
- Export: 50%
- Verkoop aan huis: 9-12 uur en 14-18 uur
- Bezoek: nee

Uitgekozen wijn:
Vouvray Le Haut-Lieu demi-sec

- Druivensoort: chenin
- Gemiddelde leeftijd van de stokken: 30 jaar
- Oppervlakte wijngaard: 9 ha
- Bodem: kalkrijke kleigrond
- Gemiddelde jaarproductie: 40.000 flessen

LE HAUT-LIEU
DEMI-SEC
1992
VOUVRAY
APPELLATION VOUVRAY CONTRÔLÉE
MIS EN BOUTEILLE À LA PROPRIÉTÉ
S.A. HUET VITICULTEUR
LE HAUT-LIEU - VOUVRAY (I&L) FRANCE
12% VOL.
750 ML.
PRODUCT OF FRANCE

Domaine Pichot

De Pichots zijn in Vouvray goed bekend, want ze wonen er al sedert 1739 en ze houden zich zowel bezig met het maken van wijn als met het bevredigen van de gastronomische wensen van plaatselijke magen in hun hoedanigheid van restaurateurs. Liefhebbers van Vouvray kunnen hun domein zonder aarzelen bezoeken, want zij zullen er na het proeven van enkele excellente wijnen en het doen van enkele goede aankopen voldaan vandaan komen.

Een domein met eerbied voor de natuur Nu zijn vader Jean-Claude met pensioen is, is het domein, met zijn 27 hectaren, de verantwoordelijkheid van Christophe Pichot. Het originele domein, Coteau de la Biche, omvatte twaalf hectaren en is gesticht door de bet-overgrootvader van Christophe. Onlangs zijn aan dit domein Le Peu de la Moriette, gesticht door Jean-Claude en Christophe, en La Marigny toegevoegd.

De Pichots zijn zich goed bewust van het kapitale belang van gezonde stokken en een gezonde omgeving waar ze in kunnen groeien. Op hun domein heerst een biologisch regime, hoewel ze dat niet zeggen, en er wordt alleen gebruik gemaakt van zwavel en Bordeauxse pap om de diverse ziekten van de stokken te bestrijden. De bezoekers zullen niet worden platgegooid met frasen als "dicht bij de natuur blijven", "eenvoudig blijven" en "laat de natuur haar gang maar gaan"...De druiven worden in verschillende stadia van rijpheid geplukt, maar ze zijn allemaal vol van smaak als gevolg van een obsessieve aandacht voor de opbrengst: hoewel de wet voor de *appellation* een opbrengst van 52 hectoliter per hectare toestaat, heeft Pichot een gemiddelde van 35 hectoliter. Zelfs in moeilijke, natte jaren, zoals in 1999, was de opbrengst niet meer dan 45 hectoliter per hectare.

Niet-interventie en matigheid Niet-interventie is de regel bij het wijnmaken. Na het persen worden de mosten door middel van de zwaartekracht overgebracht op tank, waar ze in 12 tot 24 uur hun onzuiverheden kunnen laten bezinken. De gisting gebeurt dan perceel bij perceel om de nuances van het terroir en de rijpheid van de druiven te behouden. Daarbij maakt niemand zich druk om het reguleren van de temperatuur, die over het algemeen oploopt tot zo'n 18-20°C.

De wijnen gisten in verschillende soorten vaten; droge witte beginnen in hout en eindigen in de tank, de demi-secs en liquoreux-wijnen beginnen in de tank en worden daarna overgebracht op hout. Dan volgt de fustrijping: Pichot streeft naar een perfect evenwicht tussen suiker en zuur. Hij wil vooral wijnen produceren waarbij kan worden gegeten en hij ziet absoluut niets in excessief ge-eikte 'competitie'-wijnen.

Vouvray Les Larmes de Bacchus In de hoek van de *cuverie* staat een kleine pers die wordt gebruikt om de eerste oogsten van de druiven, aangetast door Botrytis, voorzichtig te kneuzen. Wanneer hij vol is, produceert hij pakweg zestig liter sap, waarvan de eerste tien apart worden gehouden om een wijn te maken van een ongelooflijke compactheid en rijkdom, de zeldzame Larmes de Bacchus. Dit is een monumentale wijn die even volmaakt is als welke van de grote liquoreux-wijnen van Frankrijk ook en die, hoewel hij op jeugdige leeftijd verrukkelijk is, de potentie heeft voor jarenlange flesrijping. Jong, een waarlijk extract van honing, kweepeer, vanille en bloemen, is dit een wijn om samen met waarderende vrienden van te nippen...op zijn eentje of met ganzenlever, roquefort of een ongesuikerde perentaart.

- Andere geproduceerde witte wijnen: Vouvray Coteau de la Biche sec, Vouvray Le Peu de la Moriette demi-sec, Vouvray La Peu de la Moriette moelleux, Vouvray Le Marigny moelleux, Vouvray Coteau de la Biche moelleux, Vouvray Coteau de la Biche Collection liquoreux, Vouvray Méthode Traditionelle
- Eigenaars: Jean-Claude en Christophe Pichot
- Wijnmakers: Jean-Claude en Christophe Pichot
- Oppervlakte gecombineerde wijngaarden: 27 ha
- Productie: 180.000 flessen
- Export: 70%
- Verkoop aan huis: ja
- Bezoek: ja

Uitgekozen wijn:
Vouvray Les Larmes de Bacchus

- Druivensoort: chenin blanc
- Gemiddelde leeftijd van de stokken: 35 jaar
- Oppervlakte wijngaard: 27 ha
- Bodem: kalkhoudende kleigrond
- Gemiddelde jaarproductie: 2000 flessen

Domaine Pichot
Mis en bouteille au Domaine
Les Larmes de Bacchus
1995
1995
Vouvray
Appellation Vouvray Contrôlée
e.a.r.l. Jean Claude et Christophe Pichot
Propriétaires - 37210 Vouvray
750 ML
PRODUCT OF FRANCE

Ingeklemd tussen de rivieren Loire en Cher en tussen Tours en het Bos van Ambroise, produceert het kleine wijnproductiegebied Montlouis enkele van de meest expressieve vertolkingen van wijnen gemaakt van de chenin blanc (of pineau de la loire), zowel stille als mousserende en zowel droog als zoet en alles daar tussenin. Een Montlouis kom je niet gauw tegen, maar wijnen zoals gemaakt door telers als Olivier Deletang zijn absoluut het opsporen waard.

Lichter en eerder op dronk Hoewel er oppervlakkig bezien weinig verschil is tussen Montlouis en Vouvray, bevat de bodem van de eerste een hoger percentage kiezelhoudende aarde dan de over het algemeen zwaardere klei van Vouvray. De bodems zijn ook lichter en minder diep. De wijnen zijn daarom vaak wat lichter en eerder op dronk. Het huis van de familie Deletang is een van de grootste, en de stokken staan in een aantal verschillende bodemsoorten in het spectrum van kalkhoudende klei en kiezelhoudende aarde. Omdat de chenin in goede jaren in staat is zich uit te drukken in nuances van terroir, kan de familie een aantal verschillende en individuele *cuvées* maken.

Nemen wat de natuur biedt Maar men moet de chenin respecteren en er niet mee spotten. Helaas wordt er door middel van chaptalisatie vandaag de dag veel Montlouis demi-sec of moelleux gemaakt, die een schandalige demonstratie zijn van luiheid en van minachting voor de natuur en de klant. De gewetensvolle teler neemt wat de natuur hem biedt en handelt daarnaar. Daarom maakt hij in minder warme jaren veel sec en mousserende wijn en weinig wat zoeter is dan demi-sec. In grote jaren wordt hij beloond met natuurlijke moelleux- en zelfs liquoreux-wijnen. Alleen de oneerlijke teler maakt elk jaar moelleux.

Roestvrijstaal en lage temperaturen Er wordt in de wijngaarden van Deletang streng gesnoeid om de opbrengsten op een redelijk niveau te houden. Het plukken geschiedt met de hand, wat essentieel is als men kieskeurig wil zijn. Het wijnmaken gebeurt in een grote loods die naast de gebouwen van de firma in Saint-Martin-Le-Beau staat. "We doen het hier niet zoals in de Bordelais," gekscheert Deletang, maar hoewel de omgeving best wat romantischer had gekund, is geen geld gespaard voor de investering in roestvrijstalen vaten, het enige medium dat het huis gebruikt.

De gisting gebeurt bij lage temperaturen met een minimaal gebruik van zwavel en duurt een aantal maanden. In de daaropvolgende lente wordt er gebotteld. Daarna gaan de flessen naar de prachtige oude, gewelfde ondergrondse kelders van het bedrijf, totdat de wijnen op dronk zijn.

Montlouis Réserve moelleux Kenmerkend voor de wijnen van Deletang is hun zachtheid, molligheid en bescheiden zuurgraad, eigenschappen die het gevolg zijn van de schitterende rijpe kwaliteit van de grondstoffen en het ouderen van de wijnen op hun lies, waardoor ze 'ronder' worden. In de jaren waarin hij wordt gemaakt kan de Réserve moelleux een opmerkelijk zoete wijn zijn – de jaargang 1977 bevatte niet minder dan 60 gram restsuiker per liter – met veel finesse en harmonie en een uitgelezen florale geurigheid. Hij is op zich al verrukkelijk, maar vormt ook een bijzonder interessante combinatie met ganzenlever en blauwe kazen.

- Andere geproduceerde witte wijnen: Montlouis, Montlouis Les Bâtisses, Montlous Les Petits Boulay (sec, demi-sec, moelleux), Montlouis Méthode Traditionelle, Touraine Sauvignon
- Rode wijn: Touraine
- Rosé wijn: Touraine Méthode Traditionelle
- Eigenaar: Familie Deletang
- Wijnmaker: Olivier Deletang
- Oppervlakte gecombineerde wijngaarden: 20 ha
- Productie: 120.000 flessen
- Export: 50%
- Verkoop aan huis: ja
- Bezoek: 9-12 uur en 13:30-18:30 uur

Uitgekozen wijn:
Montlouis Réserve Moelleux

- Druivensoort: chenin blanc
- Gemiddelde leeftijd van de stokken: 50 jaar
- Bodem: kalkhoudende kleigrond
- Gemiddelde jaarproductie: 4000 flessen

MOËLLEUX
MOËLLEUX
1997
Val de Loire
Domaine Deletang
Montlouis
Appellation Montlouis Contrôlée
RESERVE
L13
White Loire Wine

DOMAINE FRANÇOIS CHIDAINE

Sommige van de zuiverste en meest verfijnde Montlouis-wijnen komen uit de kelders van François Chidaine. Deze wijnen worden gemaakt met bescheidenheid en respect en tonen de zorg van de teler voor elk van zijn planten en wijngaardpercelen, wat zich weerspiegelt in goedgevormde persoonlijkheden van grote aromatische precisie en harmonie. Chidaines wijnen zijn meer cerebraal dan de meeste; liefhebbers van zwierigheid moeten elders zoeken.

Het belang van menselijk streven Chidaine, gezegend met een onderzoekende geest en een passie voor het maken van wijnen ('het is de beste leerschool'), gebruikt traditionele methoden. Nadat hij twee jaar op het wijnbouwlyceum te Amboise les had gehad in wijnbouw en wijnmaken, begon hij in 1984 deze het geleerde in de praktijk te brengen op een halve hectare land. De aankoop van vijf hectaren in 1989 markeerde de effectieve stichting van zijn domein, dat nu vijftien hectaren omvat, waarvan hij de meeste grond bewerkt op een pachtbasis voor zijn ouders, ooms en tantes.

Sinds 1977 gebruikt hij biodynamische methoden, zodat elke stok in elk perceel op zijn eigen manier kan bloeien en hem zo beloont met mooi fruit. Zoals Chindaine het stelt, wordt wijn geboren uit de stok, niet uit een of andere kundigheid in de cuverie. Bescheidenheid is voor hem het belangrijkst, want de bodem is onafhankelijk. Die moet ademen, want hij herbergt krioelend leven dat hem verrijkt. Werk in de wijngaard kan nooit routine zijn, omdat individualiteit de regel is, zowel in de wijngaard als in de wijn: in geen perceel zijn alle planten voorbeelden uit het handboek van wijnbouwkundige schoonheid...maar in een mengsel voegt elk wat toe en draagt bij aan een blijvende verleiding.

Eerder finesse dan weelde Het domein van Chidaine omvat vijf percelen: Clos du Breuil, Clos Habert, Clos du Volagre, Clos au Renard en Les Epinais, allemaal bestaande uit kiezelhoudende klei op een ondergrond van kalksteen. De eerste kijkt uit op het noordwesten en er wordt altijd droge wijn van gemaakt. De tweede, een monopole, heeft stokken van zestig jaar oud die een wijn opleveren met veel finesse en een mineraal karakter. Beide krijgen meestal de naam van het perceel op hun etiket, terwijl de andere meestal *cuvées* zijn. Met twee maal per jaar ontknoppen, worden de opbrengsten redelijk laag gehouden, zodat een 'groene oogst' niet nodig is. Chidaine besteedt veel tijd aan het trainen van zijn plukkers, zodat de selectiviteit tijdens de oogst zorgt voor een maximale doeltreffendheid. De druiven gisten dan door middel van hun eigen gist, de stille wijnen in *demi-muids* en de mousserende wijnen in roestvrijstalen tanks.

Chidaine wil liever finesse dan weelderigheid en de wijnen weerspiegelen inderdaad het karakter van deze nogal gereserveerde jonge man.

Montlouis Les Truffeaux Lange, trage gisting in de diepten van de kelders waarin de temperatuur nooit hoger dan 11°C komt, geeft de *demi-sec* Les Truffeaux een mooie diepe geur, een wonder van precisie, frisheid en harmonie met een uitgelezen florale geurigheid en een zweem van peer in de mond. De restsuiker en het zuur zijn perfect in evenwicht, wat een wijn oplevert die jong verrukkelijk is, maar zeker in een tiental jaren zal verbeteren. Flensjes gevuld met kikkerbilletjes en asperges zijn een harmonieus gezelschap voor Les Truffeaux.

- Andere geproduceerde witte wijnen: Montlouis sec, Montlouis Clos du Breuil, Montlouis Clos Habert, Montlouis Les Lys, Montlouis Méthode Traditionelle brut en demi-sec
- Eigenaar: François Chidaine
- Wijnmaker: François Chidaine
- Oppervlakte gecombineerde wijngaarden: 15 ha
- Productie: 50.000 flessen
- Export: 50%
- Verkoop aan huis: ja
- Bezoek: op afspraak

Uitgekozen wijn:
Montlouis Les Tuffeaux

- Druivensoort: chenin blanc
- Gemiddelde leeftijd van de stokken: 40 jaar
- Oppervlakte wijngaard: 4 ha
- Bodem: kiezelhoudende klei op kalksteen
- Gemiddelde jaarproductie: 12.000 flessen

MIS EN BOUTEILLE À LA PROPRIÉTÉ
LES TUFFEAUX
Montlouis
APPELLATION MONTLOUIS CONTROLEE
François Chidaine
1997
François Chidaine . Viticulteur . Husseau. 37270 Montlouis I.&L.
PRODUCE OF FRANCE

Toen in korte tijd drie telers van Montlouis zonder opvolgers de pensioengerechtigde leeftijd bereikten, lag het voor de hand dat de plaatselijke wijnmakelaar Jacky Blot het vak ging leren. Want toevallig verlangde Blot er allang naar om zijn eigen wijn te maken in plaats van andermans wijn te verhandelen. Daarom werd er het een en ander geregeld. In 1988 werd het Domaine de la Taille aux Loups gesticht. In de loop van zijn korte bestaan zijn daar enkele opmerkelijke volmaakte wijnen gemaakt.

De potentie van mooie oude stokken Blot wist dat de hem geboden wijngaarden oud waren en geen klonen bevatten en dus de potentie hadden om zeer mooi fruit te leveren. Vanaf het begin verbouwde hij ze volgens het systeem van *lutte raisonnée*. Hij schoffelde de grond (zeer ongebruikelijk in die buurt) in plaats van onkruidverdelgers of andere chemische producten te gebruiken, verrijkte de grond met af en toe wat organische mest en snoeide de stokken streng terug. Ook bond ze op volgens de *gobelet*-vorm, in plaats van de wijdverspreide *guyot-vorm*, die voor een grote opbrengst zorgt en beter geschikt is voor rode druivensoorten. En met deze maatregelen blijven zijn opbrengsten beperkt tot een zeer bescheiden gemiddelde van 35 hectoliter per hectare. De wijnen geuren dan ook naar het karakter van hun terroir.

Sorteertafels in de wijngaard Wijn wordt in de wijngaard gemaakt en niet in de kelder, houdt Blot zijn bezoekers voor. Hij stelt het plukken zo lang mogelijk uit en begint over het algemeen pas wanneer de anderen al druk bezig of zelfs al klaar zijn. Er vinden verschillende plukgangen plaats om de trossen, of zelfs delen van trossen, pas bij optimale rijpheid te plukken. De druiven worden in ondiepe containers gelegd om kneuzen te voorkomen en worden dan overgebracht naar mobiele sorteertafels in de wijngaard. Bij het sorteren ontstaan drie categorieën: onrijpe of rotte druiven die worden weggegooid, rijpe en 'nobele' rotte. Als je Jacky zoekt, ga dan naar de tafels...tijdens de hele oogst zal hij die niet verlaten.

Langdurige gisting in koude tufstenen kelders Het fruit dat is geslaagd, wordt voorzichtig geperst in een pneumatische Bücher-pers, mag dan gedurende 24 uur bezinken en wordt dan overgebracht naar *barriques* uit Bordeaux, die tweedehands zijn gekocht van het Château d'Yquem, of naar de traditionele *demi-muids* van 600 liter.

Dan volgt een langdurige gisting in de koude tufstenen kelders, met behulp van de eigen gist van de druiven...en nooit geholpen door chaptalisatie, want men wil de waarlijke weerspiegeling van de klimatologische omstandigheden van elke jaargang vasthouden. Na een aantal malen oversteken en een lichte klaring, wordt de inhoud van de verschillende fusten gemengd. Dan volgt een lange periode van rijpen op de lies met af en toe omroeren (zoals in Bourgogne) en wordt er in de herfst van het jaar volgend op de oogst gebotteld.

Montlouis sec Rémus Gerijpt gedurende een jaar in gelijke hoeveelheden nieuw en één jaar oud eikenhout, is de droge, maar zeer rijke Rémus een zeer weelderige getuigenis van Blots talent, een verbijsterende mengeling van frisheid, molligheid en verfijnd vluchtig aroma. Zijn grote concentratie in de mond maakt hem zonder pardon bestemd voor de tafel, bijvoorbeeld naast een bordje zwezerik, en zijn zuren (goed verborgen in de mollige plooien) en lange afdronk geven een potentie aan voor jarenlange flesrijping. Met dergelijke wijnen is Montlouis bestemd om zeer modieus te worden.

- Andere geproduceerde witte wijnen: Montlouis sec, Montlouis demi-sec, Montlouis moelleux, Montlouis Cuvée Spéciale, Montlouis moelleux Cuvée des Loups, Montlouis liquoreux Romulus, Montlouis Méthode Traditionelle, Montlouis Pétillant, Vouvray Clos de Venise
- Eigenaar: Familie Blot
- Wijnmaker: Jacky Blot
- Oppervlakte gecombineerde wijngaarden: 13 ha
- Productie: 55.000 flessen
- Export: 20%
- Verkoop aan huis: ja
- Bezoek: ja

Uitgekozen wijn:
Montlouis sec Rémus

- Druivensoort: chenin blanc
- Gemiddelde leeftijd van de stokken: 70-80 jaar
- Oppervlakte wijngaard: 13 ha
- Bodem: kiezelhoudende aarde op kalksteen
- Gemiddelde jaarproductie: 7000-15.000 flessen

DOMAINE
DE LA
TAILLE AUX LOUPS
1998
MONTLOUIS
Mis en bouteille à la propriété
JACKY BLOT
Viticulteur à Montlouis-sur-Loire
France
Rémus

Het was de jonge Henry Marionet zonneklaar dat er veel moest gebeuren wilde de Touraine-wijnen iets meer bereiken dan alleen een plaatselijke reputatie. Deze energieke en vastbesloten man, die wel van een uitdaging houdt, begon zijn carrière met experimenteren en vernieuwen. Het nettoresultaat is een reeks frisse, fruitige rode gamay-wijnen, die fijner en volmaakter zijn – en zeker natuurlijker – dan welke wijn uit de Beaujolais ook. Ook maakt hij witte sauvignon-wijnen van een verbijsterende puurheid en elegantie.

Gunstig klimaat voor gamay en chauvignon Marionnet is de eerste om toe te geven dat de natuur hem heeft geholpen. Domaine de la Charmoise ligt op de hoogste grond tussen de Loire en de Cher en wordt nauwelijks getroffen door vorst. Het gebied werd zelfs gespaard in het catastrofale jaar 1956, waarin zo veel telers hun wijngaarden verwoest zagen. De ligging van het huis op het meest oostelijke puntje van Touraine, met zijn semi-landklimaat, schept voor de gamay en de sauvignon een omgeving die bijzonder gunstig is om in de kiezelhoudende kleigronden te rijpen.

Verbijsterende fruitigheid Zuiverheid is de essentiële kwaliteit van de wijnen van Marionnet en hij bereikt dit door ze te maken in roestvrijstalen tanks die zijn gevuld met koolzuurgas. In deze zuurstofvrije omgeving vindt de gisting in de ongekneusde druiven spontaan plaats, over het algemeen zonder toevoeging van zwaveldioxide, zonder kunstmatige gist en, als de jaargang dat toestaat, zonder chaptalisatie. Deze methode, de zogeheten *macération carbonique*, levert wijnen van een verbijsterende fruitigheid op.

Het spreekt vanzelf dat de gebruikte grondstoffen van de hoogste kwaliteit moeten zijn. Marionnet doet dan ook zijn uiterste best om dat te bereiken. De praktijk in de wijngaard kan worden omschreven als *lutte raisonnée*. Om de oogsten tot een redelijk niveau te beperken vindt ontknopping en een 'groene oogst' plaats, en worden ook bladeren weggeknipt, zodat de kleurpigmenten zich beter kunnen ontwikkelen.

De oogst gebeurt met de hand en de plukkers zijn uiterst selectief. Het fruit wordt in ondiepe kisten geplaatst om kneuzing te voorkomen, waardoor er wel een risico is van voortijdige oxidatie, waarna het zo snel mogelijk naar de cuverie wordt getransporteerd.

Vier nieuwe wijnen Naast zijn basiswijnen Gamay en Sauvignon maakt Marionnet de geweldige laat-geoogste, droog-gegiste witte 'M' de Marionnet (de jaargang 1989 heeft andere Sauvignons uit de hele wereld verslagen voor de topplaats in de Gault & Millau Olympiades du Vin in 1990) en drie speciale Gamays: Vinifera, gemaakt van niet-geënte stokken; Cépages Oubliés, gemaakt van de traditionele, maar nu niet wettig toegestane gamay noir *à jus rouge*; en de Première Vendange, die wellicht de filosofie van Marionnet het best tot uitdrukking brengt.

Touraine Gamay Première Vendange Dit is absoluut een natuurlijke wijn die zonder hedendaagse oenologische hulp is gemaakt. Marionnet beschermt deze wijn eenvoudig tegen oxidatie door het gebruik van gas en moderne technologie. De Première Vendange, gemaakt voor consumptie binnen een jaar, heeft een fijne, dieppaars getinte robijnen kleur en een geweldige neus van frambozen, zwarte bessen en viooltjes. In de mond is deze wijn mooi fris en zuiver, harmonieus en goed gestructureerd. Geschonken bij een temperatuur van 13°C is de Première Vendange een uitstekende partner voor een gerecht als gevulde lamsschouder.

- Andere geproduceerde rode wijnen: Touraine Gamay, Touraine Gamay Vinifera, Vin de Pays Les Cépages Oubliés
- Witte wijnen: Touraine Sauvignon, Touraine Sauvignon 'M' de Marionnet, Vin de Pays Provignage
- Rosé wijn: Touraine
- Eigenaar: Henry Marionnet
- Wijnmaker: Henry Marionnet
- Oppervlakte gecombineerde wijngaarden: 60 ha
- Productie: 400.000 flessen
- Export: 40%
- Verkoop aan huis: ja
- Bezoek: Ja

Uitgekozen wijn:
Touraine Gamay Première Vendange

- Druivensoort: gamay
- Gemiddelde leeftijd van de stokken: 30 jaar
- Oppervlakte wijngaard: 40 ha
- Bodem: kiezelhoudende aarde
- Gemiddelde jaarproductie: 300.000 flessen

APPELLATION TOURAINE CONTRÔLÉE
1998
Première Vendange
Henry Marionnet
MIS EN BOUTEILLE PAR HENRY MARIONNET, VIGNERON - SOINGS (LOIR-ET-CHER) FRANCE

Halverwege tussen Mareuil-sur-Cher en Pouillé, min of meer op de plek waar de invloed van de Atlantische Oceaan wordt overschaduwd door die van het continent, ligt het wijnhuis Clos Roche Blanche. Dat produceert een kleine reeks wijnen die door hen 'die het kunnen weten' worden opgekocht. Ze hebben allemaal de bescheiden *appellation* Touraine en zijn ook zo geprijsd; en omdat de kwaliteit over de hele linie zeer hoog is, zijn ze hun prijs meer dan waard.

Ontstaan van een jong team Catherine Roussel en Didier Barrouillet leiden dit huis. Het werd gesticht door de overgrootvader van Catherine, die de wijngaarden beplantte, uit het tufsteen een kelder hakte en met het zo verkregen witte steen het frappante huis bouwde op de top van een heuveltje, waarin de familie Roussel sindsdien heeft gewoond. Toen haar vader in 1975 stierf, stond Catherine haar moeder bij met het leiden van het bedrijf, maar de zaken zouden bijzonder zwaar zijn geweest als ze niet een werknemer hadden gehad die hen min of meer alles leerde.

Toen Didier Barrouillet in 1981 uit Parijs kwam om een seizoen met de oogst te helpen, merkte hij dat hij onweerstaanbaar werd aangetrokken tot het leven als wijnboer. Samen met Catherine sloeg hij de handen ineen, rolde zijn mouwen op en leerde al doende hoe alles moest. Hij is degene die nu voor het wijnmaken verantwoordelijk is.

Bekeerd tot een biologisch regime De wijngaard ligt op de eerste hellingen van het Cher-dal, op twee percelen die twee kilometer van elkaar verwijderd liggen. De grond is arm, ideaal voor wijnbouw, en bestaat vooral uit kiezelhoudende klei en gruis, gesitueerd op een ondergrond van kalksteen. Toen het tweede perceel in 1992 werd aangekocht, vermeerderde het wijngaardoppervlak van 15 naar 27 hectaren. Het jaar daarop besloten Catherine en Didier om de twee percelen biologisch te gaan bewerken.

De eerste twee jaar werd er ongelofelijk hard gewerkt. Vanwege het langdurige gebruik van onkruidverdelgers was de grond samengeklonterd en zo hard als beton. De wortelsystemen van de stokken lagen ook net onder de oppervlakte, terwijl het moeizame ploegen ertoe had geleid dat veel wortels beschadigd waren. Maar de moeilijke overgang moest worden overwonnen, omdat het karakter van het terroir weer moest worden onthuld.

Een voorkeur voor authenticiteit Het wijnmaken gebeurt zowel in een bovengrondse kelder als in de kelder die is uitgehouwen in een rots naast de wijngaard, zodat de oogst zo snel mogelijk kan worden verwerkt. De voorkeur gaat uit naar authentieke wijnen, trouw aan de bodem (zelfs als ze daardoor wel eens een smetje hebben), in plaats van naar het technisch volmaakte, waaraan vaak de ziel ontbreekt. Daarom wordt er zelden gechaptaliseerd, wordt indien mogelijk koolzuur gebruikt in plaats van zwavel en worden de wijnen voor botteling slechts minimaal gefilterd.

Touraine Sauvignon De Sauvignon die op Clos Roche Blanche wordt gemaakt demonstreert welsprekend hoe Catherine en Didier vorderingen hebben gemaakt. De weelderige honingachtige, exotische geurigheid attendeert ons op iets speciaals, en in de mond is de wijn dan ook zo rijp en rijk dat hij niet de droge sensaties veroorzaakt van de meeste Sauvignons. Mollig, intens geurend en onberispelijk in balans, eindigt hij met een grootse lengte. Eenvoud, puurheid, harmonie... Al met al een opmerkelijke wijn, die roept om een terrine van snoek.

- Rode wijnen: Touraine Gamay, Touraine Cabernet, Touraine Côt, Touraine Rouge (gerijpt op eikenhout)
- Rosé wijnen: Touraine
- Eigenaars: Catherine Roussel en Didier Barrouillet
- Wijnmaker: Didier Barrouillet
- Oppervlakte gecombineerde wijngaarden: 27 ha
- Productie: 130.000 flessen
- Export: 50%
- Verkoop aan huis: ja
- Bezoek: op afspraak

Uitgekozen wijn:
Touraine Sauvignon

- Druivensoort: sauvignon blanc
- Gemiddelde leeftijd van de stokken: 8-60 jaar
- Oppervlakte wijngaard: 8,73 ha
- Bodem: kiezelhoudende klei op kalksteen
- Gemiddelde jaarproductie: 35.000 flessen

Touraine
Saint Aignan
VAL DE LOIRE
1998
Clos Roche Blanche
TOURAINE
APPELLATION TOURAINE CONTROLÉE
SAUVIGNON
PRODUIT DE FRANCE

Cheverny-wijnen, die pas in 1993 de status appellation contrôlée hebben gekregen, zijn tot nu toe vrijwel onbekend. Gelukkig zijn er hier en daar enkele telers die vast van plan zijn dat te veranderen door het maken van interessante, karaktervolle wijnen. Twee van hen zijn de gebroeders Jean-Marie en Thierry Puzelat, die in Les Montils het Clos du Tue-Boeuf bezitten, de bron van een uitstekende serie wijnen.

Een wijngaard met een geschiedenis Het land rondom het dorp Les Montils, een paar kilometer ten oosten van Chaumont-sur-Loire, is al vele eeuwen gewijd aan de wijn en geniet allang een prima reputatie. De graven van Blois bezaten daar een wijngaard die bekend stond als 'le Tue-Boeuf' (kennelijk zo genoemd omdat het ploegen van de harde grond de ossen tot de dood uitputte of omdat het een offerplek was van de Gallo-Romeinen, iets wat zeer wel mogelijk zou kunnen zijn). De wijnen werden door veel edelen en personen van koninklijke bloede zeer gewaardeerd, met inbegrip van de prinsen van het Huis d'Orléans, die koningen van Frankrijk zouden worden. Frans I bezat er wijngaarden

Het belang van terroir De Puzelats komen reeds vanaf de 15de eeuw voor in de archieven van Les Montils. Thierry Puzelat nam het huis in 1990 over, nadat hij in Bordeaux en Bourgogne had gestudeerd en bij het Clos Fourtet te Saint-Émilion werkervaring had opgedaan. Zijn broer Jean-Marie voegde zich in 1994 bij hem. Sedert 1997 wordt hun bedrijf volgens biologische regels gedreven.

Wat hen werkelijk interesseert is terroir, de invloed die de grond, de ondergrond en het plaatselijke microklimaat op de geplante druivensoorten hebben. Hun klanten kunnen dan ook een keuze maken uit vijftien wijnen van verschillende percelen, die elk zijn beplant met een soort die juist voor die bodem is geschikt. Omdat hun wijnbouwkundige methoden het gebruik van chemische onkruidverdelgers en andere producten verbieden, wordt de grond met de hand bewerkt, wat de wortelstokken dwingt dieper te graven naar voedsel en water. Hierdoor komen ze in contact met de ondergrond en slechts op die manier wordt de fruitige druivensmaak gekleurd met het karakter van het terroir.

Zoals in het verleden gebeurde... Om dat karakter over te brengen op de wijn, moet de vinificatie zo natuurlijk mogelijk geschieden. Deze wordt dan ook aangepast aan de grondstoffen van elke *cuvée* in wording. De trossen worden met de hand geplukt, zodat er niets doorgaat wat minder dan perfect rijp en gezond is. Lage opbrengsten zijn een sine qua non voor de productie van rijke, rijpe druiven, waardoor de gisting zonder chaptalisatie kan plaatsvinden. De gisting komt tot stand door het eigen gist van de druiven en dit verhoogt de authenticiteit van het terroir. Indien mogelijk wordt het gebruik van zwaveldioxide vermeden. Na de houtrijping worden de wijnen over het algemeen gebotteld zonder klaren of filteren. Een aantal malen oversteken is over het algemeen voldoende om de wijn helder te maken.

Cheverny La Caillère La Caillère, gegist en gerijpt in het fust, is een prachtige, aromatische wijn met een relatief stevig tanninegehalte, een erfenis van zijn kleigrond met diepliggende kiezels. In dat perceel excelleert de pinot noir, die over het algemeen overal buiten de grenzen van Bourgondië onbetekenende wijnen voortbrengt. Men moet daarvoor de natuur bedanken...en de accurate normen van de broers Puzelat.

- Andere geproduceerde rode wijnen: Touraine Gamay, Touraine La Guerrerie, Cheverny Clos du Tue-Boeuf, Cheverny La Gravotte
- Witte wijnen: Touraine Sauvignon, Touraine L'Ormeau des Deux Croix, Touraine Le Brin de Chèvre, Touraine Le Buisson Pouilleux, Cheverny Frileuse, Vin de Pays Cépage Meslier, Vin de Pays Cépage Pinot Gris, Vin de Pays Cépage Chardonnay
- Eigenaars: Jean-Marie en Thierry Puzelat
- Wijnmakers: Jean-Marie en Thierry Puzelat
- Oppervlakte gecombineerde wijngaarden: 16 ha
- Productie: 70.000 flessen
- Export: 20%
- Verkoop aan huis: op afspraak
- Bezoek:nee

Uitgekozen wijn:
Cheverny La Caillère

- Druivensoort: pinot noir
- Gemiddelde leeftijd van de stokken: 20 jaar
- Oppervlakte wijngaard: 1,36 ha
- Bodem: kiezelhoudende kleigrond
- Gemiddelde jaarproductie: 5500 flessen

Clos du Tue-Bœuf
La Caillère
1998
1998
CHEVERNY
APPELLATION CHEVERNY CONTRÔLÉE
e750ml
Mis en bouteille à la Propriété par
J-M. et T. Puzelat - Vignerons - 41120 Les Montils
PRODUIT DE FRANCE

Het gebied vlak ten zuiden van Blois heeft geen tekort aan indrukwekkende koninklijke kastelen, zoals menig toerist zal weten. Maar Frans I, de schepper van Chambord, was verantwoordelijk voor iets dat voor de wijnliefhebber veel belangrijker is, want hij importeerde in 1519 80.000 zeldzame wijnstokken uit Bourgondië en liet ze planten op zijn Château de Romorantin. In de loop der tijden heeft deze wijnstok bewezen dat hij zich uitstekend thuisvoelt in de bodem rond de kleine stad Cour-Cheverny. Als blijk van erkenning beloonde het Institut National des Appellations d'Origine in 1993 de stad met zijn eigen AOC, met de romorantin als enig wettelijk toegestane druivensoort. Deze druiven leveren opmerkelijke authentieke en originele wijnen op en enkele van de mooiste exemplaren komen uit de kelder van Jocelyne en Michel Gendrier.

De bijzonderheden van een zeldzame druivensoort De Gendriers kennen de romorantin door en door en ze zijn er vurige pleitbezorgers van. De druif doet het goed op de bodem van de streek met zijn bovengrond van kiezelaarde en zijn kalkrijke ondergrond. Zoals alle stokken heeft hij zijn goede en zijn slechte kanten; hij is fysiek nogal fragiel en lijdt van de wind, waardoor soms takken afbreken, maar daar staat tegenover dat hij niet zo ontvankelijk is voor de normale ziekten van de wijnstok als sommige andere, want de trossen zijn langwerpig en de druiven zitten er wat losjes aan, wat de beluchting vergemakkelijkt. Maar het duurt weer wel wat langer voordat de druiven rijp zijn.

Er worden droge of bijna droge wijnen van gemaakt en de minst droge komen door *passerillage*, het uitdrogen van rijpe druiven aan de stok, wat zorgt voor geconcentreerde suikers en aromatische substanties; anders dan de chenin, sémillon en andere druiven is de romorantin niet vatbaar voor de 'nobele rotting' Botrytis cinerea omdat haar schil te dun is.

Moderne technologie voor prima fruit Het wijnmaken vindt helemaal plaats in een groot, tamelijk nieuw gebouw met air-conditioning, dat is opgedeeld in een ruime cuverie, bemuurd met roestvrijstalen vaten, die is gebouwd op verzonken vaten (met een ereplaats in het midden voor een pingpongtafel!) en een groot aanpalend pakhuis, waar het bottelen en etiketteren plaatsvindt en de flessen worden opgeslagen. Alles is smetteloos schoon.

De wijnbouwkundige methoden van het huis zijn biologisch, hoewel Michel Gendrier veel te bescheiden is om daar prat op te gaan. Het is niet verwonderlijk dat de kwaliteit van zijn wijnen een gevolg is van het met respect bewerken van wijngaard en wijnstok, redelijke oogsten (45-50 hectoliter per hectare hoewel de AOC 60 toestaat), alleen oogsten bij perfecte rijpheid en goed-aangepaste vinificatiemethoden, met een minimaal gebruik van zwavel.

Cours-Cheverny Cuvée François 1er Een korte schilweking en rijpen op de lies verhoogt het karakter van de *cuvée* François Ier. Dit is een stevige, gereserveerde wijn van oude stokken met jong een zweem kamperfoelie. Het is ook een wijn die een jaar of tien nodig heeft om zijn complexe aromatische aroma te ontwikkelen. In de loop der tijd komen er gebrand, minerale- en truffelgeuren bij en vergelijkingen met de Savagnin uit de Jura zijn niet misplaatst. Deze originele wijn verbetert na decanteren en is een goede partner voor gerookte vis of met kruiden en specerijen gekookte vis.

- Andere geproduceerde witte wijnen: Cour-Cheverny Domaine des Huards, Cheverny Domaine des Huards, Cheverny Jean-François Deniau, Crémant de Loire
- Rode wijnen: Cheverny Domaine des Huards, Cheverny Le Pressoir, Cheverny Jean-François Deniau
- Rosé wijn: Cheverny Domaine des Huards
- Eigenaars: Michel en Jocelyne Gendrier
- Wijnmaker: Michel Gendrier
- Oppervlakte gecombineerde wijngaarden: 30 ha
- Productie: 200.000 flessen
- Export: 15%
- Verkoop aan huis: ja
- Bezoek: ja

Uitgekozen wijn:
Coir-Cheverny Cuvée François 1er

- Druivensoort: romorantin
- Gemiddelde leeftijd van de stokken: 60 jaar
- Oppervlakte wijngaard: 8 ha
- Bodem: kiezelhoudende klei op kalksteen
- Gemiddelde jaarproductie: 14.000 flessen

Mis en bouteille au Domaine
COUR-CHEVERNY
Appellation Cour-Cheverny Contrôlée
12% vol.
1996
75 cl
Michel Gendrier
Propriétaire Viticulteur - Les Huards, 41700 Cour-Cheverny - France
PRODUCE OF FRANCE

Halverwege tussen Vierzon en Issoudun, in het hart van het district Berry, liggen de wijngaarden van Reuilly, waarvan de oorsprong teruggaat tot de zeventiende eeuw. In de Middeleeuwen vormden deze wijnen het hoofdbestanddeel van de inkomsten van het nabijgelegen Bourges. De wijnen werden indertijd zelfs via de Cher en de Loire naar Engeland en Vlaanderen verscheept. Maar de verwoesting van de wijngaarden door de Phylloxera-luis aan het eind van de 19de eeuw bracht de wijnproductie een bijna dodelijke klap toe en in 1975 waren er nog slechts 48 hectaren met wijnstokken beplant. Sedert die tijd is er echter sprake van een wedergeboorte en groei, dankzij de dynamiek van een nieuwe generatie telers die in die tijd schoolverlaters waren. Heden ten dage worden er enkele excellente wijnen gemaakt. Een van de schoolverlaters, en niet de eerste de beste, is Claude Lafond.

De stichting van een nieuw huis Het huis Lafond werd omstreeks 1960 gesticht door André Lafond op 2,5 hectare grond. In 1977 was dit gegroeid tot zes hectaren, dankzij de aankoop en het beplanten van een aantal percelen land.

Sedert die tijd wordt het huis geleid door Claude Lafond, die de oppervlakte van de wijngaard daarna nog meer heeft vergroot en zich tevens heeft toegelegd op het verfijnen van zijn wijnbouw- en wijnmaaktechnieken.

Lafond maakt vooral witte wijn, die ongetwijfeld het kroonjuweel van Reuilly is en zestig procent van de productie uitmaakt. Er worden van de enige wettelijk toegestane druivensoorten sauvignon twee *cuvées* gemaakt, La Raie en le Clos des Messieurs. Maar in tegenstelling tot zijn buurman Quincy omvat de *appellation* Reuilly ook rode en rosé wijnen, respectievelijk gemaakt van de pinot noir en de pinot gris. Lafond maakt van elk een cuvée.

Tien telers bundelen hun krachten Men neemt aan dat de energieke Lafond de drijvende kracht is geweest achter de associatie van tien telers, die gezamenlijk hun geld hebben gestopt in de installatie van een prachtige *cuverie* in het dorp Le Bois Saint-Denis, vlak buiten Reuilly. Zij delen de gebouwen, de apparatuur en de permanente hulp van een oenoloog, maar de productie van elk van de wijnbouwers wordt apart gehouden (anders dan bij een cave coopérative). Wanneer de wijnen eenmaal zijn gebotteld en geëtiketteerd zorgt elk lid voor zijn eigen marketing. Aangezien Franse *vignerons* van nature individualisten zijn, is deze associatie nogal uniek, maar voor iemand die beschikt over gevoel voor logica en zaken, zoals Lafond, lijkt het een vanzelfsprekende stap. Er zijn aan deze associatie namelijk veel voordelen verbonden, afgezien van economische. Denk alleen maar aan financiële hulp van de plaatselijke autoriteiten.

Reuilly La Raie De wijngaard La Raie, vriendelijk glooiend naar het zuidoosten, heeft een bovengrond van klei met veel stenen die een ondergrond van Kimmerische kalksteen bedekt, een bodemtype dat de sauvignon goede mogelijkheden biedt om te rijpen en zichzelf volledig te ontplooien. Lafonds La Raie heeft een fonkelende lichtgouden kleur en is zeer aromatisch. Hij heeft een intense minerale, naar citrusfruit neigende smaak en zijn rijkdom en bijna droge afdronk verraden de volkomen rijpheid van zijn grondstoffen. Deze wijn moet jong worden gedronken, met schatten uit de zee of een gerecht als coquilles Saint-Jacques à la nantaise.

- Andere geproduceerde witte wijn: Reuilly Clos des Messieurs
- Rode wijn: Reuilly Les Grandes Vignes
- Rosé wijn: Reuilly La Grande Pièce
- Eigenaar: Claude Lafond
- Wijnmaker: Emmanuel Roux
- Oenoloog: Bertrand Daulby, SICAVAC
- Oppervlakte gecombineerde wijngaarden: 15 ha
- Productie: 120.000 flessen
- Export: 15%
- Verkoop aan huis: ja
- Bezoek: ja

Uitgekozen wijn:
Reuilly La Raie

- Druivensoort: sauvignon blanc
- Gemiddelde leeftijd van de stokken: 12 jaar
- Oppervlakte wijngaard: 6 ha
- Bodem: klei met veel stenen op kalksteen
- Gemiddelde jaarproductie: 48.000 flessen

1998
Claude Lafond
Reuilly
APPELLATION REUILLY CONTRÔLÉE
La Raie
en bouteille au domaine
Le Bois Saint Denis - 36260 Reuilly - France
PRODUIT DE FRANCE

Domaine Henry Pellé

Zoals veel andere wijngebieden was Menetou-Salon bijna weggevaagd na de Phylloxera-ramp aan het eind van de 19de eeuw, maar het gebied is nu weer welvarend. Er zijn heden ten dage meer dan vierhonderd hectaren binnen de grenzen van de AOC, verspreid over tien dorpen, waarvan het beste land is gelegen rond Menetou zelf, Parassy en vooral Morogues. Een van de belangrijkste producenten is het Domaine Henry Pellé in Morogues.

Kwekers en wijnmakers Het verhaal Pellé begon met Ernest Pellé, die vijf hectaren wijngaard kocht en tegelijkertijd een kwekerij van wijnstokken begon. Ernest bracht zijn zoon Henry de liefde bij voor wijn en stokken. In 1970 stichtte Henry het domein, bouwde de behuizing van de firma en investeerde in nog meer wijngaarden. Tegelijkertijd experimenteerde hij met kloonselectie.

Henry's zoon Eric studeerde aan de Universiteit van Dijon en ging daarna bij zijn vader werken. Helaas kwam hij in 1995 om het leven bij een auto-ongeluk. De familie nodigde daarop Julien Zernott uit op het domein te komen werken. Hij had samen met Eric in Dijon gestudeerd. Heden ten dage staat Erics weduwe Anne aan het roer, daarbij geholpen door de zelfverzekerde en talentvolle Zernott.

Kalkrijke Kimmerische mergel De wijnstokken van Pellé staan op een van de beste hellingen van Morogues. Voor de wijn gebruikt men sauvignon blanc en pinot noir, zoals in Sancerre, en ook de bodems zijn gelijk. De beste bestaat uit zeer kalkrijke Kimmerische mergel. Met de opbrengst daarvan maken ze verschillende *cuvées*, afkomstig uit specifieke percelen, evenals een generieke Morogues-wijn (het is het enige dorp dat zijn naam op een etiket mag voeren). Rond 1980 kochten ze ook 25 hectaren wijngaard Sancerre en hier komen de rode en de witte La Croix au Garde vandaan.

Homogeen, gezond en rijp Zoals van wijnbouwkundige experts kan worden verwacht, is de kwaliteit van het geoogste fruit uitstekend, dit ondanks het feit dat er een oogstmachine wordt gebruikt. Het belangrijkste is de trossen voor te bereiden op de pluk en daarom brengen zes mensen vanaf begin juni tot 20 augustus elke dag in de wijngaard door om te zorgen voor homogene en gezonde druiven. Uit de wijnen blijkt de kwaliteit en perfecte rijpheid van het fruit.

In recente jaren is veel geïnvesteerd in de Pellé-kelder en men vindt er dan ook pneumatische persen en een mooie rij grote roestvrijstalen tanks met temperatuurcontrole. Al het fruit wordt eerst ontsteeld, waarna het eigen gist van de druiven het gisten op gang brengt.

Menetou-Salon Morogues Clos des Blanchais De stokken van de Clos des Blanchais leveren een prachtige florale wijn op van een grote elegantie en verfijning. Maar bij het proeven komt onder dit bloemige een groot mineraal terroirkarakter naar boven, evenals een verrassende rijkdom en dimensie – een getuigenis van de kwaliteit van het fruit en van het gevoelige werk van de jonge Zernott. Het is een heerlijke wijn, die bij het ouderen complexer, honingachtig en ronder zal worden. Een gepocheerde tarbot met oesters in roomsaus zal deze wijn werkelijk recht doen.

- Andere geproduceerde witte wijnen: Menetou-Salon Morogues, Menetou-Salon Morogues Clos de Ratier, Sancerre La Croix au Garde
- Rode wijnen: Menetou-Salon Morogues, Menetou-Salon Morogues Les Cris, Sancerre La Croix au Garde
- Rosé wijn: Menetou-Salon Morogues
- Eigenaar: Familie Pellé
- Directeur: Anne Pellé
- Wijnmaker: Julien Zernott
- Oppervlakte gecombineerde wijngaarden: 40 ha
- Productie: 300.000 flessen
- Export: 45%
- Verkoop aan huis: ja
- Bezoek: ja

Uitgekozen wijn:
Menetou-Salon Morogues Clos des Blanchais

- Druivensoort: sauvignon
- Gemiddelde leeftijd van de stokken: 35 jaar
- Oppervlakte wijngaard: 4 ha
- Bodem: Kimmerische mergel
- Gemiddelde jaarproductie: 30.000 flessen

1999
PRODUCE OF FRANCE
Clos des Blanchais
MENETOU-SALON
MOROGUES
DOMAINE HENRY PELLÉ

Menetou-Salon heeft zijn wijnbouwkundige bestaan te danken aan de nabijheid van Bourges, een levendige middeleeuwse metropool. Jacques Coeur, zoon van die stad en minister van financiën onder Karel VII, bouwde daar een prachtig kasteel, plantte wijnstokken en onthaalde zonder twijfel zijn gasten op de opbrengst van zijn domein. Dat is ongetwijfeld rode wijn geweest, want tot aan het eind van de 19de eeuw bedekten pinot noir, gamay en andere rode druivensoorten de overgrote meerderheid van dit wijngaardland. Heden ten dage is de Menetou-Salon het best bekend als witte wijn, maar toch wordt er nog een behoorlijke hoeveelheid rood en soms rosé geproduceerd. De familie Gilbert uit Menetou maak ze alledrie en zij zijn vooral bekend om de kwaliteit van hun rode.

Twee enthousiaste jongemannen De familie heeft in Menetou vaste grond onder de voet, want sinds het einde van de 18de eeuw hebben opeenvolgende generaties er wijnen gemaakt. Nu, met het aanstaande pensioen van de patriarch Jean-Paul voor de deur, is zijn zoon Philippe verantwoordelijk voor de dagelijkse leiding van het bedrijf. In 1998 voegde Jean-Philippe Louis zich bij hem, een aan de universiteit van Dijon afgestudeerde oenoloog, en de beide jongemannen zijn vastbesloten het bedrijf een nog grotere reputatie te geven dan het al heeft.

Een beperkte en homogene oogst Het domein is met 25 hectaren een van de grootste en heeft een wijngaard die is verspreid over drie van de tien gemeenten die binnen de grenzen van de *appellation* liggen: Menetou zelf, Parassy en Morogues. De stokken worden gesnoeid volgens de methode *guyot simple*, met één enkele stam, en in mei gaan de werkers in de wijngaard de rijen langs om het aantal knoppen aan elke stam te verminderen om zo de toekomstige oogst van de stok te beperken. De wijngaard wordt verbouwd volgens de ecologische principes van *lutte raisonnée*, waardoor de bodem en de stokken een betere kwaliteit fruit kunnen produceren.

Het land is betrekkelijk vlak en bijna alle telers van Menetou oogsten machinaal; maar aangezien geen enkele machine in staat is onderscheid te maken tussen onrijpe, verrotte, rijpe en overrijpe trossen, wordt op het Domaine Gilbert veel tijd besteed aan het prepareren van de wijngaard voor de oogst om zo een maximale homogeniteit van de druiven te krijgen. Bovendien wordt elke lading druiven grondig geïnspecteerd bij aankomst in de *cuverie*, waarbij de steeltjes en blaadjes worden verwijderd die eventueel mee zijn gekomen.

Menetou-Salon rood De vinificatie, die geschiedt in roestvrijstalen tanks, is traditioneel. De hoed met de vaste bestanddelen wordt in de vloeistof ondergedompeld om een goede onttrekking van tannine, kleur en aroma te verkrijgen. De gisting duurt 8-15 dagen, afhankelijk van het jaar, waarna de wijn een paar maanden rijpt, opnieuw in roestvrijstaal.

De wijnen van het Domaine Gilbert bevestigen de plaatselijke claim dat rode Menetou-Salon mooier en interessanter is dan rode Sancerre. Een donkere robijnrode kleur streelt het oog en een elegant aroma van frisse kersen en rood fruit verleidt de neus. Maar in de mond blijkt de wijn verrassend 'serieus', met een behoorlijke structuur en van een onverwachte diepte en rijkdom. Gilberts Menetou heeft 4-6 jaren kelderrijping nodig om zachter te worden en zich te openen en zijn vele kwaliteiten te onthullen...op welk moment hij goed gezelschap zal zijn voor een adellijke fazant.

- Andere geproduceerde witte wijn: Menetou-Salon
- Rosé wijn: Menetou-Salon
- Eigenaars: Jean-Paul en Philippe Gilbert
- Directeur: Philippe Gilbert
- Wijnmaker: Jean-Philippe Louis
- Oenoloog: Jean-Philippe Louis
- Oppervlakte gecombineerde wijngaarden: 25 ha
- Productie: 185.000 flessen
- Export: 5%
- Verkoop aan huis: 10-12 en 14-18 uur (van maandag tot vrijdag)
- Bezoek: ja

Uitgekozen wijn:
Menetou-Salon rood

- Druivensoort: pinot noir
- Gemiddelde leeftijd van de stokken: 18 jaar
- Oppervlakte wijngaard: 14 ha
- Bodem: kalkhoudende klei
- Gemiddelde jaarproductie: 100.000 flessen

1999
APPELLATION CONTROLÉE
- VITICULTEUR - MENETOU-SALON - CHER
vol. net 75 cl
produit de France

Elk interessant perceel dat een wijnmaker bezit apart vinifiëren en bottelen moet het leven erg ingewikkeld maken, maar toch is dit altijd de manier waarop ze het bij Gitton doen. Voor de toevallige wijndrinkers is een bezoek aan het grote gebouwencomplex van de firma te Ménétréol een openbaring. Daar zullen ze merken dat Sancerre niet alleen een rinse, fruitige, dorstlessende vloeistof is, zoals velen denken, maar een zeer grote reeks van aromatische kenmerken tentoon kan spreiden, die een geografische oorsprong weerspiegelen. Ze zullen er zeker wat van willen kopen, want de wijnen van Gitton zijn eerste klasse.

Samenstelling van een mooi huis De firma werd in 1945 gesticht door Marcel Gitton met een halve hectare land. Het bedrijf is in de loop der jaren gegroeid omdat Gitton en zijn zoon Pascal, die de firma nu samen met zijn Australische vrouw Denise leiden, veel percelen land hebben aangekocht in de beste wijngaarden rond Sancerre en Ménétréol, die zijn uitgekozen voor de diversiteit van hun bodems. De percelen zijn samengesteld uit veel verschillende vormen van kalksteen en vuursteenachtige, kiezelhoudende aarde. Heden ten dage beslaan de Sancerre-wijngaarden van Gitton 27 hectaren en hij heeft ook 7,5 hectaren Pouilly en Pouilly-sur-Loire en, sinds 1989, 13 hectaren Côtes de Duras bij hun Château Lafon, een uur rijden ten oosten van Bordeaux.

Een verrassende reeks wijnen Bij Gitton is rijpheid zeer belangrijk, en organische wijnbouw, gekoppeld aan lage opbrengsten, draagt ertoe bij dat dit met meer gemak en regelmaat wordt bereikt. Oude stokken worden vertroeteld, want zij dragen uiteraard minder fruit maar wel van een betere kwaliteit; het perceel Vigne du Larrey is bijvoorbeeld tussen 1947 en 1956 aangeplant en Galinot in 1959. Het fruit wordt geplukt wanneer het bijna overrijp is en het sap afgeladen is met suiker, of zelfs nadat het is aangetast door de Botrytis cinerea, wat een hoog alcoholpotentieel oplevert.

Het wijnmaken gebeurt zonder ingrijpen en zonder haast. Niet alleen worden de verschillende percelen apart gevinifieerd, maar ook het fruit van stokken van verschillende leeftijden en verschillende wortelstokken. Als de most in roestvrijstaal of *demi-muid* zit, rijpen de wijnen lange tijd om van hun lies ronder en rijper te worden voordat ze worden gebotteld. Het gevolg is een reeks wijnen die niet alleen aromatisch erg origineel zijn, maar ook laag in zuren en rijk, mollig en sappig zijn – kortom de drinkers, wier Sancerre-ervaring beperkt is tot het normale, zeer zullen verrassen!

Sancerre Galinot De prachtige tachtig aren van de op het oosten gerichte wijngaard Galinot van de Gittons, gelegen op een hoogte van 230 meter op een helling met 35 graden, is de geboortegrond van een weelderige wijn met een interessant rijpingspotentieel. Alleen al het zien van zijn rijke goudgelen kleur, meer die van een grote Bourgogne dan van een Sancerre, vertelt de proever dat er iets bijzonders in het glas zit. En in de mond verrast deze wijn dan ook met zijn rijkdom, molligheid en het diepe honingachtige, gepolijste, peren-en- specerijen-aroma. Galinot heeft een aantal jaren flesrijping nodig om goed op dronk te komen maar zal dan tal van gerechten beminnen: gegrilde kreeft, kip in een zoutkorst, zalmfilet met gestoofde groenten...

- Andere geproduceerde witte wijnen: Sancerre Domaine Gitton, Sancerre van de *lieux-dits* Les Fredins, Les Montachins, Sancerre L'Amiral, Sancerre Les Belles Dames, Sancerre Les Herses, Sancerre Les Romains, Sancerre la Vigne du Larrey, Sancerre Les Belles Dames Cuvée Marie Laurence, Sancerre Les Écheneaux, Sancerre Les Beauregard, Sancerre Les Implipeaux, Sancerre La Mijonnette; Pouilly-Fumé Les Foltières, Pouilly-Fumé Clos Joanne d'Orion; Pouilly-sur-Loire les Chantalouettes; Coteaux-du-Giennois Vigne du Taureau
- Rode wijnen: Sancerre Les Romains, Sancerre Les Herses, Sancerre Les Vignes Blanches, Sancerre Les Pommereaux
- Rosé wijn: Sancerre Les Romains
- Eigenaar: Familie Gitton
- Directeur: Pascal Gitton
- Wijnmaker: Pascal Gitton
- Keldermeester: Alain Guilleret
- Oppervlakte gecombineerde Loire-wijngaarden: 37 ha
- Verkoop aan huis: ja
- Bezoek: op afspraak

Uitgekozen wijn:
Sancerre Galinot

- Druivensoort: sauvignon jaune
- Gemiddelde leeftijd van de stokken: 40 jaar
- Oppervlakte wijngaard: 0,8 ha
- Bodem: vuursteen
- Gemiddelde jaarproductie: 7000 flessen

1998
Il a été tiré de cette cuvée 7100 bouteilles
numérotées de 1 à 7100
mise en bouteille exclusivement à la propriété.
Sancerre
Galinot
Appellation Sancerre Contrôlée
Gitton Père & Fils
N° 001869 Ménétréol-sous-Sancerre, Cher

DOMAINE HENRI BOURGEOIS

Bij het maken van goede wijn moet men letten op een massa kleine details, legt Jean-Marie Bourgeois aan zijn bezoekers uit; één zwakke schakel in de ketting is nadelig voor het resultaat. De nauwgezette aanpak loont beslist, want de vele wijnen die worden gemaakt door de Chavignol-firma Henri Bourgeois, die over de hele wereld worden geëxporteerd, zijn mooie ambassadeurs.

De groei van een belangrijke zaak Tien generaties Bourgeois hebben wijnstokken verbouwd en hun oogst gebracht naar de familiekelders in het noordelijkste puntje van het dorp Chavignol, dat ook beroemd is om zijn geitenkaas Crottin de Chavignol. Het lijkt wel of elke tweede deur naar een van de familiekelders leidt en dat klopt wel als men hoort dat elke generatie uit traditie een nieuwe kelder aan het familiebezit heeft toegevoegd. De zaak kwam tot grote bloei onder Henri Bourgeois, die in 1950 twee hectaren bezat en samen met zijn zonen geduldig zijn bezittingen uitbouwde tot de huidige, indrukwekkende oppervlakte van zestig hectaren. Nu is het lot van de firma in handen van de zakelijke, maar zeer gastvrije Jean-Marie, die wordt geholpen door zijn zonen en een niet onbelangrijke hoeveelheid personeel.

Een massa kleine details De details beginnen in de wijngaard, die wordt verbouwd volgens het principe van de *lutte raisonnée,* met het gebruik van de techniek van 'sexuele frustratie' om geen rupsen te krijgen. De opbrengsten worden vrij laag gehouden door ontknoppen en een 'groene oogst'. Zodra de druiven zijn geplukt worden ze met grote spoed naar de *cuverie* getransporteerd: tussen het plukken en de eerste vinificatie-werkzaamheden zit nooit meer dan anderhalf uur.

Een prachtige nieuwe *cuverie* van vier verdiepingen maakt het verplaatsen van alle vloeistof door middel van de zwaartekracht mogelijk. De verschillende percelen en terroirs worden apart gevinifieerd. Veel van de wijnen hebben weinig chaptalisatie nodig, want effectief werken in de wijngaard zorgt ervoor dat het geoogste fruit al wat alcohol heeft. Het gebruik van zwavel tijdens het wijnmaken wordt zo veel mogelijk vermeden en voor het tegengaan van oxidatie gebruikt men liever koolzuur. Wanneer de gisting is geëindigd, rijpen de wijnen op hun lies, totdat ze het jaar daarop tussen februari en september worden gebotteld. Een laatste detail is het etiketteren en verpakken. Elke fles wordt gecontroleerd om er zeker van te zijn dat de vlag de lading dekt.

Sancerre La Bourgeoise De firma maakt verschillende witte wijnen van de allerhoogste kwaliteit, waarvan La Bourgeoise waarschijnlijk de bekendste is. Deze wijn is gemaakt van oude stokken, geplant op de bodems van kiezelhoudende aarde. Tachtig procent van de druiven gist in roestvrijstaal en twintig procent in eikenhout (waarvan eenderde nieuw is) en rijpt dan op zijn lies gedurende 7-8 maanden met af en toe omroeren. Een paar maanden later wordt hij gebotteld en wordt dan zeker een jaar met rust gelaten voordat hij in de verkoop gaat. La Bourgeoise is een atleet in topvorm; soepel en geconcentreerd en toch zonder een onsje overtollig vlees, zeer verfijnd en perfect in evenwicht. Hij heeft een weelderige vuursteenachtige, kruidige geur en een grootse lengte. Deze wijn die zich in tien jaar tijd zeer goed zal ontwikkelen, is een mooie partner voor gebakken zeebaars met venkel, of koude kip in roomsaus met dragon...maar laat u ook niet weerhouden om ervan te genieten met wat Crottin de Chavignol!

- Andere geproduceerde witte wijnen: Sancerre La Vigne Blanche, Sancerre Grande Réserve (of Les Baronnes), Sancerre Le MD de Bourgeois, Sancerre Étienne Henri, Sancerre d'Antan, Sancerre Jadis, Sancerre La Chapelle, Pouilly Fumé, Pouilly Fumé La Demoiselle de Bourgeois, Menetou-Salon Domaine du Prieuré, Quincy Clos de Victoires
- Rode wijnen: Sancerre Grande Réserve (of Les Baronnes), Sancerre La Bourgeoise
- Rosé wijn: Sancerre Grande Réserve (of Les Baronnes)
- Eigenaar: Henri Bourgeois
- Directeur: Jean-Marie Bourgeois
- Wijnmaker: Jean-Christophe Bourgeois
- Oenoloog: Bertrand Daulny
- Oppervlakte gecombineerde wijngaarden: 60 ha
- Productie: 425.000 flessen
- Export: 65%
- Verkoop aan huis: ja
- Bezoek: op afspraak

Uitgekozen wijn:
Sancerre La Bourgeoise

- Druivensoort: sauvignon blanc
- Gemiddelde leeftijd van de stokken: 50 jaar en ouder
- Oppervlakte wijngaard: 4,3 ha
- Bodem: kiezelhoudende aarde
- Gemiddelde jaarproductie: 23.000 flessen

HENRI BOURGEOIS
1998
Produce of France
La Bourgeoise
Sancerre
APPELLATION SANCERRE CONTROLEE
Mis en bouteille au Domaine
HENRI BOURGEOIS
VITICULTEUR A CHAVIGNOL CHER-FRANCE
75cl.

Domaine Henry Natter

Het schilderachtige Sancerre, gelegen boven op de heuvel, en naburige dorpen zoals Chavignol, beroemd om zijn crottins en het uitzicht op de Côte des Monts Damnés, zijn uiteraard het doel van veel bezoekers aan het gebied. Helaas zijn veel wijnliefhebbers, verwend door de grote keuze aan te bezoeken wijnhuizen, geneigd de kleinere dorpen van de *appellation* over het hoofd te zien en dat is jammer, zeker als men geen haast heeft. Want sommige herbergen uitstekende wijnhuizen – zoals het Domaine Henry Natter in Montigny.

Een voorpost van het wijngebied Montigny ligt aan de zuidwestelijke rand van het afgebakende gebied van de *appellation*, halverwege Bourges. Het landschap is er glooiender en de wijngaarden zijn minder steil dan in het hart van de *appellation*. Maar de bodems zijn hetzelfde, want anders zou Montigny niet tot de *appellation* kunnen behoren.

Vóór de gesel van de Phylloxera was veel van het land rond het dorp beplant met wijnstokken, maar na de verwoesting geloofde niemand meer in de toekomst en werd het herplant met andere gewassen en gebruikt voor veeteelt. Merkwaardig genoeg zijn er zelfs nu nog maar weinig wijngaarden en wordt de productie vooral gebruikt voor eigen gebruik.

De wederopbouw van de Côte Verte In 1974 begonnen Henry en Cécile Natter met hun eigen wijnhuis. Ze hadden banden met het dorp, maar ze kwamen niet uit een wijnfamilie: het was de wens naar een beter leven dat hen tot dit besluit bracht. Ze begonnen met een halve hectare stokken achter de kerk, een deel van de historische Côte Vert, het beste wijngaardland van het dorp. Het idee deze prachtige wijngaard met zijn zuid-zuid-oost ligging opnieuw te ontwikkelen schoot wortel. Ze kochten in de loop der tijd een aantal percelen en beplantten die langzaam maar zeker. Ten slotte hadden ze genoeg om een grote eenheid te vormen.

Ze voegden de vele percelen niet samen tot één lange strook wijnstokken, maar besloten daarentegen hun natuurlijke kenmerken – struiken, bomen, stroompjes, – te behouden om het prachtige landschap in stand te houden...want dat was een integraal deel van de kwaliteit van het leven waar ze naar op zoek waren. Vanaf het begin verbouwde Henry Natter de wijngaarden zo ecologisch mogelijk, met het doel alle levensvormen in het wijngaardmilieu te stimuleren.

Sancerre François La Grange de Montigny De Natters hebben altijd perceel voor perceel wijn gemaakt, zodat ze de karakteristieken van elk perceel leerden kennen en zo de kwaliteit van de wijnen van het volgende jaar konden verbeteren. Ze geven de voorkeur aan tonnen van 50 hectoliter voor de vinificatie en in de kelder met zijn eiken balken wijdt Cécile al haar aandacht aan het zoeken naar het ideale evenwicht voor haar wijnen om zo een Sancerre te krijgen met lengte, concentratie en rijpingspotentieel.

De oudste sauvignonstokken worden gebruikt voor de cuvée François La Grange de Montigny, een rijke, zelfs weelderige wijn, maar toch met prima verhoudingen. Zijn fruitige aroma's van citrus- en exotisch fruit zijn een genot voor de neus, en de molligheid en het subtiele, staalachtige minerale maken een grote indruk in de mond. Dit is een Sancerre met een grootse opvoeding en verfijning, een testament van de filosofie van de Natters. Zij raden aan hem te schenken bij de ongewone temperatuur van 15-18°. Hij is een prima partner voor koude rivierkreeftjes met mayonaise.

- Andere geproduceerde witte wijn: Sancerre Cuvée Domaine
- Rode wijn: Sancerre Cuvée Domaine
- Rosé wijn: Sancerre Cuvée Domaine
- Eigenaars: Henry en Cécile Natter
- Wijnmakers: Henry en Cécile Natter
- Oppervlakte gecombineerde wijngaarden: 20 ha
- Productie: 130.000 flessen
- Export: 75%
- Verkoop aan huis: op afspraak (maandag-zondagmorgen)
- Bezoek: ja

Uitgekozen wijn:
Sancerre François La Grange de Montigny

- Druivensoort: sauvignon
- Gemiddelde leeftijd van de stokken: 60 jaar
- Oppervlakte wijngaard: 1,5 ha
- Bodem: Kimmerische kalkrijke kleigrond
- Gemiddelde jaarproductie: 8000 flessen

SANCERRE
Appellation Sancerre Contrôlée
19 96
PRODUCE OF FRANCE

De naam Crochet is zeer bekend bij liefhebbers van Sancerre, en in het dorp Bué, enkele kilometers ten zuiden van Bourges, kan men bijna de hele uitgebreide familie van telers vinden. Het grootste en ongetwijfeld bekendste huis is het Domaine Lucien Crochet dat witte wijnen van een opmerkelijke harmonie en finesse en rode wijnen van een grote klasse produceert.

Een vaste hand en intelligentie Nu Lucien zelf met pensioen is (hoewel, wanneer laat een gepensioneerde *vigneron* ooit de teugels los?) heeft zijn zoon Gilles, die in Dijon is afgestudeerd in de oenologie, de leiding. Hij onttrekt met een vaste hand fruit van topkwaliteit aan zijn wijnstokken en hij maakt hiervan met intelligentie en kennis van zaken wijn.

De 36 hectaren van de firma liggen voornamelijk rond Bué, maar ook rond Sancerre, Crézancy en Vinon – wat gelukkig niet ver weg is, want het snel binnenbrengen van de oogst is van het grootste belang. Zoals een leidend huis betaamt, wordt al het fruit met de hand geplukt en wordt daardoor reeds in de wijngaard geselecteerd. Terug op de basis worden de hele trossen sauvignon voorzichtig gekneusd door pneumatische persen en mag hun sap gekoeld bezinken gedurende 18t tot 48 uur, afhankelijk van de jaargang en het gebruik dat ervan zal worden gemaakt. De vinificatie gebeurt vervolgens gedurende 20 tot 25 dagen in roestvrijstaal en, om zoveel mogelijk voordeel te hebben van de lies en rond en complex te kunnen worden, wordt de wijn pas op het laatst overgestoken. Het bottelen gebeurt in juni of september, voorafgegaan door een lichte klaring en filtering.

Een traditie herleeft De rode Sancerres die de Crochets maken, verdienen apart te worden genoemd. Met hen herleeft een lange traditie, want het was rode wijn die het gebied bekend maakte en duurzame voorspoed bracht tot aan de vernietiging van de wijngaarden door de phylloxera-ramp aan het eind van de 19de eeuw, waarna de telers de grond herbeplantten met sauvignon blanc.

De pinot noir wordt ontsteeld en krijgt een *cuvaison* van 15 tot 20 dagen met dagelijks *pigeages* en *remontages* voor het onttrekken van kleur, tannine en aroma. Gedurende 12 tot 16 maanden rijpen de wijnen daarna zowel in eikenhout als roestvrijstaal, totdat ze gereed zijn voor het bottelen. De reguliere *cuvée*, La Croix du Roy, is mooi van kleur, sappig en rijk, terwijl de Cuvée Prestige LC, alleen gemaakt in de beste jaren, zelfs donkerder, ondoorzichtig en complex is en gestructureerd voor een ontwikkeling van tien of meer jaren. Hij kan zijn neven uit de Côte d'Or beslist recht in de ogen kijken zonder te blozen.

Sancerre Vendange du 24 Octobre 1996 Zoals hij in uitzonderlijke jaren regelmatig doet, stuurde Crochet in 1996 twaalf dagen na het einde van de oogst zijn team de wijngaard in om de sauvignon te plukken in drie percelen die met rust waren gelaten om de Botrytisschimmel en de *passerillage* hun werk te laten doen. Na gisten en rijpen, 80 procent in roestvrijstaal en de rest in nieuwe eikenhouten fusten, is het resultaat een hoogst originele wijn met een krachtige honingachtige, kruidige neus en een rijke en toch perfect droge smaak. Het is een vette wijn, maar vanwege zijn onberispelijke evenwicht tussen alcohol en zuren zeer harmonisch en hij eindigt uitstekend. Kortom, precies de wijn om te schenken bij schaaldieren met specerijen, wit vlees met morieljes en roomsaus, een plak ganzenlever...of gewoon op zijn eentje voor een ogenblik van verzaligd genieten!

- Andere geproduceerde witte wijnen: Sancerre Le Chêne Marchand, Sancerre Prestige LC
- Rode wijnen: Sancerre La Croix du Roy, Sancerre Prestige LC
- Rosé wijn: Sancerre
- Directeur: Gilles Crochet
- Wijnmaker: Gilles Crochet
- Oppervlakte gecombineerde wijngaarden: 36 ha
- Productie: 250.000 flessen
- Export: 50%
- Verkoop aan huis: ja
- Bezoek: nee

Uitgekozen wijn:
Sancerre Vendange du 24 Octobre 1996

- Druivensoort: sauvignon blanc
- Gemiddelde leeftijd van de stokken: 20 jaar
- Oppervlakte wijngaard: 1,5 ha
- Bodem: kalkhoudende kleigrond
- Gemiddelde jaarproductie: 5000-7000 flessen

LUCIEN CROCHET
Vendange du 24 Octobre
1996
SANCERRE
APPELLATION SANCERRE CONTRÔLÉE
MIS EN BOUTEILLE A LA PROPRIÉTÉ
LUCIEN CROCHET - 18300 - BUÉ - FRANCE
14 % by Vol.
750 ml
PRODUCE OF FRANCE

Dat de wijnen van Sancerre serieuze rivalen kunnen zijn voor de meest prestigieuze *appellations* van Frankrijk is een opvatting die wellicht vergezocht klinkt. Toch wordt de proever aan het denken gezet na een bezoek aan de kelders van Alphonse Mellot, waar zowel witte als rode wijnen van topkwaliteit worden gemaakt.

Een morele plicht Alphonse Mellot wordt gedreven door zijn vaste geloof in de mogelijkheden van het prachtige wijngaardland van Sancerre en van de morele plicht van elke teler de mooist mogelijke wijn te maken. Zijn zoon Alphonse is het daarmee hartgrondig eens. Zijn prachtige Domaine La Moussière wordt volledig verbouwd volgens biodynamische principes, die voorschrijven dat de bodem onophoudelijk wordt bewerkt om het micro-organische leven te bevorderen en de stokken te dwingen hun wortels steeds dieper te begraven. Vergeleken met zijn percelen onthult een wijngaardtour de droeve waarheid van de samengeklonterde bodems van talloze naburige percelen, een onmiskenbare indicatie van de slechte behandeling van de grond door het gebruik van onkruidverdelgers, wat op grote schaal voorkomt.

Een hartstochtelijke verdediger van sauvignon Jarenlang heeft Mellot geprobeerd zijn collega-telers ervan te overtuigen dat de *appellation* er voordeel van zou hebben als ze een systeem van crus zouden instellen, waardoor de AOC op het wijntoneel van de wereld geloofwaardiger zou zijn. Deze ontwikkelde, warmbloedige en genereuze man heeft als zijn rolmodel de Côte d'Or van Bourgogne maar is toch een hartstochtelijke verdediger van de sauvignon, waarvan zo vaak wordt beweerd dat die druif alleen geschikt is voor lichte, fruitige wijnen. Als bewijs van de capaciteiten van de druif worden vrienden bij een bezoek aan het labyrint van de prachtig gewelfde kelders van het domein uitgenodigd een of twee 'stijloefeningen' te proeven, zoals een schitterend rijke, zoete wijn in de stijl van een Sauternes, gemaakt van Botrytisdruiven, of een opmerkelijke wijn in de stijl van een Vin Jaune, die veel flessen uit de Jura zal verslaan.

Extreme maatregelen voor kwaliteit De wijnen van La Moussière worden met uiterste zorg gemaakt. Lage opbrengsten bevorderen een vroege rijping en besparen Mellot de noodzaak tot chaptalisatie. Al het fruit wordt handmatig geplukt, extreme maatregelen worden gebruikt om het fruit bij het transport te beschermen en er vindt vóór de vinificatie een strenge, tweede selectie plaats.

Er worden vier kwaliteitswijnen gemaakt: de La Moussière, in zowel een witte als een rode versie, is aromatisch, rijp en weelderig met een prachtig evenwicht en een grote elegantie. De rode cuvée Génération XIX, in 1995 door Mellot fils ten doop gehouden, is een prachtige, goed-gekleurde wijn met een mooi bouquet en een grote finesse, met een tanninestructuur die hem van een lange flesrijping verzekert. Alle wijnen weerspiegelen het klimatologische karakter van hun jaargang, wat een verticale proeverij zeer fascinerend maakt.

Sancerre Cuvée Edmond De oudste sauvignonstokken leveren de Cuvée Edmond. Deze sensuele wijn, gegist in nieuw eiken, is perfect in balans, zonder overtollig vet en met precies de juiste zuren. De absolute rijpheid van zijn fruit geeft de wijn in de meeste jaargangen een licht tropisch aroma, en in de jaren waarin de Botrytis cinerea wat van de oogst aantast, zoals in 1997, bespeurt men een lichte kruidigheid. De Cuvée Edmond ontwikkelt zich in tien jaar goed en is een prachtige tafelgenoot voor gesmoorde zwezerik, of zelfs een gepocheerde tarbot met oesters.

- Andere geproduceerde witte wijnen: Sancerre La Moussière
- Rode wijnen: Sancerre La Moussière, Sancerre Génération XIX
- Eigenaar: Alphonse Mellot
- Wijnmaker: Alphonse Mellot
- Oenoloog: Alphonse Mellot
- Oppervlakte gecombineerde wijngaarden: 50 ha
- Productie: 335.000 flessen
- Export: 50%
- Verkoop aan huis: ja
- Bezoek: op afspraak

Uitgekozen wijn:
Sancerre Cuvée Edmond

- Druivensoort: sauvignon blanc
- Gemiddelde leeftijd van de stokken: 60-80 jaar
- Oppervlakte wijngaard: 10 ha
- Bodem: mergel op Kimmerische klei

EDMOND
Prestige
PRODUCT OF FRANCE
Cuvée Edmond
Vieilles Vignes
1998
Sancerre
Domaine La Moussière
13%vol
750ml
S.C.E.A. Alphonse Mellot
Propriétaire-Récoltant - 18300 Sancerre - France

Domaine Paul Prieur & Fils

De familie Prieur uit Vendigny staat allang bekend om de kwaliteit van hun wijnen, die haar de klandizie en trouw van prestigieuze en veeleisende klanten heeft opgeleverd. Zo is er bijvoorbeeld een beroemd hotel op de Place Vendôme te Parijs dat al 25 jaar haar wijnen serveert. Dit domein is een uitmuntende bron voor traditionele Sancerre van alle drie kleuren, verkocht tegen prijzen die ook aangenaam traditioneel blijven.

Tien generaties in dienst van de wijn De reputatie van de familie wordt heden ten dage met groot talent hoog gehouden door de broers Didier en Philippe Prieur, die behoren tot de laatste van de minstens tien generaties Prieurs die in het gebied wijn hebben gemaakt. Zelfs na de Phylloxera-ramp is de productie niet gestagneerd.

Dit is absoluut een autonoom domein. De gebouwen, kantoren en ontvangstruimte zijn zo'n jaar of veertig geleden allemaal gebouwd door de, toen jonge, broers Prieur zelf – traditioneel heeft de familie zowel metselaars als wijnmakers voortgebracht – en zelfs de geëmailleerde betonnen gistingsvaten zijn hun werk. Hun 'mis en bouteille au domaine' betekent dat dan ook echt; in tegenstelling tot de moderne praktijk wordt niets uitbesteed.

Het streven naar authenticiteit De broers hechten groot belang aan authenticiteit. Ze beginnen nooit met de oogst totdat het fruit volkomen rijp is en er wordt altijd met de hand geplukt (wat zeldzaam is in het Sancerregebied), waardoor streng kan worden geselecteerd. De kwaliteit van het fruit is belangrijk en wordt bereikt door in de wijngaard gedisciplineerd te werken met zo min mogelijk interventie. Met gezond fruit, aldus Didier Prieur, kan men de wettig toegestane maximale hoeveelheid sauvignon oogsten en toch uitstekende wijnen produceren, die trouw zijn aan het terroir. Een lage opbrengst, vaak beschouwd als een onfeilbaar recept voor grote wijnen, is volgens de Prieurs niet noodzakelijkerwijs de vriend van authenticiteit.

De gisting gebeurt in roestvrijstalen tanks bij gecontroleerde temperaturen. Druiven van verschillende bronnen worden gemengd – de Prieurs hebben nooit iets gevoeld voor het apart houden van de verschillende percelen – en de combinatie van de terres blanches van klei en kalksteen van de hellingen van Verdigny en Monts Damnés en de caillottes van heel licht kalkhoudende tufsteen van lager gelegen percelen zorgt voor gecorseerdheid, complexiteit en finesse.

Sancerre rood Op het domein wordt een abnormale grote hoeveelheid werk gewijd aan rode wijnen, en de Prieurs maken een van de mooist leverbare rode Sancerres, die tenminste een jaar zowel op het fust als in roestvrijstaal rijpt. Ongeveer 80% van deze pinots zijn het resultaat van klonen en ze liggen allemaal in de *lieu-dit* Pichon, waarvan de geologische diversiteit zowel uitgelezen fruitigheid als gecorseerdheid aan de wijnen geeft. Ze zijn jong prachtig fris, sappig en aromatisch, met een indrukwekkend gewicht en een perfect evenwicht. Toch kunnen ze goed ouderen: de jaargang 1991 bijvoorbeeld (een jaar met een catastrofale vorstperiode) was met zijn acht jaar krachtig en had een lieflijk bouquet en een smaak van wild en specerijen ontwikkeld, terwijl die van 1990 een meer geroosterd karakter had. Rijp of jong, deze Sancerre is een prima partner voor kip in een zoutkorst.

- Witte wijn: Sancerre
- Rosé wijn: Sancerre
- Eigenaar: Familie Prieur
- Wijnmaker: Didier Prieur
- Oppervlakte gecombineerde wijngaarden: 14 ha
- Productie: 106.000 flessen
- Export: 50%
- Verkoop aan huis: ja
- Bezoek: ja

Uitgekozen wijn:
Sancerre rood

- Druivensoort: pinot noir
- Gemiddelde leeftijd van de stokken: 25 jaar
- Oppervlakte wijngaard: 5 ha
- Bodem: kalkhoudende kleigrond en kiezelige kalksteen
- Gemiddelde jaarproductie: 40.000 flessen

1997
PRODUIT DE FRANCE
Sancerre
APPELLATION SANCERRE CONTRÔLÉE
Paul PRIEUR et Fils
Propriétaires - Viticulteurs
MISE EN BOUTEILLE A LA PROPRIÉTÉ

Een tocht door de nauwe achterafstraatjes van Sancerre is nodig om de kelders van de familie Vacheron te bereiken. Gelukkig zijn er kleine bordjes die de bezoekers de weg wijzen, zodat zij die zonder al te veel moeite kunnen vinden. Het welkom is warm en het bezoek is zeer de moeite waard, want de Vacherons produceren prachtige, evenwichtige wijnen van een grote finesse.

Generatie op generatie De twee broers Jean-Louis en Denis Vacheron leidden het huis. Het werd gesticht door hun overgrootvader, die naar Sancerre verhuisde en een meisje uit deze plaats trouwde. Het zal worden overgenomen door hun zonen Jean-Denis, die in Châteauneuf-du-Pape werkt, en Jean-Dominique, die reeds deel van het team uitmaakt.

De familie bezit 36 hectaren wijngaard, wat voor plaatselijke begrippen veel is. Ongeveer tweederde ervan is aangeplant met sauvignon en de rest met pinot noir; en voor een wijnhuis is dat laatste een groot percentage, maar in het verleden is de reputatie van het Domaine Vacheron dan ook voornamelijk verdiend met zijn rode wijnen.

Op de flanken van de Sancerre-heuvel De wijngaard, die helemaal in de gemeente Sancerre ligt, is vooral gesitueerd op de flanken van de Sancerre-heuvel. Dat zorgt voor een schitterend steile positie, gericht op het zuiden, waardoor de stokken profiteren van zonlicht, beluchting en goede afwatering.

De Vacherons stellen er eer in de productiviteit van hun stokken zeer beperkt te houden, waardoor de druiven een betere kans krijgen om elk jaar volledig te rijpen en geconcentreerd sap te leveren, waarin de kenmerken van de drie verschillende bodemsoorten van de Sancerre – kalkhoudende tufsteen, mergel en vuursteen – worden weerspiegeld. Wanneer de oogsttijd is aangebroken, wordt alles met de hand geplukt, waardoor de plukkers ondermaats fruit meteen kunnen verwijderen, een essentieel detail bij de productie van hoge wijn, maar een detail dat helaas door veel telers in het gebied wordt genegeerd, een handjevol uitgezonderd.

Oneindige zorg loont De grondstoffen worden bij aankomst in de kelders met oneindige zorg behandeld, de sauvignons gaan voorzichtig via de lopende band naar de uiterst moderne Bücher-persen, terwijl de pinots, afhankelijk van het jaar helemaal of gedeeltelijk ontsteeld de vaten ingaan. De gisting wordt op gang gebracht met behulp van de eigen gist van de druiven en het rijpen erna gebeurt zowel in het vat als in het fust met een minimum aan handelingen. De schilderachtige kelders waarin de fusten zijn opgeslagen dateren uit de 15de eeuw en vormen een deel van het netwerk aan tunnels waarmee de heuvel van Sancerre is doorboord.

Sancerre Les Romains De Vacherons produceren twee witte wijnen, die beide de grote vooruitgang demonstreren die het domein in de laatste jaren heeft doorgemaakt. De mooiste komt van de *lieu-dit* Les Romains en is een rijke, mooi evenwichtige wijn van een gecontroleerde weelderigheid. Hij heeft een voortreffelijk geurend aroma met in de smaak nuances van exotisch fruit, een indicatie van de rijpheid van de grondstoffen, en, eenmaal doorgeslikt, een grootse lengte. Op zijn eentje is-ie onweerstaanbaar, maar na een paar glazen kunnen spiezen met stukjes gegrilde kreeft zeer welkom zijn!

- Andere geproduceerde witte wijn: Sancerre
- Rode wijnen: Sancerre, Sancerre Belle Dame
- Rosé wijn: Sancerre
- Eigenaar: Familie Vacheron
- Wijnmakers: Familie Vacheron
- Oppervlakte gecombineerde wijngaarden: 36 ha
- Productie: 265.000 flessen
- Export: 65%
- Verkoop aan huis: ja
- Bezoek: ja

Uitgekozen wijn:
Sancerre Les Romains

- Druivensoort: sauvignon
- Gemiddelde leeftijd van de stokken: 30 jaar
- Oppervlakte wijngaard: 2 ha
- Bodem: kalkhoudende tufsteen, vuursteen
- Gemiddelde jaarproductie: 8000 flessen

Les Romains
1997
Sancerre
APPELLATION D'ORIGINE CONTROLEE
Domaine Vacheron
VACHERON & FILS
VIGNERONS
SANCERRE (CHER) FRANCE
PRODUIT DE FRANCE

Domaine Vincent Pinard

Van het proeven van de wijnen van andere mensen en andere landen kan men veel leren. Omdat hij dit regelmatig doet, heeft Vincent Pinard ervaren hoe Sancerre zich in de hiërarchie van de wereld heeft ontwikkeld. Dit is voor hem een stimulans geweest om nog meer zijn best te doen zijn wijngoed te plaatsen onder de allerbeste van de *appellation* en Sancerre te behoeden voor een verdrinkingsdood in de grote oceaan van sauvignon-rivalen uit de Nieuwe Wereld. Hij maakt wijnen van een grote zuiverheid, authenticiteit en elegantie.

Twee families verenigd in wijn Zowel de familie van Pinard als die van zijn echtgenote maakten al voor de Franse Revolutie wijn in het gebied. Hij begon in 1970 te werken, leerde naast zijn vader het vak, en studeerde kort aan het wijnbouwlyceum van Beaune. In 1979 maakte hij voor het eerst eigenhandig wijn en in 1986 nam hij de hele verantwoordelijkheid voor de firma op zijn schouders.

Het wijnhuis is gevestigd in het dorpje Bué, een aantal kilometers ten noorden van Sancerre, en de meeste wijnstokken liggen rond het dorp, de stokken sauvignon op kalkstenen bodems en de pinots op kalkhoudende kleigrond.

Het voordeel van grote plantdichtheid Het streven naar kwaliteit begint met het planten van de stokken, wat kan gebeuren met een grotere of kleinere plantdichtheid. Waar de wet een minimum van 6600 stokken per hectare voorschrijft, plant Pinard ze met een dichtheid van 9000. Met als gevolg dat elke stok verplicht is zijn wortels diep in de ondergrond te begraven op zoek naar voedingsstoffen en water. Daardoor rijpt het fruit beter en wordt het terroirkarakter vergroot. De strijd om ruimte is tevens een rem op de productiviteit.

Het verkleinen van de oogst is essentieel. Pinard doet dit door te ontknoppen en op het moment van verkleuring overtollige trossen weg te knippen. Zijn voorouders zouden ongetwijfeld moeite hebben gehad om deze acties te begrijpen en zelfs nog pas kort geleden, in de tijd van zijn vader, zou, gezien de regelmatige aanvallen van rupsen en ander ongedierte, het opzettelijk offeren van een deel van de oogst waanzin hebben geleken!

Wanneer de oogsttijd nadert De vijftien hectaren van het wijngoed liggen verspreid over zo'n veertig percelen. Dat lijkt in logistiek opzicht een nadeel, maar kan juist een voordeel zijn als je de schade die lokale stormen af en toe veroorzaken in ogenschouw neemt. De oogstvolgorde kan soms variëren en wordt enerzijds bepaald door het proeven van druiven van elk perceel om de hoeveelheid suiker en de zuurgraad vast te stellen en anderzijds door met een interval van een aantal dagen telkens drie fruitmonsters in de kelders te analyseren. Elke pluk van de 40 monsters kost twee mensen anderhalve dag werk en dan gaat Vincent Picard er mee de kelders in.

Sancerre Harmonie De cuvée Harmonie wordt, evenals de rode cuvée Charlouise, alleen gemaakt in die jaren waarin de druiven uitzonderlijk rijp worden. Hij is afkomstig van stokken die omstreeks 1950 zijn geplant en wordt gevinifieerd in fusten van nieuw eikenhout. Hij rijpt ook in nieuw eikenhout en dat draagt bij aan zijn weelderigheid en zijn aroma's. De kwaliteit van het fruit is dermate hoog dat het eikige flink op de achtergrond blijft. Gemaakt zonder zwavel, doet Harmonie zijn naam eer aan, een prachtig evenwicht van weelderigheid, zuren en minerale geuren. Hij kan aan tafel worden geschonken bij een gesmoorde zeebaars in zuringsaus.

- Andere geproduceerde witte wijnen: Sancerre Cuvée Florès, Sancerre Nuance
- Rode wijnen: Sancerre, Sancerre Charlouise
- Rosé wijn: Sancerre
- Eigenaars: Vincent en Cosette Pinard
- Wijnmaker: Vincent Pinard
- Oppervlakte gecombineerde wijngaarden: 15 ha
- Productie: 100.000 flessen
- Export: 40%
- Verkoop aan huis: op afspraak
- Bezoek: op afspraak

Uitgekozen wijn:
Sancerre Harmonie

- Druivensoort: sauvignon
- Gemiddelde leeftijd van de stokken: 45 jaar
- Oppervlakte wijngaard: 1 ha
- Bodem: kalksteen
- Gemiddelde jaarproductie: 4000 flessen

1997
Harmonie
Sancerre
Appellation Sancerre
Contrôlée
Mise en Bouteille
à la Propriété
Ce vin issu de
mes plus vieilles vignes
a été vinifié
et élevé en fûts
de chêne neuf.
Vincent Pinard
Vigneron
à Bué
18300 SANCERRE
Produit de France
e750 ml

Pur Sang, Astéroïde, Silex, Buisson Renard, Chailloux... Alleen al de namen van de wijnen en hun opvallende etikettering vertelt de klant meteen dat dit geen alledaagse Pouilly Fumés zijn. Deze indruk wordt geheel bevestigd bij het proeven ervan. Sedert 1985 hebben de wijnen van Didier Dagueneau stof doen opwaaien en wijnschrijvers en consumenten laten zien tot welke hoogten de sauvignon blanc kan stijgen. Heden ten dage is Dagueneau zonder twijfel de leidende teler in het district en de schamele 50.000 flessen die elk jaar zijn kelders verlaten, worden door toprestaurants, kleinhandelaren en kenners weggekaapt.

Een jonge man met overtuigingen Dagueneau is door zijn eigen overtuigingen gekomen waar hij is. Deze loot van een plaatselijke wijnfamilie werd door zijn vader ontslagen en was in 1982 genoodzaakt voor zichzelf te beginnen. Hij begon een aantal jaren later te werken met eikenhouten fusten en maakte weldra wijnen van grote allure. Maar er zijn traditionalisten die zeggen dat het geen echte Pouilly Fumé is.

Zijn niet-conformistische persoonlijkheid heeft zijn marktwaarde niet geschaad; zijn lange ongekamde haren, ruige baard en intense blik heeft hem de bijnaam bezorgd van de 'wildeman van Saint-Andelain' en dit heeft hem uiterst nieuwswaardig gemaakt, evenals trouwens zijn voorkeur voor honden en sleeën.

Vervolgens kwamen erkenning en succes en die zorgden ervoor dat hij in 1989 te Saint-Andelain nieuwe gebouwen kon laten neerzetten, die hem de broodnodige ruimte gaven en in staat stelden zijn ideeën uit te voeren en zijn technieken te perfectioneren.

Authenticiteit en perfectionisme Wat heeft Dagueneau dat anderen niet hebben? Ongetwijfeld een zeldzame intuïtie voor het maken van wijn. Hij streeft altijd naar authenticiteit en perfectie. Na streng snoeien aan het begin van het jaar, worden niet minder dan drie maanden besteed aan het nauwgezet wegknippen van knoppen door zijn consciëntieuze medewerkers om druiven van de hoogste kwaliteit te krijgen. Wanneer het rijpingsproces voorbij is, gebeurt het oogsten met de hand, waardoor kan worden uitgezocht wat precies rijp is en wat voor een latere pluk wordt achtergelaten.

De nieuwe vinificatie-apparatuur, ontworpen met het oog op Dagueneaus werkwijzen, maken gebruik van de zwaartekracht en stellen hem in staat om te werken zonder het minste voorbehoud of compromis. Na de gisting rijpen de wijnen in een aardige fustenkelder, die zowel *demi-muids* bevat als *cigares*, smalle, langwerpige fusten die speciaal zijn gemaakt voor Dagueneau. De temperatuur in de kelder wordt laag gehouden om de interactie tussen wijn en eikenhout te beperken, zodat de wijn niet te veel houtgeuren opneemt.

Pouilly Fumé Silex Geen andere 'vuursteen'-wijnen heeft zo'n stevige, strenge persoonlijkheid als die van Dagueneau, met een intens rokerig karakter van een grote rijkdom, perfecte harmonie en indrukwekkende afdronk. Hoewel streng gedisciplineerd, streelt hij de tong met zijn aangeboren charme. Hier spreekt de kwaliteit van de grondstoffen. De prachtige Silex heeft het waarschijnlijk in zich in twintig jaar te verbeteren, maar ook jong is hij al onweerstaanbaar. Een carpaccio van Sint-Jakobsschelpen is een goede tafelgenoot.

- Andere geproduceerde witte wijnen: Pouilly Fumé Pur Sang, Pouilly Fumé Astéroïde, Pouily Fumé Buisson Renard, Pouilly Fumé Chailloux
- Eigenaar: Didier Dagueneau
- Wijnmaker: Didier Dagueneau
- Oppervlakte gecombineerde wijngaarden: 11 ha
- Productie: 50.000 flessen
- Export: 80%
- Verkoop aan huis: op afspraak
- Bezoek: op afspraak

Uitgekozen wijn:
Pouilly Fumé Silex

- Druivensoort: sauvignon
- Gemiddelde leeftijd van de stokken: 50 jaar
- Oppervlakte wijngaard: 2,2 ha
- Bodem: kiezelhoudende klei
- Gemiddelde jaarproductie: 10.000 flessen

SiLEX
Par Didier Dagueneau

Gedurende vele jaren is De Ladoucette de vaandeldrager van Pouilly Fumé geweest. Zijn wijnen werden over de hele wereld geëxporteerd om generaties van nieuwe wijndrinkers in te wijden in de geneugten van de sauvignon in zijn interpretatie van de midden-Loire. Het gebied dankt veel aan de firma, die een onbetwistbare stempel heeft gedrukt op vraag en aanbod en de katalysator is geweest van veel vooruitgang.

De buitengewone groei van een familiezaak Dit moderne succesverhaal kan worden toegeschreven aan één jongeman, baron Patrick de Ladoucette, die in 1972, op de jeugdige leeftijd van 21, de familiezaak overnam. Het huis had een goede reputatie en werd in die tijd geleid door een directeur, die was aangesteld toen de vader van de jongeman vlak na de oorlog naar Australië was geëmigreerd.

Maar Ladoucette was er de persoon niet naar om op de lauweren van de familie te rusten en hij stelde zich de zaken op een andere schaal voor. Hij investeerde grote sommen in het moderniseren van de faciliteiten en apparatuur: roestvrijstalen gistingsvaten met temperatuurcontrole, met glas gevoerde opslagvaten en een bottellijn waren sommige van de voornaamste aankopen die hem in staat stelden om te beginnen met de productie van uitstekende aromatische, frisse, moderne Pouilly Fumé in behoorlijke hoeveelheden. En omdat de flessen ook moesten worden verkocht, nam de jongeman deze taak energiek en met talent ter hand. Het was dan ook spoedig noodzakelijk om aanvullende grondstoffen te kopen, wilde hij aan de vraag tegemoet kunnen komen.

Een luxe cuvée wordt geboren Sedertdien heeft voorspoed diversiteit met zich meegebracht: de firma produceert nu ook Sancerre, Vouvray, Chinon en Bourgueil, heeft de firma van Albert Pic, een producent van Chablis, overgenomen en heeft zelfs geïnvesteerd in de Napa Valley in Californië. De uitrusting is opnieuw vernieuwd en er wordt veel zorg besteed aan de wijngaarden en gebouwen, die gelegen zijn rond het legendarische sprookjesachtige Château du Nozet met zijn torentjes, dat in 1850 is ontworpen door de architect Violet-Le-Duc voor graaf Lafond, de directeur van de Franse Bank en een voorvader van Ladoucette.

De wijngaardpercelen zijn prachtig gelegen en de oudste stokken in de twee beste percelen op de beroemde heuvel Saint-Andelain zijn de bron van de hoogste wijn van de firma, de Pouilly Fumé Baron de L. Deze werd in 1973 ten doop gehouden en was de eerste luxe cuvée van sauvignon in Frankrijk, een geniale zet van de innoverende jonge eigenaar, die de telers liet zien wat er mogelijk is als men de blik ietwat verruimt en afwijkt van de traditionele gang van zaken.

Pouilly Fumé Baron de L Strenge selectie van de grondstoffen en het daaruit geperste sap, het gebruik van de zwaartekracht voor de verplaatsing van de vloeistof, langzame gisting, gevolgd door rijpen op de lies, weinig oversteken, niet klaren en slechts licht filteren...dat zijn de voorzieningen waarmee deze prachtige paradox van delicaatheid en concentratie wordt geproduceerd. Baron de L, met zijn rijke complexe aroma, zijn ronde, brede en intense mondgevoel, met een afdronk die een prachtig lang, complex spoor van geuren achterlaat, is een model van harmonie, elegantie en opvoeding. Deze aristocraat wil niet anders dan de volledige aandacht van hen die in zijn gezelschap zijn...en toch is hij niet afkerig van de ongeschoolde interrupties van een tartaar van zalm, of een carpaccio van Sint-Jakobsschelpen.

- Andere geproduceerde witte wijnen: Pouilly Fumé de Ladoucette, Sancerre Comte Lafond, Sancerre La Poussie, Vourvray Marc Bredif
- Rode wijnen: Sancerre Comte Lafond, Sancerre La Poussie, Chinon Marc Bredif, Bourgueil Baron Briare
- Rosé wijnen: Sancerre Comte Lafond, Sancerre La Poussie
- Eigenaar: Patrick de Ladoucette
- Wijnmaker: Joël André
- Oenoloog: Joël André
- Oppervlakte gecombineerde wijngaarden: 120 ha
- Export: 60%
- Verkoop aan huis: op afspraak
- Bezoek: op afspraak

Uitgekozen wijn:
Pouilly Fumé Baron de L

- Druivensoort: sauvignon
- Gemiddelde leeftijd van de stokken: 40-50 jaar
- Oppervlakte wijngaard: 100 ha
- Bodem: Kimmerische mergel, kiezels
- Gemiddelde jaarproductie: 120.000 flessen

Château du Nozet Pouilly s/ Loire
Pouilly Fumé Contrôlée
1996
750 ML
PRODUCT OF FRANCE

Het huwelijk tussen Jean-Michel Masson en Michelle Blondelet in 1975 gaf een nieuwe prikkel aan het werk van het familiebedrijf Blondelet, dat aan het begin van de 19de eeuw werd opgericht. Masson-Blondelet is bekend geworden om de kwaliteit en de regelmatigheid van zijn productie en heeft in het buitenland veel aanzien opgebouwd. Zijn eigenaars zijn regelmatig aanwezig bij de verschillende wijnshows, waar zij hun wijnen schenken en becommentariëren en ze doen daarbij zeer hun best. Het zijn mooie ambassadeurs van Pouilly Fumé...en ook van de Franse wijnbouwer in het algemeen.

Van belastingkantoor naar wijngaard Oorspronkelijk is Masson afgestudeerd in de rechten en hij heeft een korte tijd gewerkt op het belastingkantoor, voordat hij teler werd en de essenties van zijn nieuwe beroep leerde van Michelle's vader. Zijn voortdurende contacten met andere wijnkenners, hetzij plaatselijke oenologen van het Institut National de la Recherche Agronomique, hetzij telers uit Bourgondië, met wie hij tijdens zijn studie in Dijon bevriend is geraakt, hetzij telers uit andere districten, die hij ontmoet in zijn capaciteit van commissielid van het Institut National des Appellations d'Origine, zijn en blijven een zeer positieve bron van ervaring, inzicht, advies en aanmoediging...wat allemaal ongetwijfeld op hun beurt weer zal worden doorgegeven aan Pierre-François en Mélanie, de opkomende zevende generatie.

Wijnen met een ziel De wijnen van Masson-Blondelet worden gemaakt in een mooie, moderne *cuverie* van drie verdiepingen. Daarin beweegt de vloeistof zich door middel van de zwaartekracht, waardoor het aroma beter wordt bewaard. De Massons hechten grote waarde aan het zo veel mogelijk gebruik van fysieke handelingen bij de vinificatie in plaats van chemische behandelingen, hoe onschuldig sommige van die laatste ook lijken, en ze gebruiken een minimum aan zwavel. Ze hebben zich omringd met de technologie die noodzakelijk is om de risico's die aan het wijnmaken inherent zijn, te elimineren, maar zij besteden desalniettemin veel aandacht aan hun verschillende wijnen, want zij vinden dat de menselijke energie elke wijn een ziel geeft.

De druiven worden voorzichtig geperst door pneumatische persen en hun sap loopt af in roestvrijstalen tanks, uitgerust met warmte-controlerende apparatuur. Dat is alleen voor de veiligheid, want het laatste wat men wil is eenvormigheid. Na de gisting, het rijpen op de lies en een koude stabilisatie, worden de wijnen gebotteld. Dit gebeurt alleen als men vindt dat de wijnen echt klaar zijn. Een hulplijn laat de flessen zelfs nog gedurende zeven minuten ronddraaien, voordat ze worden gestapeld, in welke periode de kurken opzwellen tot ze de flessenhalzen precies vullen, zodat er geen sprake kan zijn van een 'huilende' fles.

Pouilly Fumé Tradition Cullus In de meest gunstige jaren maken de Massons hun Tradition Cullus, een rijke, verleidelijke wijn van oude stokken, die gist in het fust en daarna langzaam in tien maanden in hout rijpt, waarbij de lies af en toe worden omgeroerd. Daarna oudert hij nog een jaar in roestvrijstaal. Deze wijn is een meesterstuk van aroma, weelde en harmonie, die de aandacht verdient van elke drinker die zo gelukkig is dat hij hem mag proeven. Hij kan absoluut alleen leven, maar zal ook bereidwillig de schijnwerpers willen delen met een Crottin de Chavignol en wat brood van de plaatselijke bakker Patrick. Na een paar jaar in de fles is de Cullus zelfs rijp genoeg om de verleidelijke avances van ganzenlever in al zijn vormen te waarderen.

- Andere geproduceerde witte wijnen: Pouilly Fumé Villa Paulus, Pouilly Fumé Les Angelots, Pouilly Fumé Les Bascoins, Pouilly-sur-Loire, Sancerre Thauvenay
- Rode wijn: Sancerre Thauvenay
- Rosé wijn: Sancerre Thauvenay
- Eigenaars: Jean-Michel en Michelle Masson
- Wijnmaker: Jean-Michel Masson
- Oenoloog: Bertrand Daulny (SICAVAC)
- Oppervlakte gecombineerde wijngaarden: 19 ha
- Productie: 130.000 flessen
- Export: 60%
- Verkoop aan huis: 9-12:30 uur en 14-18:30 uur
- Bezoek: ja

Uitgekozen wijn:
Pouilly Fumé Tradition Cullus

- Druivensoort: sauvignon
- Gemiddelde leeftijd van de stokken: meer dan 40 jaar
- Oppervlakte wijngaard: 1,5 ha
- Bodem: Kimmerische mergel
- Gemiddelde jaarproductie: 6000 flessen

VIEILLES VIGNES
Nº 02903
POUILLY-FUMÉ
APPELLATION POUILLY-FUMÉ CONTRÔLÉE
TRADITION CULLUS
1996
Domaine J.-M. MASSON-BLONDELET
PROPRIÉTAIRE-RÉCOLTANT A POUILLY-SUR-LOIRE - 58150 FRANCE
PRODUCE OF FRANCE

- Eigenaar: Gravin d'Assay
- Directeur: Graaf Henry d'Assay
- Oenoloog: Valérie Lavigne
- Export: 60%
- Verkoop aan huis: op afspraak
- Bezoek: op afspraak

Uitgekozen wijn:
Pouilly Fumé Château de Tracy

- Druivensoort: sauvignon
- Gemiddelde leeftijd van de stokken: 25 jaar
- Oppervlakte van de wijngaard: 30 ha
- Bodem: Kimmerische kalksteen, kiezelhoudende aarde
- Gemiddelde jaarproductie: 200.000 flessen

Het 'andere' château dat Pouilly Fumé maakt, en dat iets lager op de ranglijst staat, maar toch wijnen maakt die zeer zuiver en authentiek zijn, is het Château de Tracy. Het domineert het dorp van dezelfde naam in het noordelijkste deel van de *appellation*. Historisch gezien in dit Pouillyhuis het oudste, want er wordt al zes eeuwen wijn gemaakt.

Schotten in dienst van Karel VII Het Château de Tracy is het eigendom van gravin d'Estutt d'Assay, wier familie sedert de 16de eeuw op deze plek woont. De familie komt oorspronkelijk uit Schotland; de Stutts van Lagan staken in de 15de eeuw het Kanaal over om voor Karel VII te vechten tegen de Engelse bezettingsmacht. Zij werden daarvoor beloond met landerijen in Assay in het district Berry en ze verwierven het Château de Tracy later als gevolg van een huwelijk.

Een oorkonde uit 1396 vermeldt reeds het maken van wijn. Dat gebeurde ook in de 18de en 19de eeuw, toen er 50 hectaren beplant waren met wijnstokken. De wijngaard werd na de crisis van 1929 verlaten, maar werd zo'n kwart eeuw later weer herbeplant door graaf Alain d'Assay, de inmiddels overleden echtgenoot van de gravin. Heden ten dage zijn er 30 hectaren beplant, gelegen op de coteaux van Tracy en van Vilmoy en het Château word geleid door hun zoon Henry.

Geen insecticide meer Kwaliteit is het leidende principe van het huis. Henry d'Assay en zijn team zijn voortdurend op zoek naar mogelijkheden om hun arbeid te verbeteren. In 1995 werd er veel vooruitgang geboekt met de acceptatie van de methode van *lutte raisonnée,* om de natuurlijke hulpbronnen en mechanismen van het ecosysteem van de wijngaard te gebruiken en te stimuleren. Sedertdien zijn fytofarmaceutische producten alleen gebruikt als er geen andere oplossing was en dan nog slechts zo minimaal mogelijk. Er wordt niet langer insecticide gebruikt en andere chemische behandelingen om de gezondheid van de druiven te bevorderen zijn in vier jaar tijd gehalveerd, zodat men de natuurlijke vijanden van de insecten weer in de wijngaard tegenkomt. Omdat de bodems natuurlijk worden bewerkt en worden verrijkt met zelfgemaakte compost is hun micro-organische leven en daardoor de natuurlijk weerstand van de stokken verbeterd.

Een natuurlijker vinificatie Door het weghalen van gebladerte rond de trossen rijpen de trossen beter, waardoor de graaf de mosten nauwelijks meer hoeft te chaptaliseren. Lage opbrengsten speelden ook een grote rol in het rijpingsproces.

Ook de interventies tijdens de vinificatie zijn verfijnd en verminderd. Gedurende de eerste zes maanden van het rijpen worden de lies nu regelmatig omgeroerd, wat een rijker bouquet en een grotere consistentie van de wijnen tot gevolg heeft. Klaren en filteren is verminderd, de koude stabilisatie is grotendeels gestaakt en er vindt een strengere selectie plaats van de vaten die te zijnertijd de wijnen van het Château de Tracy mogen gaan vormen.

Pouilly Fumé Château de Tracy Heden ten dage zorgen al deze maatregelen voor een wijn die intens aromatisch, rijp en zuiver is, een prachtige expressie van de sauvignon uit deze historische wijngaarden. De uitgelezen geurigheid, een mengeling van citrusfruit en exotisch fruit, vuursteen en iets rokerigs, is absoluut trouw aan zijn oorsprong. De harmonie van de wijn is ook compleet, de rijpheid en rijkheid van het fruit vormt een perfect tegenwicht voor de natuurlijke zuren van de wijn. Château de Tracy kan het beste een paar jaar na zijn jaargang worden gedronken, met een schotel oesters of wat verse zalm, gesmoord in folie.

CHÂTEAU
DE
TRA
Vendange
1998
CHÂTEAU DE TRACY
depuis
1396
POUILLY FUMÉ
Appellation Pouilly Fumé Contrôlée
Mis en bouteille au château - Product of France
Comtesse A. d'Estutt d'Assay S.A.R.L. - 58150 Tracy-sur-Loire - France

DE PRODUCENTEN

Raadpleeg voor de adressen en telefoonnummers van de bedrijven die met hun initialen worden genoemd achter het kopje: 'Verkoop van de wijn' de lijst 'Handelaren'.

De prijsaanduidingen corresponderen met de wijn die is gefotografeerd. Het is de prijs die op het bedrijf wordt gevraagd. Als de wijn niet ter plekke kan worden gekocht, staat de gemiddelde handelsprijs aangegeven. De wijnen van een aantal wijnhuizen worden niet regelmatig door handelshuizen gedistribueerd. De wijnhuizen zijn binnen hun district alfabetisch gerangschikt. De sterretjes geven de volgende prijsindicatie aan:

*	minder dan 50 fr.
**	50-80 fr.
***	80-120 fr.
****	20-200 fr.
*****	meer dan 200 fr.

MUSCADET
Château de La Preuille
85600 Saint-Hilaire de Loulay
Tel.: 02 51 46 32 32
Het huis ligt aan de D54, vijf km van Clisson. Het is goed aangegeven en heeft een grote parkeerplaats.
Prijs: *

MUSCADET SÈVRE-ET-MAINE
Château du Coing de Saint-Fiacre
44690 Saint-Fiacre-sur-Maine
Tel.: 02 40 54 85 24
Neem vanaf Saint-Fiacre de D59 naar Vertou. Neem na aankomst in La Bourchinière de eerste straat links naar het Château du Coing.
Verkoop van de wijn: VTQ
Prijs: **

Domaine de l'Ecu
La Bretonnière
44430 Le Landreau
Tel.: 02 40 06 40 91
Verlaat Le Landreau via de weg naar Briacé. De ingang is 800 meter verderop, na de laatste bocht rechts voor de Ecole de Briacé.
Verkoop van de wijn: CA, CE, IM
Prijs: *

Château de La Ragotière
La Regrippière
44330 Vallet
Tel.: 02 40 33 60 56
Neem vanaf de kerk van La Regrippière de D108. Neem na het kerkhof de eerste weg links en dan de tweede links.
Verkoop van de wijn: ECH
Prijs: *

SAVENNIÈRES
Domaine du Closel
1, Place du Mail
49170 Savennières
Tel.: 02 41 72 81 00
Internet:
www.savennieres-closel.com
Ga bij het verlaten van Savennières in de richting van Angers. Het huis is op de Mail aan de rechterkant.
Verkoop van de wijn: GOB
Prijs: **

Château d'Epiré
SCEA Bizard-Litzow
49170 Savennières
Tel.: 02 41 77 15 01
Internet: www.chateau-epire.com
De kelder, in de oude kerk van Epiré, is anderhalve km. van Savennières in de richting van Angers.
Verkoop van de wijn: BOU, LCI, NIC, TLC
Prijs: **

SAVENNIÈRES ROCHE-AUX-MOINES
Château de Chamboureau
49170 Savennières
Tel.: 02 41 77 20 04
Neem vanuit Savennières de weg naar Angers. Neem bij aankomst in Epiré de eerste weg aan de rechterkant.
Verkoop van de wijn: IM, VTQ
Prijs: ****

SAVENNIÈRES COULÉE DE SERRANT
Coulée de Serrant
Château de la Roche-aux-Moines
49170 Savennières
Tel.: 02 41 72 22 32
Het huis ligt tussen Epiré en Savennières en is goed aangegeven.
Verkoop van de wijn: BAC, BAD, BOU, CA, CE, HL, NIC
Prijs: *****

COTEAUX-DU-LAYON
Domaine Duloquet
Les Mousseaux
49700 Les Verchers-sur-Layon
Tel.: 02 41 59 17 62
Neem vanuit Verchers de weg naar Concourson. Les Mousseaux is het eerste dorpje dat u tegenkomt. Het Domaine Duloquet is het tweede huis aan de rechterkant.
Prijs: ****

Domaine Patrick Baudouin
49290 Chaudefonds-sur-Layon
Tel.: 02 41 78 66 04
Verkoop van de wijn: CA, CAC, CE, CMV, HL
Prijs: *****

Domaine Philippe Delesvaux
Les Essards - La Haie Longue
49190 Saint-Aubin-de-Luigné
Tel.: 02 41 78 18 71
Het gehucht La Haie Longue ligt tussen Rochefort-sur-Loire en Chalonnes-sur-Loire, ongeveer 3 km. van Saint-Aubin-de-Luigné.
Verkoop wijn: CA, HL, PER, RB
Prijs: ****

COTEAUX-DU-LAYON SAINT-AUBIN
Domaine Cady
Valette
49190 Saint-Aubin-de-Luigné
Tel.: 02 41 78 33 69
Het gehucht Valette is aan de weg van Saint-Aubin naar Chaudefonds.
Verkoop van de wijn: CA
Prijs: ****

COTEAUX-DU-LAYON CHAUME
Château de Plaisance
49190 Rochefort-sur-Loire
Tel.: 02 41 78 33 01
Volg vanaf Beaulieu de D54 naar Saint-Aubin en neem vlak voor de Telecomtoren de weg links. Neem bij het gehucht Chaume de linkervork, volg de weg omhoog, draai naar links en rijd over het weggetje langs de rode brandkraan.
Verkoop van de wijn: BOU
Prijs: *****

COTEAUX-DU-LAYON SAINT-LAMBERT
Domaine Jo Pithon
Les Bergères
49750 Saint-Lambert-du-Lattay
Tel.: 02 41 78 40 91
Neem vanuit Saint-Lambert de weg naar Rablay. Sla na 500 meter links af naar Les Bergères.
Verkoop van de wijn: CA, CDC, CMV, TIS, VV
Prijs: *****

Domaine Ogereau
44, Rue de la Belle Angevine
49750 Saint-Lambert-du-Lattay
Tel.: 02 41 78 30 53
Rijd vanuit Saint-Lambert in de richting van Chemillé. Het Domaine Ogereau ligt aan het eind van het dorp aan de rechterkant.
Verkoop van de wijn: CA, CAN
Prijs: ****

COTEAUX-DU-LAYON BEAULIEU
Château du Breuil
Le Breuil
49750 Beaulieu-sur-Layon
Tel.: 02 41 78 32 54
Het Château du Breuil ligt aan de D54 tussen Beaulieu en Rochefort, ca. 2 km. van Rochefort verwijderd. Volg de wegwijzers.
Verkoop van de wijn: BOS, BOU
Prijs: ****

COTEAUX-DU-LAYON RABLAY
Domaine des Sablonnettes
L'Espérance
49750 Rablay-sur-Layon
Tel.: 02 41 78 40 49
Volg in Rablay de hoofdstraat tot aan de kapel, neem de richting Champs en sla dan linksaf. Rijd zo'n 500 meter verder en neem de tweede weg rechts.
Verkoop van de wijn: CA, FIC
Prijs: ****

QUARTS DE CHAUME
Domaine des Baumard
8, Rue de l'Abbaye
49190 Rochefort-sur-Loire
Tel.: 02 41 78 70 03
Internet:
www.anjou.com/vins/Baumard
Neem vanaf de kerk in Rochefort de Rue Ste. Croix die leidt naar de Rue de l'Abbaye. Nummer 9 is 150 meter van de kerk verwijderd.
Verkoop van de wijn: BOS, CA, CAN, CDC, GE, LG, VTQ
Prijs: ****

Château Bellerive
49190 Rochefort-sur-Loire
Tel.: 02 41 78 33 66
Neem de weg naar Chaume en rijd door tot aan Bellerive aan de oever van de Layon.
Verkoop van de wijn: BOU, CA, IM, PER
Prijs: ****

Château de l'Écharderie
49190 Rochefort-sur-Loire
Tel.: 02 41 54 16 54
Volg vanaf Beaulieu de D54 in de richting van Saint-Aubin en neem vlak voor de Telecomtoren de weg links. Het bedrijf staat aangegeven.
Prijs: *****

Domaine du Petit Métris
Le Grand Beauvais
49190 Saint-Aubin-de-Luigné
Tel.: 02 41 78 33 33
Volg vanaf de D54 Beaulieu-Rochefort de weg naar Saint-Aubin die door Le Grand Beavais loopt. Zie het uithangbord voor het domein.
Prijs: *****

Château Pierre-Bise
49750 Beaulieu-sur-Layon
Tel.: 02 41 78 31 44
Steek komend uit Beaulieu de N160 over en rijd 1,1 km. door. Neem dan de weg aan de linkerkant en volg deze door het dorp heen tot u bij het Château Pierre-Bise komt aan de linkerkant.
Verkoop van de wijn: BAC, BAD, CDC, CV, FIC, LCI, TIS
Prijs: ****

Château de Suronde
49190 Rochefort-sur-Loire
Tel.: 02 41 78 66 37
Volg vanaf Beaulieu de D54 naar Saint-Aubin en neem vlak voor de Telecomtoren de weg links. Neem bij het gehucht Chaume de linkervork, volg de weg omhoog en draai naar links en neem bij de rode brandkraan het wijngaardweggetje aan de rechterkant. Dat leidt naar het Château de Suronde.
Verkoop van de wijn: BOU, CA, CDC, IM, TIS
Prijs: *****

BONNEZEAU
Château de Fesles
49380 Thouarcé
Tel.: 02 41 68 94 00
Internet: www.vgas.com
Neem vanuit Thouarcé de weg Martigné-Briand. Sla na 2 kilometer linksaf bij het eerste kruispunt. De ingang van het bedrijf is aan de linkerkant, 800 meter verderop.
Verkoop van de wijn: BOU, CA, CAC, CMV, IM, LCI, PER
Prijs: ****

Domaine des Petits Quarts
La Douve
49380 Faye d'Anjou
Tel.: 02 41 54 03 00
Het domein ligt aan het eind van het dorpje Faye.
Verkoop van de wijn: CAP
Prijs: ****

Domaine du Petit Val
49380 Chavagnes
Tel.: 02 41 54 31 14
Het domein ligt op de D748 van Brissac naar Vihiers.
Prijs: ***

Domaine René Renou
Place de Champ de Foire
49380 Thouarcé
Tel.: 02 41 54 11 33
Thouarcé is een klein dorpje en het Place is in het centrum. Iedereen weet waar Renou is.
Verkoop van de wijn: LCI, LFF, RB
Prijs: *****

CABERNET D'ANJOU
Clos des Sables
La Raimbaudière
49380 Champ-sur-Layon
Tel.: 02 41 78 86 30
Clos des Sables ligt anderhalve kilometer buiten Champs op de D199 naar Chanzeaux.
Verkoop van de wijn: FAU
Prijs: **

COTEAUX-DE-L'AUBANCE
Domaine de Bablut
49320 Brissac
Tel.: 02 41 91 22 59
Neem vanuit Brissac de oude weg naar Angers. Het bedrijf ligt aan de rand van de stad en is aangegeven.
Prijs ***

Domaine de Montgilet
49610 Juigné-sur-Loire
Tel.: 02 41 91 90 48
Neem vanaf Juigné de weg naar Angers. Sla 2 km buiten het dorp linksaf. Het bedrijf is aangegeven.
Verkoop van de wijn: BOU, CA, IM, LG, VV
Prijs: ****

ANJOU
Domaine La Sansonnière
49380 Thouarcé
Tel.: 02 41 54 08 08
La Sansonnière ligt ongeveer 1 km. buiten Thouarcé aan de weg Martigné-Briand.
Verkoop van de wijn: BAD, CA, CAC, CDC, CMV, HL, IM, LGC, TIS, VV
Prijs: ****

Château de Tigné
49540 Tigné
Tel.: 02 41 59 68 59
Het kasteel ligt in het dorp dat op de weg van Doué-la-Fontaine naar Chemillé ligt.
Verkoop van de wijn: BOU
Prijs: ***

ANJOU VILLAGE BRISSAC
Domaine de Haute-Perche
9, Chemin de la Godelière
49610 Saint-Melaine-sur-Aubance
Tel.: 02 41 57 75 65
Neem vanaf Saint-Melaine de weg Murs Erigné-Angers. Het domein is 10 km vanaf Angers.
Verkoop van de wijn: CL, GE
Prijs: *

Domaine Richou
Chauvigné
49610 Mozé-sur-Louet
Tel.: 02 41 78 72 13
Neem vanaf Angers de N160 naar Cholet en sla rechtsaf naar de D123 richting Denée. Het Domeine Richou is 1,5 km verderop links.
Verkoop van de wijn: BAD, CAC, CAN, TIS, TLC, VV
Prijs: *

Domaine des Rochelles
49320 Saint-Jean-des-Mauvrets
Tel.: 02 41 91 92 07
Het domein ligt aan de rand van Saint-Jean-des-Mauvrets aan de kant van Juigné. Komende uit Juigné is het aan de rechterkant naast de Citroëngarage.
Verkoop van de wijn: BOU, CA, CAN, CL, TIS
Prijs: *

CRÉMANT DE LOIRE
Langlois-Chateau
Saint-Hilaire-Saint-Florent
49400 Saumur
Tel.: 02 41 40 21 40
De gebouwen van de firma liggen aan de hoofdweg van Saint-Hilaire-Saint-Florent.
Verkoop van de wijn: CMV
Prijs: */**

SAUMUR
Bouvet Ladubay
Saint-Hilaire-Saint-Florent
49400 Saumur
Tel.: 02 41 83 83 83
Internet: www.bouvet-ladubay.fr
De gebouwen van de firma staan langs de hoofdstraat van Saint-Hilaire-Saint-Florent.
Verkoop van de wijn: CAN, TIS
Prijs: ***

Domaine des Champs Fleuris
50 en 54, Rue des Martyrs
49730 Turquant
Tel.: 02 41 38 10 92
Draai vanaf de weg Saumur-Montsoreau het dorp Turquant in en volg de weg die recht door het dorp loopt. Het Domaine des Champs Fleuris ligt aan het eind van het

dorp aan de rechterkant.
Prijs: *

Gratien & Meyer
Route de Montsoreau – BP.22
49401 Saumur Cedex
Tel.: 02 41 83 13 30
Internet: www.gratienmeyer.com
Verlaat Saumur via de weg naar Montsoreau. Gratien & Meyer ligt aan de rand van de stad.
Verkoop van de wijn: FV, IM, LG
Prijs: **

Château de Villeneuve
49400 Souzay-Champigny
Tel.: 02 41 51 14 04
Het Château de Villeneuve ligt naast de kerk van Souzay.
Verkoop van de wijn: BAC, BOU, CDC, CMV, CSG, GE, TB
Prijs: **/***

SAUMUR CHAMPIGNY

Château du Hureau
49400 Dampierre-sur-Loire
Tel.: 02 41 67 60 40
Internet: www.domeine-hureau.fr
Neem vanuit Saumur de weg naar Chinon. Het Château du Hureau ligt aan de oostkant van Dampierre.
Verkoop van de wijn: LGC
Prijs: **

Domaine René-Noël Legrand
13, Rue des Rogelins
49400 Varrains
Tel.: 02 41 52 94 11
Ga vanaf de kerk van Varrains naar beneden langs de Rue du Ruau, dan de eerste links en dan de eerste rechts. Dat is de Rue des Rogelins.
Verkoop van de wijn: BOU, LGC, TIS
Prijs: **

Domaine des Roches Neuves
56, Boulevard Saint-Vincent
49400 Varrains
Tel.: 02 41 52 94 02
Het domein ligt aan de D93 aan de rechterkant tussen Varrains en de bocht naar Chacé.
Verkoop van de wijn: CAC, CAP, CT, CV, CMV, CSG, FAU, TIS, VV
Prijs: ***

Clos Rougeard
15, Rue de l'Eglise
49400 Chacé
Tel.: 02 41 52 92 65
Omdat er geen bordje en geen bel is bij nr. 15 moet de bezoeker de deur openen, binnengaan en aan de ingang van de kelders roepen.
Verkoop van de wijn: BAD, CA, CAC, CDC, CMV, CV, IM, LG, LGC, TIS, VV
Prijs: ****

Château de Targé
49730 Parnay
Tel.: 02 41 38 11 50
Internet: www.chateau-targe.fr
Het kasteel is 8 km ten oosten van Saumur. Volg de D947 tot aan de Parnay-bocht. Volg de borden.
Verkoop van de wijn: BOU, CAN, CT, HED
Prijs: **

SAINT-NICOLAS-DE-BOURGEUIL

Domaine du Bourg
6, Rue du Pressoir
37140 Saint-Nicolas-de-Bourgueil
Tel.: 02 47 97 82 02
De Rue du Pressoir loopt langs de rechterkant van de dorpskerk.
Verkoop van de wijn: TIS
Prijs: *

Domaine Joël Taluau et Thierry Foltzenlogel
Chevrette
37140 Saint-Nicolas-de-Bourgueil
Tel.: 02 47 97 78 79
Het gehucht Chevrette ligt tussen de wijnstokken net boven het restaurant Moulin Bleu.
Verkoop van de wijn: CAC, RB
Prijs: *

Domaine Max Gognard
Chevrette
37140 Saint-Nicolas-de-Bourgueil
Tel.: 02 47 97 76 88
Het gehucht Chevrette ligt tussen de wijnstokken net boven het restaurant Moulin Bleu. Volg de bewegwijzering naar het domein.
Verkoop van de wijn: CAP, FV
Prijs: *

BOURGEUIL

Clos de l'Abbaye
SCEA de la Dime
37140 Bourgueil
Tel.: 02 47 97 76 30
Het proeflokaal annex winkel van het SCEA de la Dime is ongeveer 100 meter links als men voor de ingang van de abdij staat.
Prijs: *

Domaine Catherine et Pierre Breton
Les Galichets
Rue de Peu Muleau
37140 Restigné
Tel.: 02 47 97 30 41
Het huis staat op de D35 aangegeven, tegenover de Restigné-bocht.
Verkoop van de wijn: CA, CDC, CMV, LCI, LFF, TIS, VV
Prijs: *

Domaine de la Chanteleuserie
37140 Benais
Tel.: 02 47 97 30 20
Neem vanaf de D35 de weg naast het Elf benzinestation naar Benais. Neem een paar meters verder het weggetje rechts en volg dit 1 kilometer. U ziet van veraf de naam die in grote letters op de muur staat.
Prijs: *

Domaine de la Chevalerie
37140 Restigné
Tel.: 02 47 97 37 18
Het domein wordt vanaf de D35 aangegeven bijna tegenover de Restigné-bocht.
Verkoop van de wijn: CV, ECH, VTQ
Prijs: *

Domaine Pierre-Jacques Druet
7, Rue de la Croix Rouge
Le Pied Fourrier
37140 Benais
Tel.: 02 47 97 37 34
Rijd vanaf Benais naar het gehucht La Varanterie in de richting van Gizeux. De weg is de Rue de la Croix Rouge en het huis Druet is aan de linkerkant. Er zijn geen borden, dus let op de nummers.
Verkoop van de wijn: GE, CDC, ECH, TIS
Prijs: ****

Domaine des Ouches
3, Rue des Ouches
37140 Ingrandes-de-Touraine
Tel.: 02 47 96 98 77
Volg de D71 richting Les Essards die achter de kerk te Ingrandes loopt. Het Domaine des Ouches ligt circa 1 km verderop aan de rechterkant.
Verkoop van de wijn: BOU, TLC
Prijs: **

Domaine Yannick Amirault
5, Pavillon du Grand Clos
37140 Bourgeuil
Tel.: 02 47 97 78 07
Het huis ligt naar de Moulin Bleu, neerkijkend op de wijngaarden. Het wordt vanaf de D35 ten noorden van Bourgeuil aangegeven.
Verkoop van de wijn: BAC, LGC, PER, TIS
Prijs: **

CHINON

Domaine Bernard Baudry
13, Coteau de Sonnay
37500 Cravant-les-Coteaux
Tel.: 02 47 93 15 79
Als men van Chinon naar Cravant gaat ligt het domein Baudry aan de linkerkant vlak na het Château de Sonnay, voor men in Cravant komt.
Verkoop van de wijn: CL, CV, IM, LG, TIS
Prijs: *

Domaine Charles Joguet
37220 Sazilly
Tel.: 02 47 58 55 53
Het huis ligt rechts van het grasveld, volg de wegwijzers.
Verkoop van de wijn: CA, CAP, CMV, HED, LFF, PER, TIS
Prijs: ***

Maison Couly-Dutheil
12, Rue Diderot
37500 Chinon
Tel.: 02 47 97 20 20
Het proeflokaal is naast de Clos de l'Echo, tegenover het château.
Verkoop van de wijn: HL, NIC, PER, TIS, VTQ
Prijs: ***

Château de La Grille
Route de Huismes-Rigny-Ussé
37500 Chinon
Tel.: 02 47 93 01 95
Het Château de la Grille ligt op de D16 naar Ussé net ten noorden van de D71 van Saumur naar Tours die langs Chinon loopt.
Verkoop van de wijn: BOU, GE, IM, RD
Prijs: ***

Domaine Philippe Alliet
L'Ouche Mondé
37500 Cravant-les-Coteaux
Tel.: 02 47 93 17 62
Neem de weg heuvelopwaarts aan de linkerkant van de kerk, sla 300 meter verderop linksaf en dan de eerste rechts. Het huis Alliet ligt aan de linkerkant.
Verkoop van de wijn: BAD, CA, CDC, CMV, TIS, VV
Prijs: **

COTEAUX-DU-LOIR

Domaine de Bellivière
72340 Lhomme
Tel.: 02 43 44 59 97
Neem vanuit La Chartre-sur-le-Loir de richting Le Mans en rijd Lhomme door. Sla ongeveer 2 km. verder rechtsaf tegenover de Garage Rabarot. Het Domaine de Bellivière ligt 1 km. verderop aan de linkerkant.
Verkoop van de wijn: CAC, CL, CMV, LFF
Prijs: **

JASNIÈRES

Domaine de la Charrière
4, Rue des Caves
72340 La Chartre-sur-le-Loir
Tel.: 02 43 44 48 72
Verkoop van de wijn: NIC
Prijs: **

VOUVRAY

Domaine des Aubuisières
32, Rue Gambetta
37210 Vouvray
Tel.: 02 47 52 61 55
De kelders van Bernard Fouquet liggen in de Rue de la Vallée de Nouy, een zijstraat van de D47 van Vouvray naar Monnaie. Een groot uithangbord geeft ze aan.
Prijs: ****

Domaine Champalou
7, Rue du Grand Ormeau
37210 Vouvray
Tel.: 02 47 52 64 49
Volg vanaf het centrum van Vouvray de bordjes Caves de la Bonne Dame, rijd de Rue de la Bonne Dame op en rijd rechtdoor door de wijngaarden naar het gehucht Le Grand Ormeau. Neem de eerste bocht links. Het Domaine Champalou is aan de linkerkant.
Verkoop van de wijn: CDV, LTC
Prijs: **

Domaine du Clos Naudin
14, Rue de la Croix-Buisée
37210 Vouvray
Tel.: 02 47 52 71 46
Neem vanuit het centrum van Vouvray de weg richting Vernou. De Rue de la Croix-Buisée is de eerste links en Clos Naudin staat aangegeven.
Verkoop van de wijn: CA, CDC, CE, LGC
Prijs: ***

Domaine François Pinon
55, vallée de Cousse
37210 Vernou-sur-Brenne
Tel.: 02 47 52 16 59
De weg naar de Vallée de Cousse is een zijweg van de D46 van Vernou naar Château-Renault. In het dorp staat Pinons huis aangegeven.
Verkoop van de wijn: CA, TB
Prijs: *

Domaine Huet
11-13 Rue de la Croix-Buisée
37210 Vouvray
Tel.: 02 47 52 78 87
Neem vanuit het centrum van Vouvray de weg naar Vernou. De Rue de la Croix-Buisée is de eerste aan de linkerkant; het Domaine Huet ligt aan de rechterkant.
Verkoop van de wijn: BAC, CA, CE, CMV, CT, CV, HL, LFF, PER, TIS, VTQ, VV
Prijs: **

Domaine Pichot
70, Rue de la Vallée de Nouy
37210 Vouvray
Tel.: 02 47 52 62 55
De Rue de la Vallée de Nouy is een zijweg van de D47, de weg die van Vouvray naar Monnaie loopt.
Verkoop van de wijn: NIC
Prijs: *****

MONTLOUIS

Domaine Deletang
19, Rue d'Amboise
37270 Saint-Mertin-Le-Beau
Tel.: 02 47 50 67 25
De Rue d'Amboise loopt van het centrum van de stad in de richting van Amboise. De gebouwen van Deletang staan aan de linkerkant.
Verkoop van de wijnL: BOU, LGC, RB, VTQ
Prijs: **

Domaine François Chidaine
5, Grande Rue
Husseau
37270 Montlouis-sur-Loire
Tel.: 02 47 45 19 14
Het gehucht Husseau ligt aan de D751. Passeer, komende uit Amboise, het aquarium en sla bij de eerste straat links af, zo'n kilometer verderop. Rijd de heuvel op Husseau binnen. François Chidaine's kelders zijn aan de rechterkant.
Verkoop van de wijn: Bij de cave (30, quai Albert Bailler, Montlouis), BOU, CDC, TIS, TLC, VV
Prijs: **

Domaine de la Taille aux Loups
8, Rue des Aîtres
Husseau
37270 Montlouis-sur-Loire
Tel.: 02 47 45 11 11
Het gehucht Husseau ligt aan de D751. Passeer, komende uit Amboise, het aquarium en sla bij de eerste straat linksaf, zo'n kilometer verderop. Rijd de heuvel op Husseau binnen. Het Domaine de la Taille aux Loups ligt aan de rechterkant.
Verkoop van de wijn: CA, CMV, CV, LCI, LG
Prijs: **

TOURAINE

Domaine de la Charmoise
41230 Soings-en-Sologne
Tel.: 02 54 98 70 73
Als u uit het noorden aankomt in Soings sla dan bij de stoplichten bij de kerk linksaf en neem vlak daarna de rechtervork. Volg de weg de stad uit en neem enkele kilometers verder de rechtervork. De weg naar het domein is ca 1 km verder rechts.
Verkoop van de wijn: BOS, CAN, CE, CMV, GE, GED, HL
Prijs: *

Clos Roche Blanche
41110 Mareuil-sur-Cher
Tel.: 02 54 75 17 03
Het wijnhuis kijkt op de D17, halverwege tussen Mareuil en Pouillé.
Verkoop van de wijn: CAN, CDC, CSG, TIS, TLG, VTQ, VV
Prijs: *

CHEVERNY

Clos du Tue-Boeuf
6, Route de Seur
41120 Les Montils
Tel.: 02 54 44 05 16
Neem de weg naar Suer vanuit het centrum van Les Montils. Het Clos du Tue-Boeuf is aen paar meter verder aan de linkerkant.
Verkoop van de wijn: CA, CDC, LGC
Prijs: *

COUR-CHEVERNY

Domaine des Huards
Les Huards
41700 Cour-Cheverny
Tel.: 02 54 79 97 90
Vind de gendarmerie aan de rand van Cour-Cheverny op de D765 naar Blois. Vanaf hier staat het Domaine des Huards aangegeven.
Verkoop van de wijn: CAC, CL, HED, IM, LG, RB, TIS
Prijs: *

REULLY

Domaine Claude Lafond
Route de Graçay
Le Bois Saint-Denis
36260 Reuilly
Tel.: 02 54 49 22 17
Het huis ligt aan de rechterkant vlak voor men het dorp verlaat via de D28 richting Graçay.
Verkoop van de wijn: CDC, CT, CV, NIC, TIS, VTQ
Prijs: *

MENETOU-SALON

Domaine Henry Pellé
Route d'Aubinges
18220 Morogues
Tel.: 02 48 64 42 48
Het domein ligt aan de zuidkant van het dorp. Het staat aangegeven.
Verkoop van de wijn: CA, CAP, CDC, CV
Prijs: **

Domaine Gilbert
Les Faucards
18510 Menetou-Salon
Tel.: 02 48 64 80 77
Neem vanaf Menetou de richting van Les Aix d'Anguillon. Twee kilometer verder komt men bij het gehucht Les Faucards. Het domein ligt aan de linkerkant.
Prijs: *

SANCERRE

Domaine Gitton Père & Fils
Chemin de Lavaud
18300 Ménétréol-sous-Sancerre
Tel.: 02 48 54 38 84
In Ménétréol staat het domein goed aangegeven.
Verkoop van de wijn: RB, TIS
Prijs: ***

Domaine Henri Bourgeois
Chavignol
18300 Sancerre
Tel.: 02 48 78 53 20
Rijd door Chavignol naar de top van het dorp. De winkel van Henri Bourgeois ligt links van de weg, het kantoor iets verderop links.
Verkoop van de wijn: BOU, CAN, CT, CV, HED, LCI
Prijs: **

Domaine Henry Natter
Place de l'Eglise
18250 Montigny
Tel.: 02 48 69 58 85
Als men vanaf de rand van het plein naar de kerk kijkt, is het domein halverwege aan de rechterkant.
Prijs: **

Domaine Lucien Crochet
Place de l'Eglise
18300 Bué
Tel.: 02 48 54 08 10
Volg vanuit Sancerre de D955 naar Bourges 4 km. en sla dan rechtsaf het centrum van Bué in. Rijd door tot aan het Place de l'Eglise.
Verkoop van de wijn: BOU, CA
Prijs: ***

Domaine La Moussière
SCEA Alphonse Mellot
1, Rue Porte César
18300 Sancerre
Tel.: 02 48 54 07 41
Internet:
www.a-mellot-sancerre.com
Rijd door de Porte César het hoofdplein binnen. Mellots kantoren liggen naast het restaurant La Tour.
Verkoop van de wijn: FIC
Prijs: ***

Domaine Paul Prieur et Fils
Route des Monts Damnés
18300 Verdigny-en-Sancerre
Tel.: 02 48 79 35 86
Neem bij aankomst in Verdigny vanuit Sancerre de eerste straat aan de linkerkant in de richting van Menetou-Ratel. Het domein is een paar meter verder links.
Verkoop van de wijn: CA
Prijs: *

Domaine Vacheron
1, Rue du Puits-Poulton
18300 Sancerre
Tel.: 02 48 54 09 93
De juiste aanwijzingen naar de kelders zijn te krijgen in de winkel van Vacheron op het hoofdplein.
Verkoop van de wijn: CMV, VTQ
Prijs: ***

Domaine Vincent Pinard
42, Rue Saint-Vincent
18300 Bué
Tel.: 02 48 54 33 89
De Rue Saint-Vincent leidt van het hoofdplein naar het midden van het dorp. De gebouwen van Vincent Pinard zijn aan de linkerkant.
Prijs ***

POUILLY FUMÉ

Domaine Didier Dagueneau
Le Bourg
58150 Saint-Andelain
Tel.: 03 86 39 15 62
Als men vanaf Pouilly-sur-Loire Saint-Andelain binnenrijdt neem dan het weggetje links naar het basketbalveld naar Dagueneau.
Verkoop van de wijn: CA, CAC, CDC, CMV, CSG, CV, IM, LCI, LG, LGC, TIS
Prijs: *****

De Ladoucette
Château du Nozet
58150 Pouilly-sur-Loire
Tel.: 03 86 39 18 33
Sla op de rondweg RN7 net ten noorden van Pouilly af in de richting van Saint Andelain. Het weggetje dat leidt naar het Château du Nozet is meteen hierna rechts af.
Verkoop van de wijn: BAD, BOU, CA, CAP, CMV, CV, FIC, GOB, IM, PER
Prijs ****

Domaine Masson-Blondelet
1, Rue de Paris
58150 Pouilly-sur-Loire
Tel.: 03 86 39 00 34
Het wijnhuis ligt ongeveer 300 meter voor de bovengrondse spoorwegbrug op de hoofdweg door Pouilly aan de noordkant.
Verkoop van de wijn: CDC
Prijs: ***

Château de Tracy
Tracy-sur-Loire
Tel.: 03 86 26 15 12
Het château staat boven het dorpje Tracy. Men kan het niet missen!
Verkoop van de wijn: CA, GOB
Prijs: **

HANDELAREN

BAC: Bacchuseum
13, Rue Victor-Massé
56100 Lorient
Tel.: 02 97 21 66 88

BAD: Badie
62, Allées de Tourny
33000 Bordeaux
Tel.: 05 56 52 23 72

BOS: Caves Bossetti
34, Rue des Archives
75004 Parijs
Tel.: 01 48 04 07 77

BOU: Caves Bournigault
22, Rue Abbé Fresneau
44150 Ancenis
Tel.: 02 40 83 09 74

CA: Caves Angé
116, Bd. Haussmann
75008 Parijs
Tel.: 01 45 22 16 97

CAC: La Cave d'A Côté
5 en 7, Rue Pleney
69001 Lyon
Tel.: 04 78 39 93 20

CAN: Canal Vin
6, Rue Ducerceau
45000 Orléans
Tel.: 02 38 62 04 30

CAP: La Cave d'Annie Paule
9, Rue de l'Hôpital Militaire
59800 Lille
Tel.: 03 20 54 74 83

CDC: La Cave du Château
17, Rue Raymond du Temple
94300 Vincennes
Tel.: 01 43 28 17 50

CDV: Le Chemin des Vignes
113 bis, Ave. de Verdun
92130 Issy-les-Moulineaux
Tel.: 01 46 38 11 66

CE: Caves Estève
10, Rue de la Cerisaie
75004 Parijs
Tel.: 01 42 72 33 05

CL: La Cave de Longchamps
72, Rue Georges Lafont
44300 Nantes
Tel.: 02 40 59 13 14

CMV: La Cave Malleval
11, Rue Emile-Zola,
69002 Lyon
Tel.: 04 78 42 02 07

CSG: Clos Saint-Gabriel
Avenue Joseph-Lazare
34500 Béziers
Tel.: 04 67 62 54 12

CT: Les Caves Taillevent
199, Rue du Faubourg Saint-Honoré
75008 Parijs
Tel.: 01 45 61 14 09

CV: Caves Vouillé
45, Rue de Vouillé
75015 Prijs
Tel.: 01 40 45 09 10

ECH: L'Echanson
9, Rue Primatiale
54000 Nancy
Tel.: 03 83 35 51 58

FIC: Ficofi
16-20 Rue des Menus
92100 Boulogne-Billancourt
Tel.: 01 41 31 70 00

FV: Le Vief de la Vigne
16, Rue Marceau
44000 Nantes
Tel.: 02 40 47 58 75

GE: La Grande Epicerie
38, Rue de Sèvres
75007 Parijs
Tel.: 01 44 39 81 00

GOB: Cave des Gobelins
56, Ave. des Gobelins
75013 Parijs
Tel.: 01 43 31 66 79

HED: Hédiard
21, Place de la Madeleine
75008 Parijs
Tel: 01 43 12 88 88

HL: Les Vins Hervé Lorin
Monrepos
12120 Centres
Tel.: 05 65 72 04 87

IM: Inno Montparnasse
35, Rue du Départ
75014 Parijs
Tel.: 01 43 20 69 30

LCI: La Cave de l'Ill
6, Rue de l'Ill
68350 Brunstatt
Tel.: 03 89 06 01 06

LFF: Legrand Filles & Fils
1, Rue de la Banque
75002 Parijs
Tel.: 01 42 60 07 12

LG: Lafayette Gourment
48, Bd Haussmann
75009 Parijs
Tel.: 01 42 81 25 61

LGC: Les Grandes Caves
76, Bd, Jean-Jaurès
92110 Clichy
Tel.: 01 47 37 87 13
70, Rue Saint-Dominique
75007 Parijs
Tel.: 01 47 05 69 28

NIC: Ets. Nicolas (hoofdkantoor)
2, Rue Courson
94320 Thiais
Tel.: 01 41 73 81 81

PER: Les Marchés aux Vins Pérardel
• Ave. Charles de Gaule
21200 Beaune
Tel.: 03 80 24 08 09
• 51460 L'Epine
Tel.: 03 26 66 96 83
• 3, Place Léon-Bourgeois
51100 Reims
Tel.: 03 26 40 12 12
• Rue Marcel-Doret
62100 Calais
Tel.: 03 21 97 21 22
• 22, Rue Lasalle
57000 Metz
Tel.: 03 87 76 10 11
• 19, Rue de Wissembourg
67000 Strassbourg
Tel.: 03 88 23 50 75

RB: Le Repaire de Bacchus (hoofdkantoor)
31, Ave. de l'Opéra
75001 Parijs
Tel.: 01 53 29 97 97

TB: Le Tire-Bouchon
23, Place Dupuy
31000 Toulouse
Tel.: 05 61 63 49 01

TIS: Les Caves Tissandier
10, Bd. Desaix
63000 Clermont ferrand
Tel.: 04 73 35 39 97

TLC: Tous A La Cave
119, Rue Léon Maurice Nordmann
75013 Parijs
Tel.: 01 45 35 39 34

VTQ: La Vinothèque
l6, Rue Michelet
37000 Tours
Tel.: 02 47 64 75 27

VV: Vino Vini
• Le Tastevin
87, Rue Jean-Jaurès
44600 Saint-Nazaire
Tel.: 02 40 66 55 57
• 25, Rue Racine
44000 Nantes
Tel.: 02 40 69 06 66
• 64, Rue Noire
44000 Nantes
Tel.: 02 40 29 86 34
• Place du Marché
44380 Pornichet
Tel.: 02 40 61 72 25
• 10, Place Rabelais
49130 Les Ponts-de-Cé
Tel.: 02 41 79 30 00
• Place d'Herbauges
85500 Les Herbiers
Tel.: 02 51 67 20 94
• 4, Route de Nantes
56860 Vannes-Séné
Tel.: 02 97 47 57 23

Woordenlijst

cuvaison: weken en gisten
débourbage: laten bezinken van vaste bestanddelen
demi-muid: eikenhouten vat van 600 liter
enherbement: gras laten groeien tussen de stokken, om de grond armer te maken en voor erosie te behoeden
foudre: groot houten wijnvat
groene oogst: het wegknippen van trossen in juli
lieu-dit: delen van een climat die in het kadaster zijn beschreven
lutte raisonnée: het, indien mogelijk, op biologische wijze zo gezond mogelijk houden van stokken en bodem met openhouden van de mogelijkheden adequaat bescherming te bieden in geval van plotselinge klimatologische problemen of insectenplagen, zonder het met geweld afwijzen van kunstmatige middelen
passerillage : het uitdrogen van de druiven aan de stokken waardoor een hoog geconcentreerd sap ontstaat
pigeage: het in de vloeistof omlaag drukken van de drijvende hoed of korst van vaste bestanddelen, met als doel zoveel mogelijk extractie te verkrijgen. Soms gebeurt dit op traditionele wijze met de voeten.
remontage: het in de eerste weken rondpompen van de vloeistof over de hoed of korst van vaste bestanddelen
tries: opeenvolgende plukgangen

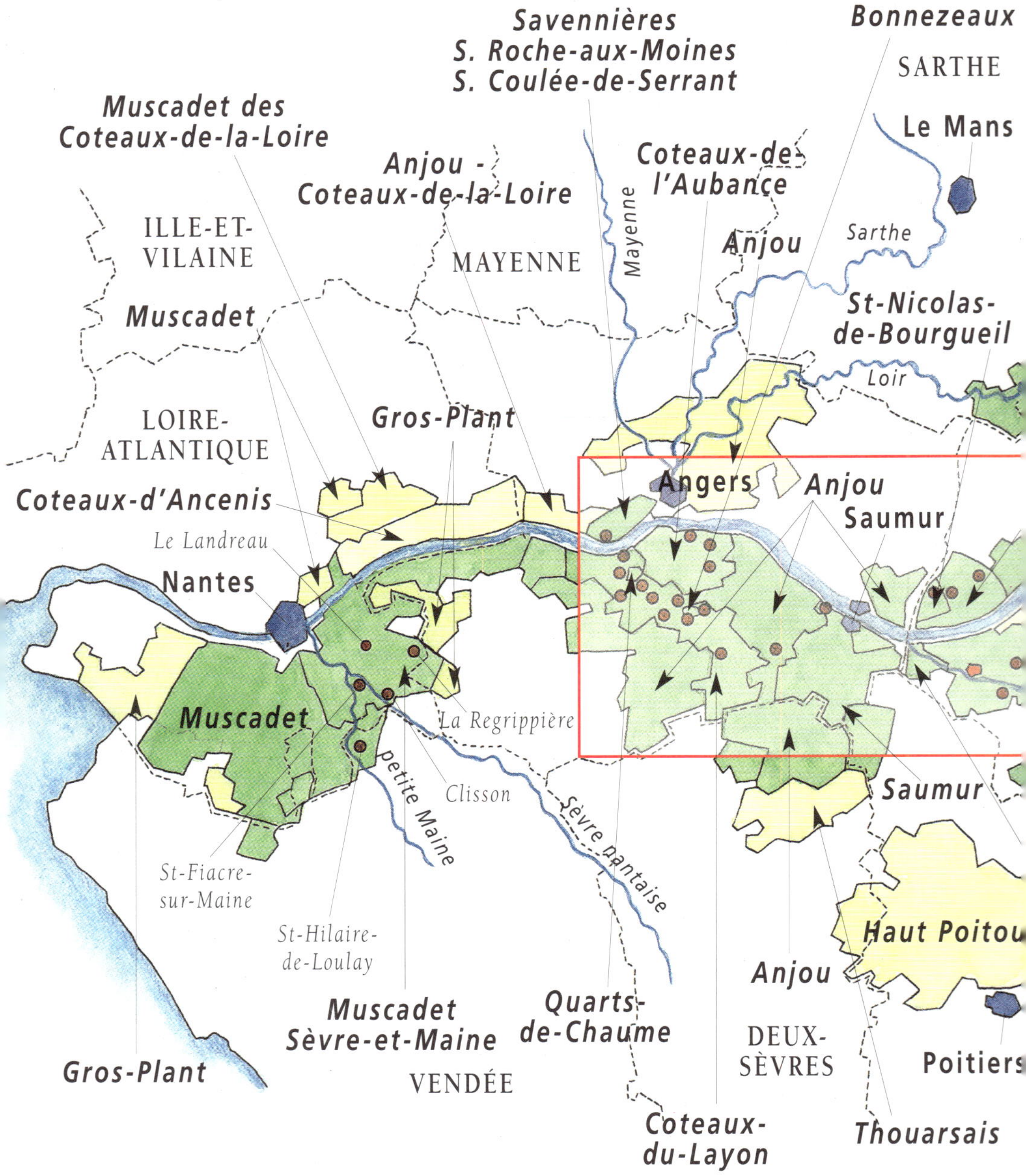
Savennières
S. Roche-aux-Moines
S. Coulée-de-Serrant
Bonnezeaux
SARTHE
Le Mans
Muscadet des
Coteaux-de-la-Loire
Anjou -
Coteaux-de-la-Loire
Coteaux-de-
l'Aubance
Mayenne
ILLE-ET-
VILAINE
MAYENNE
Sarthe
Anjou
Muscadet
St-Nicolas-
de-Bourgueil
Loir
LOIRE-
ATLANTIQUE
Gros-Plant
Coteaux-d'Ancenis
Angers
Anjou
Saumur
Le Landreau
Nantes
Muscadet
La Regrippière
Clisson
petite Maine
Sèvre nantaise
Saumur
St-Fiacre-
sur-Maine
St-Hilaire-
de-Loulay
Haut Poitou
Anjou
Muscadet
Sèvre-et-Maine
Quarts-
de-Chaume
DEUX-
SÈVRES
Poitiers
Gros-Plant
VENDÉE
Coteaux-
du-Layon
Thouarsais

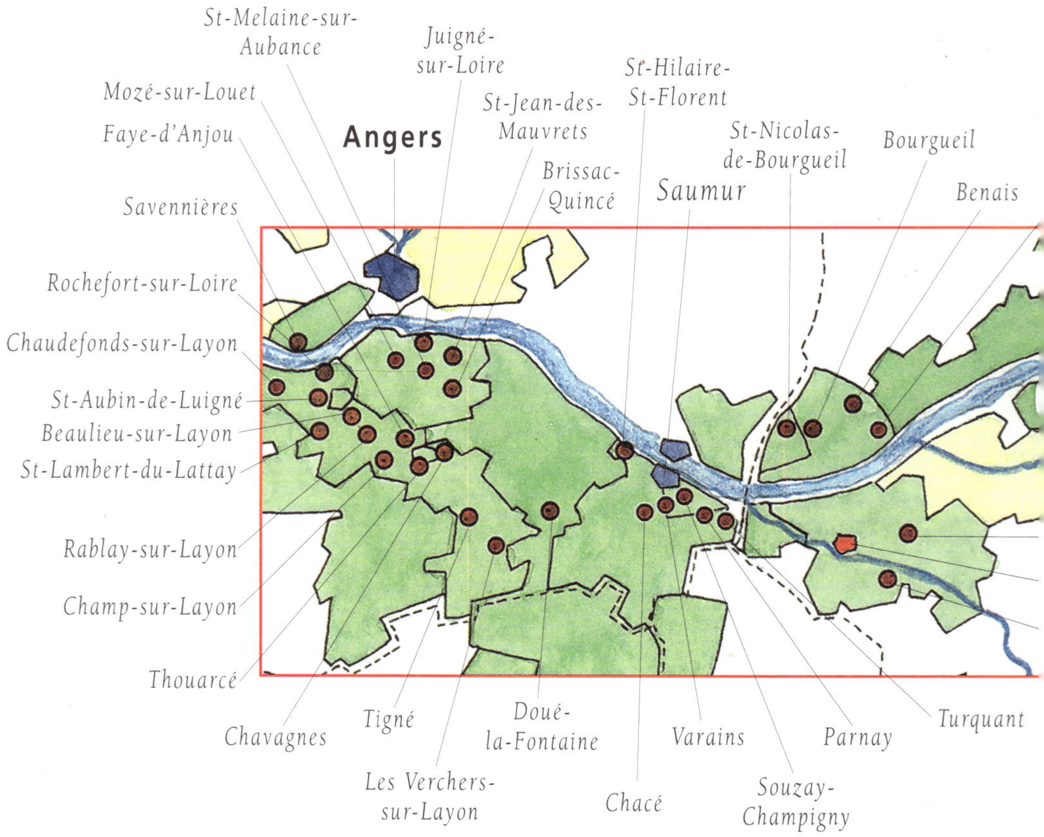
St-Melaine-sur-
Aubance
Juigné-
sur-Loire
St-Hilaire-
St-Florent
Mozé-sur-Louet
St-Jean-des-
Mauvrets
St-Nicolas-
de-Bourgueil
Faye-d'Anjou
Angers
Bourgueil
Brissac-
Quincé
Saumur
Benais
Savennières
Rochefort-sur-Loire
Chaudefonds-sur-Layon
St-Aubin-de-Luigné
Beaulieu-sur-Layon
St-Lambert-du-Lattay
Rablay-sur-Layon
Champ-sur-Layon
Thouarcé
Chavagnes
Tigné
Doué-
la-Fontaine
Varains
Parnay
Turquant
Les Verchers-
sur-Layon
Chacé
Souzay-
Champigny